KB139358

惠園東洋古典 21

三字經

梁熙龍 譯解

惠園出版社

 # 삼자경(三字經)

역자(譯者) 서문(序文)

『삼자경(三字經)』은 중국의 명·청(明淸)시대에 아동(兒童)을 어리석음에서 일깨워 주는 몽학교재(蒙學敎材)로 상당히 오랜 기간 유행(流行)된 아동을 위한 식자(識字:한자를 깨우쳐 알고 읽히는 것) 교재이다. 이것은 한민족(漢民族)에게 광범위한 영향을 미쳤을 뿐만 아니라 만주족(滿洲族)이나 몽고족(蒙古族)의 언어로도 번역되어 북방의 소수민족 사회에 광범위하게 알려졌다. 그리하여 어린아이 뿐만 아니라 수레를 끌고 행상(行商)을 하는 사람들까지도 모두가 '사람은 처음에 태어나면서부터 타고난 성품이 본래 착하다'는 "인지초(人之初) 성본선(性本善)"을 아는 것을 보면 『삼자경』이 얼마나 폭넓게 전파(傳播)되었는지를 잘 알 수가 있다.

그러나 이 책(册)의 저자(著者)가 누구인지 오늘날까지도 명확하게 밝혀지지 않았다. 전(傳)하는 바에 의하면 『삼자경』은 송(宋)나라 때의 학자 왕응린(王應麟:자字는 백후伯厚)의 저작(著作)이라고 한다. 청(淸)나라의 왕상(王相)이 그의 『삼자경훈고(三字經訓詁)』 서(序)에서 다음과 같이 언급하였다. "송(宋)나라 때의 선비[유(儒)] 왕백후 선생이 『삼자경』을 지어 글방[서당書堂, 가숙(家塾)]의 교재로 사용하였는데, 말이 간결(簡潔)하고 의미가 심장(深長)하며, 문구(文句)가 분명하여 이치에 밝다. 천(天)·지(地)·인(人)의 삼재(三才)에 걸쳐서 넓게 통(通)하여, 경전(經典)과 역사(歷史)를 넘나들며, 배우려는 자(者)들의 어리석음을 깨우치기 위하여 정성(精誠)을 다하는 커다란 배움의 시작이다."

여기에서 우리는 또한 왕상(王相)이 주(注)한 『삼자경훈고(三字經訓詁)』본(本)이 폭넓게 유행되어 많은 사람들이 읽었을 것이라고 생각한다. 그러나 『삼자경』의 내용과 문투(文套)가 왕응린(王應麟)의 학문적인 수준에서 볼 때 합당하지 안다고 보는 견해가 있다. 특히 역사적(歷史的)인 관점이 매우 차이가 있다고 보는 사람도 있다. 명말청초(明末淸初)의 굴대균(屈大均)은 그의 저서인 『광동신어(廣東新語)』에서 이렇게 말하고 있다. "아이들이 암송(暗誦)하는 『삼자경』은 송(宋)나라 말기에 구괄자(區适子)가 지은 것이다. 구괄자는 순덕(順德) 등주인(登洲人)으로 자(字)는 정숙(正叔)이다. 원(元)나라가 들어서자 절개를 지키고 벼슬길에 나아지 않았다." 여기서 우리는 굴대균의 입장을 부인할 수 만은 없다. 청대(淸代)의 학자 소진함(邵晋涵)의 『남강시문초(南江詩文鈔)』의 「사마(司馬)」라는 시(詩)에 "여정의 삼자훈을 얻어 읽었네(讀得黎貞三字訓)"라는 구(句)가 있는데, 그 자신의 주(注)에서 "『삼자경』은 남해(南海) 여정(黎貞)이 지은[찬(撰)]것이다"라고 했다. 그런데 여정은 원말명초(元末明初)의 사람이다. 여기서 우리는 『삼자경』의 또 다른 작자(作者)를 한사람 더 만난 것이다.

앞에서 언급한 지은이에 대한 세 가지 견해(見解)는 근거 있는 말이지만 그렇다고 그것이 모두 믿을 만한 것은 아니다. 이처럼 『삼자경』의 지은이가 누구냐 하는 문제는 해결하기 어려운 과제이다. 여기서 우리가 인정해야 할 것은, 초기(初期) 유행본(流行本)에서 송대(宋代)까지만 역사(歷史)를 기술(記述)하고 원대(元代)·명대(明代)·청대(淸代)는 언급하지 않은 것을 볼 때, 지은이는 분명히 송(宋)나라 때의 사람이다. 그리고 한 사람만이 아니라는 것이다. 그것은 『삼자경』이 부단히 증보(增補)와 수정(修訂)을 거듭하여 여러 종류의 판본(版本)이 있음을 통해서 알 수 있다. 따라서 처음으로 이 『삼자경』을 지은이는 송(宋)나라 때의 사람이며, 그후에 많은 사람의 증정(增訂)을 거쳐서 민간(民間)에 전해졌다. 이렇게 보는 견해가 비교적 공정(公正)하고 타당(妥當)하다.

『삼자경』의 내용은 대체로 다음의 몇 가지로 나누어 볼 수 있다.

첫째, 가르치는 것[교(敎)]과 배우는 것[학(學)]의 중요성이다.
둘째, 봉건사회(封建社會)의 윤리(倫理)강령(綱領)을 언급하고 있다.
셋째, 자연(自然)과 사회과학(社會科學)의 기본적인 내용을 소개하고 있다.
넷째, 역사(歷史)를 강술(講述)하고 있다.
다섯째, 어린아이가 학습(學習)에 힘쓰도록 노력하고 있다.

이러한 내용들이 3자(字)가 하나의 구(句)를 이루면서 그 속에 많은 역사고

사(歷史故事)와 전고(典故) 및 고금(古今)의 사적(事跡)을 두루 담고 있다. 청대(淸代)의 하흥사(賀興思)가 말한 "옷소매 속의 『통감강목(通鑑綱目)』"처럼 요긴한 아동용 교재이다. 그래서 청대(淸代)의 국학대사(國學大師) 장태염[장병린(章炳麟)의 호(號)가 태염(太炎)]도 『중정삼자경(重訂三字經)』의 서(序)에서 다음과 같이 평(評)하고 있다. "그 책[삼자경]의 앞부분에서는 방위(方位)와 사물(事物)의 종류를 열거하고 있으며, 그 다음으로는 경전(經典)과 역사서(歷史書), 그리고 제자서(諸子書)에 대하여 언급하여, 어린아이를 일깨워주고 인도(引導)한다. 그 내용을 구분하면, 양(梁)나라의 주흥사(周興嗣)가 지은 『천자문(千字文)』과 견주어 볼 때 비록 글자가 중복되는 것이 있고, 말이 수식(修飾)이 없지만, 훗날의 사람들은 이 책[삼자경]을 알고 있었다."

그리고 나아가 "경전(經典)의 뜻을 통달하고, 역사서(歷史書)의 이치[역사(歷史)가 주는 교훈(敎訓)]를 알아야 한다"고 하였으며, "오늘날[청대(淸代)]의 교과서(敎科書)는 진실로 『삼자경』만 못한 것이 많다"고 한 장태염의 말은 시비(是非)를 논(論)하자는 것이 아니고, 『삼자경』이 이 세상에 나온 이후 오랜 세월동안 널리 유행(流行)하며 읽히고 있다는 사실은 『삼자경』이 역사적(歷史的)인 고증(考證)을 거쳤음을 보여 주는 것이다. 예(例)를 들면 "삼강오륜(三綱五倫)", "부현자효(婦賢子孝:어머니는 어질고 자식은 효도함)"나 "양명성, 현부모(揚名聲,顯父母:명성을 떨치면 부모의 이름이 드러남)" 등(等)의 말들은 봉건사회(封建社會) 윤리도덕(倫理道德)에 바탕을 두고 있다.

그러므로 오늘날의 독자(讀者)들은 이것을 분명하게 알아야 하고 또한 받아들여야 할 것이다. 드높일 것은 드높이고, 현대사회(現代社會)에서 실천(實踐)하기 어려운 내용은 그 정신(精神)을 오늘에 맞게 수용하여야 한다. 『삼자경』에서의 역사적(歷史的)인 내용은, 말은 간결(簡潔)하지만 뜻은 포괄적(包括的)이며, 요점(要點)을 간단명료(簡單明瞭)하게 제시(提示)하고 있다. 따라서 사람들이 옛 것을 살펴보고서 이것으로 오늘을 비춰보아 거울로 삼는데 도움이 될 수 있다. 그리고 『삼자경』에 나오는 많은 면학(勉學)에 대한 이야기는 고대(古代) 중국(中國)의 학습정신(學習精神)을 대표한다. 오늘날에 있어서도 학생(學生)들에게 학문(學問)에 대한 부단(不斷)한 경각심(警覺心)을 일깨우는 작용을 하고 있다고 본다.

끝으로『삼자경』의 풍부한 내용은 낭랑(朗朗)하게 소리내어 읊조릴 수 있는 운(韻)을 지니고 수세기(數世紀)에 걸쳐서 전(傳)해졌다. 그리하여 중국(中國)의 전통적인 몽학교재(蒙學敎材)로써 전통문화(傳統文化)에 관한 중요한 교재로 자리를 잡았다. 그래서『삼자경』에 대한 연구를 계속하고 그 정수(精隨)를 폭넓게 알려야 할 충분한 이유가 있다고 본다.『삼자경』은 이미 영어(英語)·일어(日語) 등(等)으로 세계 각국에 번역 소개되어 많은 사랑을 받고 있다. 특히 영국인(英國人) 조셉 니담(Joseph Needham)의 방대한 저서(著書)인 『Science and Civilization in China(중국中國의 과학科學과 문명文明)』에서도 언급되고 있어서, 여러 나라에 중국(中國)을 알리는 "전통몽학총서(傳統蒙學叢書)", 또는 "아동도덕총서(兒童道德叢書)"의 하나로 알려져 있다. 이제 이『삼자경』은 다른 유명한 중국(中國)의 고전(古典)들과 더불어 세계에 중국을 알리는 기본 교재의 하나라고 하겠다.

이러한 생각에서 평소에 한문교육(漢文敎育), 특히 한국(韓國)과 중국(中國)의 몽학교육(蒙學敎育)에 관심이 많던 역자(譯者)는 이 책을 수년(數年) 전(前)부터 널리 알리고 싶은 강한 충동을 느꼈다. 그러나 막상 출판을 생각하고 그동안 틈틈이 번역해 놓은 초역(初譯)의 원고(原稿)를 살펴보니 어색한 부분과 한자어(漢字語)의 용어(用語) 풀이, 그리고 보다 꼼꼼한 주(註) 처리의 필요성을 절감(切感)하고 수정(修訂)과 보완(補完)을 거듭하던 중 이제야 출판하기에 이르렀다. 이에 평소에 물심양면으로 후원을 아끼지 않으신 어머님, 그리고 아내, 두 아들 승완·정완과 여러 은사(恩師)님들에게도 이 자리를 빌어 감사를 드립니다. 역자의 천학비재(淺學菲才)로 잘못된 곳이 있다면 이는 전적(全的)으로 역자(譯者)의 책임이다. 제현(諸賢)의 질정(叱正)을 바라며, 이 분야에 관심있는 분들에게도 조금이나마 도움이 되었으면 하는 바램이다.

1999년. 9월. 가을에
효자산방(孝子山房)의 누실(陋室)에서

정석(汀石) 양희용(梁熙龍)

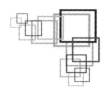

일러두기

『삼자경(三字經)』은 판본(版本)이 매우 많아서 그 수(數)를 이루 다 헤아릴 수 없다. 그 중에서 비교적 유명한 것을 추려 보면 다음과 같다.

∴ 청대(淸代) 왕상(王相) 주(注)의 『삼자경훈고(三字經訓詁)』본(本)
∴ 악문(岳門) 낭헌씨(朗軒氏) 서(序)와 청(淸) 하흥사(賀興思) 주 (注)의 『삼자경주해비요(三字經注解備要)』본(本)
• 청초(淸初) 황주성(黃周星) 신편(新編)의 『삼자경(三字經)』
• 청대(淸代) 도광연간(道光年間:1821~1850)에 연항(連恒)의 『증보 주석 삼자경(增補注釋三字經)』
• 청대(淸代) 광서연간(光緒年間:1875~1908)에 초헌씨(蕉軒氏) 저 (著), 왕진지(王晋之)·장해원(張諧元) 중정(重訂)의 『광삼자경(廣 三字經)』
∴ 민국연간(民國年間:1912~)에 장태염(章太炎 병린炳麟:1869~ 1936)의 『증정 삼자경(重訂三字經)』

 본 번역에는 비교적 폭넓게 읽히고 있는 왕응린의 『삼자경』과 왕상의 『삼자경훈고』본을 저본(底本)으로 하고, 기타 『삼자경주해비요』와 『중정 삼자경』등을 참고(參考)하였다. 『중정삼자경』은 국학대사(國學大師) 장 태염의 손을 거치면서 내용이 1/3정도 추가(追加)되면서 원본(原本)의 글자나 역사적(歷史的) 사실(事實)의 착오(錯誤)를 바로잡아 『삼자경』 의 내용을 한층더 정확하고 풍부하게 하였기에, 이를 따로 뒤[말미(末 尾)]에 부록(附錄)으로 실어 독자(讀者)로 하여금 비교하여 참고(參考) 할 수 있도록 하였다.

◀ 기타 번역에 참고한 책은 다음과 같다. ▶

1. 『삼자경신해(三字經新解)』공로(孔璐)저(著), 1991. 산동우의서사(山東友誼書社)

2. 『삼자경(三字經)』전통몽학총서(傳統蒙學叢書), 유악형(喩岳衡)주편(主編), 1986. 악록서사(岳麓書社)

3. 『도화삼자경(圖畵三字經)』목일형(穆一衡)·웅간(熊侃)편(編), 1991. 강서미술출판사(江西美術出版社)

4. 『삼자경(三字經)』대가래독(大家來讀), 민국(民國)73년(年)[1984]. 유복문화사업유한공사(幼福文化事業有限公司)

5. 『삼자경(三字經)』아동성장문학(兒童成長文學) 1, 민국(民國)78년(年)[1989]. 정덕서국(貞德書局)

6. 『삼자경(三字經)』신편아동익지총서(新編兒童益智叢書) 8, 민국(民國)78년(年)[1989]. 양명서국(陽明書局)

7. 『삼자경(三字經)』왕응린(王應麟)원저(原著)·장태염(章太炎)증정(增訂)·이목화(李牧華)주해(注解), 1994. 감숙인민출판사(甘肅人民出版社)

8. 『삼자경(SAN-TZU-CHING)』중영대조(中英對照), Herbert A. Giles역주(譯註)·시초(時超)교편(校編), 1984. 문치출판사(文致出版社)

* 이 책(册)에서 사용한 우리말에서의 한자어(漢字語)는 의미 전달에 필요한 경우에 한자(漢字)를 병기(倂記)하였다.

예 (例) : 『삼자경(三字經)』은 송대(宋代) 왕응린(王應麟)의 저작(著作)이다.

◆ 그리고 『대동천자문』(김균 지음, 이광호 번역, 1994. 푸른숲)을 함께 읽는다면 아동(兒童)의 어리석음을 일깨워주는 몽학교재(蒙學敎材)를 통한 한·중(韓中)의 전통문화(傳統文化)에 대하여 일목요연(一目瞭然)하게 이해할 수 있을 것이다.

王相의 『三字經訓詁』 原序

宋儒王伯厚先生, 作三字經, 以課家塾, 言簡義長, 詞明理晰,
淹貫三才, 出入經史, 誠蒙求之津逮, 大學之濫觴也. 予不揣荒
陋, 謬爲訓詁, 不無貽笑高明, 然於稚習之助, 庶或有小補云爾.

康熙 丙午 嘉平之吉 琅邪 王相晉升氏 識

송나라 때의 유학자 왕응린(王應麟:자字는 백후伯厚) 선생이 『삼자
경』을 지어 글방[서당]의 교재로 사용하였는데, 이 『삼자경』은 말이 간
결하고 의미가 심장(深長)하며, 문구(文句)가 분명하고 이치에 밝으며,
천(天)·지(地)·인(人) 삼재(三才)에 걸쳐서 넓게 통하며, 경전(經典)
과 역사(歷史)를 넘나들고, 어리석음을 깨우치기 위하여 땀흘려 학문(學
問)의 진수(眞髓)를 붙잡으려는 정성을 다하는 커다란 배움의 시작이다.
　나는 배움이 어둡고 견문(見聞)이 좁아서 『삼자경』의 참 뜻을 제대로
헤아리지 못하고, 자구(字句)를 잘못 해석하여, 『삼자경』의 높고 밝은 이
치에 손상을 끼치지 않을 수 없었다. 그러나 어린 아이들이 배워서 익히
는 것을 거들어서, 조금이나마 도움이 되었으면 하는 바램이 있을 뿐이다.

강희 5年(병오년:1666년) 동지 섣달의 어느 좋은 날 낭야에서
왕상(자字:진승)은 적는다.

□ 람상(濫觴) : 큰 강(江)도 그 기원은 '잔을 띄울 정도의 작은 샘[천(泉)]이
　　다'에서 유래된 말로, 사건이나 사물의 처음 시작(시초·근원)을 일컬음.

□ 강희(康熙) : 청(淸)의 제4대(代) 성조(聖祖:재위在位 1662~1722) 때의
　　연호(年號).

□ 낭야(琅邪) : 춘추시대(春秋時代) 제(齊)나라 땅으로 지금의 산동성(山東省) 교남현(膠南縣).

□ 왕상(王相) : 명말청초(明末淸初)의 유학자(儒學者)로 자(字)는 진승(晉升)이며, 그의 어머니 유씨(劉氏)는 『여사서(女四書)』의 하나인 『여범첩록(女範 捷錄)』[약칭(略稱)『여범(女範)』] 을 지었다.

☞『여사서(女四書)』:『여계(女誡)』·『내훈(內訓)』·『여논어(女論語)』·
　　『여범(女範)』

章炳麟의『重訂三字經』原序

三字經者, 世傳王伯厚所作. 其敍歷代廢典, 本訖於宋. 自遼金以下, 則明淸人所續也. 其書先擧方名事類, 次及經史諸子, 所以啓導蒙稚者略備. 觀其分別部居, 不相雜厠, 以校梁人所集千字文. 雖字有重復, 辭無藻彩, 其啓人知識過之. 卽急就章與凡將篇之矣. 余觀今學校諸生, 幾幷五經題名, 歷朝次第而不能擧, 而大學生有不知周公者. 乃欲其通經義, 知史法, 其猶使眇者視, 跛者履也歟! 今欲重理舊學, 使人人誦詩書, 窺紀傳, 吾之力有弗能已. 若所以詔小子者, 則今之敎科書, 固弗如三字經遠甚也. 間常擧以語人, 漸有信者. 然諸所擧人事部類, 其切者猶有未具. 明淸人所增尤鄙. 於是重爲修訂, 所增入者三之一, 更定者亦百之三四, 以付家塾. 使知昔儒所作非苟而已也

中華民國 十七年 季春之月 章炳麟

『삼자경』은 송나라 때의 왕응린(王應麟:자字는 백후伯厚)이 지은 것으로 세상에 전한다. 그 내용은 역대 왕조의 흥망성쇠를 서술하고 있는데, 원래는 송나라 때까지만 적혀있었다. 요나라·금나라에서부터 그 이후의 역사는 모두 명나라·청나라 사람이 계속해서 기록한 것이다. 그 책의 내용은 먼저 윤리도덕과 방향·명칭·보통 사물의 종류를 열거하고 있으며, 그 다음으로 중국철학에 해당하는 사서오경(四書五經)과 같은 경전(經典)과 중국 역사에 해당하는 『사기(史記)』·『한서(漢書)』·『삼국지(三國志)』와 같은 역사서(歷史書), 그리고 제자백가(諸子百家)에 해당하는 『순자(荀子)』·『한비자(韓非子)』와 같은 제자서(諸子書)에 이르기까지를 서술하여, 어리석고 어린 아이들을 깨우치고 이끌어 주는 개략적이고 일반적인 상식을 갖추고 있다.

그의 문장에 대한 분별력과 『삼자경』의 내용을 보면, 순서가 분명하고 서술이 정확하여 서로 뒤섞이지 아니하였고, 그는 형식에 있어서 양나라 사람 주흥사(周興嗣)가 지은 『천자문』을 모방하였다. 비록 글자가 중복된 것이 있어서 문장이 대단히 훌륭하지는 않지만, 내용이 풍부하고 말에 꾸밈이 없으며, 그는 사람을 깨우쳐서 인도하는 지적인 능력이 뛰어나므로 지식을 구하려는 아이들이 이 책을 배우고 익힌다면, 이는 곧 『삼자경』보다 먼저 지어진 『급취장』이나 『범장편』과 비교되는 것으로 이 책보다 더 좋은 책은 없을 것이다.

내가 오늘날 학교에 다니는 여러 학생들을 보면 거의 대부분 『오경』의 제목은 알지만, 중국 역대 왕조의 흥망 순서는 열거할 줄을 모른다. 그리고 심지어는 대학생 가운데에도 주공(周公)을 모르는 사람이 있다. 그리고 그들이 중국철학에 관한 경전의 의미를 이해하고, 역사책의 교훈을 알고자 하지만, 그것은 애꾸눈이 잘 보려고 하고 절름발이가 먼 곳을 뛰어 가려고 하는 것과 같다. 오늘날 우리 중국의 고유문화를 부흥시키기 위하여 구학문(舊學問)인 한학(漢學)의 공명정대하고 대의명분에 밝은 이치를 소중히 하고, 사람들로 하여금 『시경』과 『서경』을 비롯한 "사서오경"과 같은 중국철학의 경전을 외우게 하고, 역사책을 살펴보도록 하는 것은 나의 능력으로는 쉽게 할 수가 없는 것이다.

만약에 아이들에게 가르치기 위하여 소개할만한 것으로 오늘날의 소학교(小學校) 교과서로 삼을 만한 것이 있다면, 그것은 실로 『삼자경』만큼 심오하고 절실한 것이 없다.〔『삼자경』이 가장 적합하다.〕세상에는 언제나 사물이나 사실을 낱낱이 들어서 설명하는 사람이 있으므로, 점차로 믿는 사람도 있는 것이다. 그런데 『삼자경』에서 거론되는 모든 것이 인간사에 속하는 부류의 것으로, 그 속에 꼭 필요하고 절실한 것은 오히려 구비되어 있지가 않고 빠져 있다. 명나라 사람·청나라 사람이 추가로 더 집어넣어 보충한 것이 있으나 매우 어색하고 촌스럽다. 이에 나 장병린이 거듭 수정하여 1/3을 추가하고, 다시 또 3~4%를 바로잡아서 소학교[글방:서당] 아이들에게 주어 익히게 하노라. 이는 먼훗날 과 거의 옛 선비가 지은 책으로 구차하게 눈앞의 편안함을 탐낸다거나 이름을 남기기 위해서 지은 것이 아님을 알게 하고 싶을 뿐이다.

중화민국17년(1928년) 늦봄의 음력 3월에 장병린

□ 급취장(急就章) : '급취편(急就篇)'이라고도 하며, 서한(西漢)의 원제(元帝:재위在位 B.C.48~B.C.33) 때에 황문령(黃門令:궁중에서 수레를 끌고 말을 기르며 광대 일 등을 하는 환관을 관리하는 벼슬)이란 벼슬을 지낸 사유(史游)가 아이들에게 글자[한자(漢字)]를 읽히기 위하여 식자(識字) 교육을 목적으로 지은 자서(字書:한자漢字를 모아 그 읽는 법과 뜻 따위를 해설解說한 책)로 2,168자(字)가 수록되어 있다.

□ 범장편(凡將篇) : 한무제(漢 武帝:재위在位 B.C.142~B.C.87) 때에 부(賦:산문散文 문체文體의 한 쟝르)의 일인자로 꼽히는 사마상여(司馬相如:B.C.179~B.C.117)가 지은 자서(字書)로 오늘날에는 전하지 않는다..

□ 묘자시, 파자리(眇者視 跛者履) : 역량(力量)과 덕(德)이 부족한 사람이 자기 분수(分數)에 넘치는 큰 일을 하려는 것을 비유함.

□ 주공(周公) : 주(周)나라 때의 성군(聖君)으로 성(姓)은 희(姬)요, 이름은 단(旦)이며, 주공(周公)은 그의 존칭이다. 문왕(文王)의 아들이며, 무왕(武王)의 동생이다. 무왕을 도와서 주(紂)를 정벌하고, 주나라의 예(禮)·악(樂)·형(刑)·정(政)을 정리하고, 정전법(井田法)을 제정하고, 『주례(周禮)』를 정하여 반포하고, 적장자(嫡長子) 상속제 확립을 위한 종법제도(宗法制度)를 정하였으며, 주나라의 기초 및 유가정치(儒家政治)의 법통(法統)을 마련하였다. 주공은 유가의 이상적인 인물로 공자(孔子)도 자신의 도(道)는 주공의 도(道)를 계승하였다고 하였다. 주공의 정치는 덕치(德治)로서 예치(禮治)로 일컬어지며, 주나라 때에는 예교제도(禮教

制度)가 완비되었고, 정교(政教)를 시행하여 문물제도(文物制度)가 정비
되었으며, 유가의 학설(學說)은 여기에서 시작되었다고 한다.

□ 시서(詩書) : 시(詩:운문韻文)와 문장(文章:산문散文), 또는 『시경(詩
經)』과 『서경(書經)』을 가리킴.

□ 기전(紀傳) : 역사책에서 본기(本紀:임금 일대一代의 연보年譜)·열전(列
傳:민족이나 개인의 전기傳記), 또는 어떤 인물의 전기(傳記)를 적은 책.

□ 부류(部類) : 종류에 따라 몇 가지 부분(部分)으로 나눈 갈래.

□ 장병린(章炳麟1868~1936) : 중국 청말민국(淸末民國) 초기의 사상가[고
증학자考證學者]이며 정치가로 자(字)는 매숙(枚叔)이고, 호(號)는 태염
(太炎)으로 절강성(浙江省) 여항현(餘杭縣:지금의 임안현臨安縣) 사람이
다. 저서(著書)로 『소학답문(小學答問)』·『국고논형(國故論衡)』·『춘추좌
전독서록(春秋左傳讀敍錄)』등이 있는데, 모두 『장씨총서(章氏叢書)』에 수
록되어 있다.

목 차

II. 넓게 듣고 배워야 한다

Ⅲ. 중국의 경전(經典)

◐ 효경(孝經)

(131) 孝經通　(132) 四書熟　(133) 如六經　(134) 始可讀

(135) 詩書易　(136) 禮春秋　(137) 號六經　(138) 當講求

◐ 역(易)

(139) 有連山　(140) 有歸藏　(141) 有周易　(142) 三易詳

◐ 서(書)

(143) 有典謨　(144) 有訓誥　(145) 有誓命　(146) 書之奧

◐ 주례(周禮)

(147) 我周公　(148) 作周禮　(149) 著六官　(150) 存治體

◐ 예기(禮記)

(151) 大小戴　(152) 注禮記　(153) 述聖言　(154) 禮樂備

◐ 시(詩)

(155) 曰國風　(156) 曰雅頌　(157) 號四詩　(158) 當諷詠

◐ 춘추(春秋)

(159) 詩旣亡　(160) 春秋作　(161) 寓褒貶　(162) 別善惡
(163) 三傳者　(164) 有公羊　(165) 有左氏　(166) 有穀梁

◐ 제자백가(諸子百家)

(167) 經旣明　(168) 方讀子　(169) 撮其要　(170) 記其事
(171) 五子者　(172) 有荀楊　(173) 文中子　(174) 及老莊

Ⅳ. 흥망성쇠(興亡盛衰)

◐ 당(唐) 시대

(239) 唐高祖 (240) 起義師 (241) 除隋亂 (242) 創國基

(243) 二十傳 (244) 三百載 (245) 梁滅之 (246) 國乃改

◐ 오대(五代) 시대

(247) 梁唐晉 (248) 及漢周 (249) 稱五代 (250) 皆有由

◐ 송(宋)·요(遼)·금(金)·원(元) 시대

(251) 炎宋興 (252) 受周禪 (253) 十八傳 (254) 南北混

(255) 遼與金 (256) 皆稱帝 (257) 元滅金 (258) 絶宋世

(259) 興圖廣 (260) 超前代 (261) 九十年 (262) 國祚廢

◐ 명(明)·청(淸) 시대

(263) 太祖興 (264) 國大明 (265) 號洪武 (266) 都金陵

(267) 迨成祖 (268) 遷燕京 (269) 十六世 (270) 至崇禎

(271) 權閹肆 (272) 寇如林 (273) 李闖出 (274) 神器焚

(275) 淸世祖 (276) 據神京 (277) 靖四方 (278) 克大定

◐ 성현이 배움에 힘쓴다

(291) 昔仲尼 (292) 師項橐 (293) 古聖賢 (294) 尚勤學

◑ 배움에 힘쓰면 성취함이 있다
(347) 唐劉晏　(348) 方七歲　(349) 擧神童　(350) 作正字
(351) 彼雖幼　(352) 身己仕　(353) 爾幼學　(354) 勉而致
(355) 有爲者　(356) 亦若是

(357) 犬守夜　(358) 鷄司晨　(359) 苟不學　(360) 曷爲人
(361) 蠶吐絲　(362) 蜂釀蜜　(363) 人不學　(364) 不如物

(365) 幼而學　(366) 壯而行　(367) 上致君　(368) 下澤民
(369) 揚名聲　(370) 顯父母　(371) 光於前　(372) 裕於後

(373) 人遺子　(374) 金滿籯　(375) 我敎子　(376) 惟一經

(377) 勤有功　(378) 戲無益　(379) 戒之哉　(380) 宜勉力

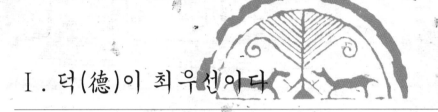

Ⅰ. 덕(德)이 최우선이다

인간의 성품은 본래 착하다

(1) **人 之 初**
인 지 초

(2) **性 本 善**
성 본 선

사람은 처음에 태어나면서부터
타고난 성품이 본래 착하다.

人 사람 인
之 ~의 지
初 처음 초

性 성품 성
本 근본 본
善 착할 선

(3) **性 相 近**
성 상 근

(4) **習 相 遠**
습 상 원

타고난 성품은 서로 가까우나
습관에 의하여 서로 멀어진다.

性 성품 성
相 서로 상
近 가까울 근

習 익힐 습
相 서로 상
遠 멀 원

♣ 하늘은 음양오행(陰陽五行)으로 만물을 낳고 기(氣)로써 형상(形狀)을 이루니, 하늘이 낳은 것이 만물이다. 천지가 있은 뒤에 만물이 있고, 만물이 있은 뒤에 인간이 생겨나고, 인간이 있은 뒤에 부부가 있는 것이니, 모태(母胎)에서 남녀로 태어나는 것을 '사람'이라 한다. 그러므로 하늘이 낳은 것을 '사람'이라 하고, 하늘이 부여한 바를 '성(性)'이라 하며, 항상 변하지 않는 도(道)를 지키는 착하고 어질며 순수하고 아름다운 것을 '선(善)'이라고 한다.

『중용(中庸)』에서 "하늘이 명하신 것을 본성(本性)이라 한다[천명지

위성天命之謂性]"고 한 것은 대개 사람과 사물이 세상에 나올 때 천지의 이치(理致)를 얻어서 성(性)이 되는 것과 같고, 천지의 기(氣)를 얻어 형상을 이루는 것과 같다. 하늘이 부여한 성(性)은 둥글고 모나지 아니하며 원만하게 섞여 있으며 지극히 착하며 순수하고 악함이 없다. 성(性)은 본래 착하고 사람이 지닌 고유의 것으로 성은 하나이지만 타고난 기품(氣稟:氣品)은 혹 다르기도 하다. 기(氣)에는 맑고 흐림 [청탁淸濁]이 있어 그 기의 맑은 것을 받으면 어질게 [현賢] 되고, 흐린 것을 받게 되면 어리석게 [우愚] 된다.

> ☞ (1) 人之初 (2) 性本善은 다음의 (3) 性相近 (4) 習相遠과 함께 입교(入教:가르침의 방향을 세워 정함)의 처음 [초初]이며, 모든 일 [만사萬事]의 발단(發端:시始)이 된다.

♧ 원래 처음에 인간이 태어날 때에 하늘로부터 받은 인(仁:어짐)·의(義:정의로움)·예(禮:예의바름)·지(智:슬기로움)의 성품(性品)은 사람이 모두 다 지니고 있는 누구나 다 함께 얻은 것으로, 어릴 때에는 이것들이 서로 가깝고 성장하여서는 지식이 점차 넓어지고 세상 사정에 밝아지면서, 현(賢:어짐)·우(愚:어리석음)·선(善:착함)·악(惡:나쁨)의 기질로 달라지게 된다.

물욕(物慾)에 가리워지기도 하고, 칠정(七情:기쁨 [희喜], 노여움 [노怒], 슬픔 [애哀], 즐거움 [락樂], 사랑 [애愛], 미움 [오惡], 욕심 [욕慾])에 물들기도 하며, 혹은 탐(貪:탐냄)·진(瞋:성냄)·치(癡:어리석음)·애(愛:사랑)로 인하여, 마침내 그 본래의 타고난 마음을 잃어버리거나 주(酒:술)·색(色:여자)·재(財:돈)·기(氣:힘)로 인하여 덕(德)을 잃고 옳지 못함을 널리 행하게 되기도 한다.

처음 태어나면서 하늘이 나에게 부여한 어질고 정의롭고 예의 바르고 슬기로운 성품이 다 없어져 버리면, 나라에 불충(不忠)하게 되고, 부모에게 불효(不孝)하게 되며, 나아가 형제자매와 모든 사람에게까지도 부끄러움이 없어지게 되니, 어디서 인의예지(仁義禮智)의 마음을 찾아볼 수 있겠는가?

그러므로 마음을 깨끗이 하고 올바른 성품을 기르는데 있어서 사람은 한결같지 아니하여, 붙잡으면 간직할 수 있고 내버려두면 없어지게 된다. 좋은 것을 익히면 생각하는 바가 좋아지고 행하는 바가 착해져서, 자연이 날이 갈수록 어질고 슬기로워져서 마침내 군자(君子)가 되고, 나쁜 것을 익히면 나쁜 것을 생각하게 되고 나쁜 짓을 하게 되며, 자연이 나쁜 데로 빠져서 어리석고 못난 소인(小人)이 된다. 그래서 군자가 선(善)을 행하는데 날[시간(時間)]이 부족하고, 소인이 불선(不善:나쁜 짓)을 행하는 데도 또한 시간이 부족한 것이다.

☞ 그래서 공자(孔子))께서도 말씀하시기를, "타고난 성품은 가까우나, 습관에 의하여 서로 멀어진다[性相近也, 習相遠也]"라고 하신 것이다.

교육의 작용

(5) **苟 不 教**
    구   불   교

(6) **性 乃 遷**
    성   내   천

만일 아이를 가르치지 않으면 성품이 곧 바뀌게 된다.

苟 만일 구
不 아닐 불
教 가르칠 교

性 성품 성
乃 곧,이에 내
遷 바꿀 천

(7) **教 之 道**
    교   지   도

(8) **貴 以 專**
    귀   이   전

공부를 가르치는 방법은 오로지
한 가지 일에 전념하는 것을 귀중하게 여기는 것이다.

教 가르칠 교
之 ~의, 갈 지
道 길 도

貴 귀할 귀
以 써 이
專 오로지 전

♣ 무릇 아이의 부모가 자식을 기르는데 있어서 중요한 것은 잘 기르는 것이다. 만일 그것을 귀찮게 여기고 가르치지 않으면, 자식의 행동은 올바르지 못하고 좋지 못한 결과를 낳게 된다. 그렇기 때문에 아이를 배면 어미된 자는 태교(胎教)에 있어서 반드시 바를 '정(正)'자를 좌우명(左右銘)으로 삼아서 어미의 도리를 다하여야 한다. 그래야 자식을 낳아도 태어난 아이의 품성(稟性)이 올바르다. 어미가 아이를 잉태(孕胎)하였을 때 바른 생각과 바른 행동을 한다면, 올바른 어미의 정기(精氣)를 받은 태아는 이에 감화되어 마음씨 착하고 올바른 행동을 하게 될 아이로 이 세상에 태어날 것이다. 이는 인과(因果)관계에 의한 자연의 이치라고 할 수 있다.

아이를 낳아 젖먹여 기른 뒤에는 밥을 먹여야 하는데, 숟가락과 젓가락을 사용하는 법을 가르침에 있어서, 남녀(男女) 모두 오른손으로 밥먹는 법을 가르쳐야 한다. 자식이 말을 할 줄 알게 되면, 사내아이는 부르는데 응하여 빨리 '예[유(唯)]'하고 대답하는 법을 가르치고, 여자 아이는 부름에 응하여 차분하게 '예[유(兪)]'하고 대답하는 법을 가르친다.

여섯 살이 되면, 일(一)·십(十)·백(百)·천(千)·만(萬)의 수(數) 헤아리는 방법과 동(東)·서(西)·남(南)·북(北)의 방위(方位)를 가르쳐서, 장차 쉽게 깨쳐서 그 지식을 넓히는 법을 가르친다.

일곱 살이 되면, 남녀가 함께 같은 자리에 앉는 것을 허락하지 않으며 [男女七歲不同席], 같은 그릇으로 먹는 것도 허락하지 않으니, 이는 당연히 일찍부터 가르쳐야 할 것이다.

여덟 살이 되면, 예의(禮儀)와 문자(文字)를 가르치는 소학교육(小學教育)의 시기이니, 스승을 섬기고 어른을 공경하는 도리를 가르친다. 문(門)을 드나들 때나 혹은 자리에서 음식을 먹거나 차(茶)를 마실 때, 반드시 어른보다 나중에 해야 할 것이며, 겸손하고 사양하는 도리를 가르치는 것이 여기서부터 시작되는 것으로, 출입함에 있어서 어른보다 나중에 하는 것은 행동의 겸양이요, 자리에 앉음에 어른보다 뒤에 하는 것은 앉음의 겸양이며, 음식을 먹음에 어른보다 나중에 먹는 것은 먹음에 있어서의 겸양인 것이다.

아홉 살이 되면, 초하루[朔]·보름[望]·육십갑자(六十甲子)에 해당하는 날을 가르쳐서 때에 따라서 돌아가는 봄·여름·가을·겨울의 자연현상과 음양(陰陽)의 이치를 알게 한다.

☞ 스승에게 나아가 책(册)을 읽는 것도 모두 부모(父母)의 가르침이니, 게을리 하지 말아야 한다. 배우는 모든 학생(學生)들은 마땅히 이것을 마음속 깊이 새겨 두어야 한다.

맹자 어머니 세 번 이사하다

(9) **昔 孟 母** (10) **擇 隣 處**
　　석　맹　모　　　　택　린　처

옛날에 맹자의 어머니는 이웃을 가려가며 살았는데,

昔 옛 석　　　　　　擇 가릴 택
孟 성씨 맹　　　　　隣 이웃 린
母 어미 모　　　　　處 살,곳 처

(11) **子 不 學** (12) **斷 機 杼**
　　자　불　학　　　　단　기　저

맹자가 배우지를 아니하니 베틀의 북을 끊어 버렸다.

子 맹자, 아들 자　　斷 끊을 단
不 아닐　　불　　　　機 베틀 기
學 배울　　학　　　　杼 북　저

※ 맹자(孟子:B.C.372경~B.C.289경) : 이름은 가(軻), 자(字)는 자여(子輿). 전국시대(戰國時代) 추(鄒)나라 사람이다. 춘추시대(春秋時代) 노(魯)나라 맹손씨(孟孫氏)의 후예(後裔)이다.

☞ 자(字) : 옛날에는 이름을 소중히 여겨 함부로 부르지 않는 관습에서, 장가든 후에 부르기 위하여 짓는 이름에 준한 호칭(呼稱).

♧ 옛날에 맹자(孟子)가 어렸을 때 아버지가 일찍 돌아가시고, 어머니[급씨(伋氏)]가 홀로 수절(守節)하며 자식을 키우고 살아가는데, 사는 곳이 묘(墓)에서 가까워서 맹자는 오로지 상(喪)을 당하여 장례(葬禮)를 치르는데 상엿줄을 잡고 통곡(痛哭)하는 것을 배우니, 맹자 어머니가 말씀하시기를, "이곳은 내 자식이 살곳이 못되는구나"하시며, 시장

(市場) 근처로 집을 옮겼다. 그런데 푸줏간이 가까이 있어 맹자는 오로지 가축을 잡아서 죽이며 사고 파는 일을 보고 배우니, 맹자 어머니 또 말씀하시기를, "이곳 또한 자식을 키울 곳이 못된다"고 하시며, 바로 학당(學堂) 옆으로 이사를 하였다. 그러자 매월 초하루와 보름이 되면 관원(官員)이 문묘(文廟)에 와서 예(禮)를 행하는데, 무릎을 꿇고 절하고 공손하게 두손을 마주잡고 읍(揖)하며 나아가고 물러나는지라. 맹자가 이를 보고 하나하나 익히는 것이었다. 이에 맹자 어머니는 말씀하시기를, "이곳이 참으로 내가 자식을 키울 수 있는 곳이다"라고 하시며, 드디어 이곳에 머물러 사시니, 이것이 곧 '맹모 삼천지교(孟母三遷之敎)'의 고사(故事)로, 훗날 맹자가 훌륭한 학자로 성장하게 된 이야기이다.

한편 맹자가 어릴 때 이웃집에서 돼지를 잡으니, "어찌 돼지를 잡습니까?"하고 어머니에게 물으니, 맹자 어머니 웃는 말로 "너 먹일라고 그런다" 하고 나서, 곧바로 후회하며, "내가 맹자를 임신하였을 때 짐승고기를 먹지 않은 것은 태교(胎敎)에 나쁜 영향을 끼칠까봐서 주의한 것이었다. 그런데 나는 지금 어린 자식이 세상물정을 알 만한 때에 주의하지 않고, 농담삼아 거짓으로 자식을 속이고 실망시키게 되었구나. 이는 참으로 불성실함을 보인 것이다"라고 생각하시며, 어려운 가정형편에도 불구하고 이웃집에 가서 고기를 사다가 먹였으니, 이것은 바로 맹자 어머니의 거짓을 경계(警戒)하고 믿음을 추구하는 교육을 몸소 실천하신 것이다.

그 뒤에 자라서 자사(子思)의 문하(門下)에서 육예(六禮:예절 [예(禮)]·음악 [악(樂)]·활쏘기 [사(射)]·말타기 [어(御)]·글쓰기 [서(書)]·셈하기 [수(數)])를 배우는데 하루는 공부에 싫증이 나서 도망쳐 집으로 돌아왔다. 마침 어머니가 베 짜는 방에 계시다가 보시고 화를 내시며 베틀의 북을 끊어 버리고 짜던 베를 칼로 잘라 버리니, 맹자가 당황하여 무릎을 꿇고 그 연유(緣由)를 물으니, 맹자 어머니 꾸짖으시며 말씀하시기를, "네가 배우는 것은 내가 베를 짜는 것과 같다. 실[사(絲)]이 모여 촌(寸)을 이루고, 촌이 모여 척(尺)·장(丈)·필(疋)을 이루어야만 유용한 물건이 되는것 처럼, 너의 배움은 반드시 여러 해 동안의 공력(功力)을 필요로 하며, 밤낮을 가리지 않고 더욱 더 열심히 해야 하는데, 지금 네가 배우기를 게을리하고 싫증을 내는 것은 곧 스스로 그 공(功)을 포기하는 것이다. 내가 짜던 베를 잘라 버린 것은 네가 배움을 포기하는 것과 같은 것이다"라고 하시니, 맹자 다시 자사의 문하에 가서 분발(奮發)하고 의지(意志)를 돈독(敦篤)히 하여 밤낮으로 부지런히 공부하여 마침내 훌륭한 학자가 되었다. 이것이 바로 '맹모 단기지교(斷機之敎)'의 이야기이다. 만약에 맹자 어머니의 이러한 가르침이 없었다면 어찌 능히 맹자와 같은 훌륭한 인물이 나올 수 있었겠는가?

☞ 이것은 옛날에 어진 어머니가 자식을 가르쳐서 크게 이름을 드놓인 이야기로, 한(漢)나라 때 유향(劉向)이 지은 『열녀전(列女傳)』 모의전(母儀傳)과, 당(唐)나라 때의 이한(李瀚)이 지은 『몽구(蒙求)』에 그 내용이 전한다.

(13) **竇 燕 山**
　　두　연　산

(14) **有 義 方**
　　유　의　방

옛날에 연산에 사는 두우균이 올바른 교육 방법을 가지고,

竇 성씨 두
燕 제비 연
山 산,뫼 산

有 있을 유
義 옳을 의
方 방법 방

(15) **教 五 子**
　　교　오　자

(16) **名 俱 揚**
　　명　구　양

다섯 아들을 가르치니 모두 명성를 떨쳤다.

教 가르칠 교
五 다섯　오
子 아들　자

名 이름　　명
俱 함께　　구
揚 떨칠,날릴 양

※ 두(竇) : 두우균(竇禹鈞)을 가리킨다. 오대(五代) 후진(後晋) 때의 유주(幽
州) 사람이다. 사는 곳이 연(燕:지금의 북경北京근처)에 속하므로 자(字)를
'연산(燕山)'이라고 하였다.

※ 연산(燕山) : 지금의 하북성(河北省) 북경(北京) 동북부 지방으로 연산산맥
(燕山山脈)을 가리키며, 옛날에 연(燕)나라 땅이었기에 '연산(燕山)'이라고
부른다.

※ 오자(五子) : 이들을 당시 사람들은 연산(燕山) 두씨(竇氏)의 다섯 마리 용
(五龍)이라고 불렀다. 장남(長男)인 의(儀)는 예부상서(禮部尙書)가 되었고,
차남(次男)인 엄(儼)은 예부시랑(禮部侍郞)이 되었고, 삼남(三男)인 간(侃)
은 보궐(補闕)이 되었고, 사남(四男)인 오(偁)는 간의대부(諫議大夫)・참대

정(參大政)이 되었고, 오남(五男)인 회(僖)는 기거랑(起居郎)이 되었다.

☞ 사남(四男)인 '오(傲)'가 '칭(偁)'으로 기록된 책도 있고, '기거랑(起居
郎)'을 '기거주(起居注)'라고 기록한 책도 있다.

♣ 이것은 옛날에 어진 아버지가 자식을 훌륭히 가르쳐서 크게 이름을
떨친 것을 인용한 것이다. 두우균(竇禹鈞)은 오대(五代) 후진(後晉) 때
의 유주(幽州) 이다. 집안은 매우 넉넉하였으나 그의 사람됨은 매우 공
평하지 못하고 심술궂어 장사를 하는데 있어서도 제멋대로 열 되들이
말과 작은 저울을 사용하여, 팔 때는 가볍게 하고 살 때는 무겁게 하면
서 알게 모르게 속이고, 성격은 가난하고 비천(卑賤)한 것을 싫어하며,
하늘의 이치를 저버리고 양심(良心)을 속이는 일을 자주하니 나이 삼십
(三十)이 되도록 아들이 없었다.

그런데 어느 날 밤, 문득 두우균의 아버지가 꿈에 나타나서 아들에게
말하기를, "너는 마음 씀씀이가 좋지 못하고 심덕(心德)이 바르지 못하
여 악명(惡名)이 하늘에까지 알려졌으니, 앞으로 자식이 없으며, 아울러
또한 오래 살 수도 없을 것이다. 그러하니 빨리 잘못을 뉘우치고 착한
일을 하여 크게 음덕(陰德)을 쌓고, 널리 반성(反省)의 방편(方便)을 행
하여 하늘의 뜻을 회복하고 잘못을 바로잡아서 좋은 일이 있게 되기를
바란다"라고 하였다.

두우균은 잠에서 깨어나 아버지가 꿈속에서 하신 말씀을 하나하나 마
음에 새기며, 이제는 지난날처럼 그러한 나쁜 일을 조금이라도 해서는
아니된다는 각오를 새롭게 하면서 살았다.

그러던 어느 날, 하루는 가게에 손님이 다녀갔는데, 은(銀)이 들어 있
는 주머니 하나를 발견하였다. 그날 하루가 다 지나가도록 주인을 기다
렸더니, 마침내 잃어버린 주인이 찾으러 오니, 두우균은 반가이 맞이하
며 은이 들어 있는 주머니를 원래 주인에게 돌려 주었다. 그러한 일이
있은 후, 두우균은 그 지방에 혹 가난하고 집안 형편이 어려워서 여자
가 시집갈 능력이 없는 사람이 있으면, 은과 혼수품(婚需品)을 마련하
여 시집을 보내 주어 여자네 집에서 시집 못 보내 노처녀되는 슬픔이
없도록 하였다. 그리고 아들이 장가들 능력이 없는 사람이 있으면, 또한
은 두냥을 주어 혼례(婚禮)를 치르도록 하여 남자네 집에서 장가 못 가

서 노총각이 되거나 홀아비 신세가 되는 고충(苦衷)이 없도록 하였다.

집안에 의관(義館)을 설치하고 훌륭한 스승을 모셔다가 아이들을 가르치는데, 집이 가난하여 자식을 가르칠 수 없는 사람들에게는 그들의 자식들을 의관에서 공부하게 해주고 학비도 대신 내주었다. 그리고 이웃 사람들의 가난함을 두루 구제하여 주어 주위 사람들의 삶에 이로움을 주니, 이는 널리 생활의 방편이 되는 것으로 크게 음덕(陰德)을 쌓는 것이었다.

어느 날 밤, 갑자기 또 아버지가 두우균의 꿈에 나타나서 말씀하시기를, "네가 지금 음공(陰功)을 많이 쌓아서 훌륭하고 착하다는 명성이 널리 하늘에까지 알려졌으니, 훗날 다섯 아들이 있을 것이며, 그들이 모두 과거(科擧)에 급제(及第)하고, 너 또한 팔십구(89)세까지는 살 것이다"라고 하였다. 잠에서 깨어나 정신을 차리고 보니, 이는 한갓 헛된 꿈이었다. 그러나 두우균은 수신(修身)을 하면서 음덕 쌓기를 게을리하지 아니하니, 훗날 과연 아들 다섯을 낳았다. 이들이 장가들어 짝을 이루니, 가정의 예(禮)가 근엄(謹嚴)하기를 군신(君臣)과 같고, 내외(內外: 부부夫婦)의 예가 근엄하기를 궁궐에서와 같아서 남자가 제멋대로 안방에 들어가거나 여자가 제멋대로 밖에 나가지 아니하며, 남자는 밭 갈고 공부하는데[주경야독(晝耕夜讀)] 힘쓰며, 여자는 부지런히 실을 짜는데 힘쓰니, 화목하고 다정하며 효도하고 순종함이 집안에 가득하였다.

그러므로 올바른 방법으로 아들을 교육시켜 훌륭한 인재를 만들었고, 게다가 음덕을 쌓았으니 더욱 번창하여 자손이 발전한다고 하면서 다섯 아들이 연이어 과거에 급제했을 때, 호부시랑(戶部侍郞) 벼슬에 있던 풍도(馮道 : 882~954, 자字는 가도可道, 자호自號는 장락로長樂老)가 시(詩) 한 수(首)를 하사(下賜)했다고 한다.

☞ 호(號) : 본 이름이나 자(字) 외에 누구나 꺼리낌없이 부르기 위하여 지은 이름.

☞ 자(子) : 이름을 존귀(尊貴)하게 여기는 관념에서 생긴 것으로 성인(成人)의 이름을 함부로 부르지 않는 풍습에서 생겼다. 자(子)는 본인의 기호(嗜好)나 윗사람이 본인의 덕(德)을 참작하여 마음에 새기고 실천해야 할 덕목(德目)이 내포된 글자를 취하여 20세 때에 관례(冠禮)를 행하고

지어준다. 송대(宋代) 이후에는 호(號)가 자(子)를 대신하게 된다.

연산의 두우균,	燕山竇十郎
자제(子弟)를 옳은 방법으로 가르쳤네.	教之以義方
영험(靈驗)한 기둥 하나는 늙었어도,	靈椿一枝老
박달나무 다섯 가지 훌륭하네.	丹桂五枝芳

(17) **養 不 敎** (18) **父 之 過**
　　　양　　불　　교　　　　　부　　지　　과

자식에게 공부를 가르치지 아니하고
밥만 먹여 기르는 것은 아버지의 잘못이요,

　　養 기를　　양　　　　　　　父 아버지　　부
　　不 아닐　　불　　　　　　　之 ~의　　　　지
　　敎 가르칠　교　　　　　　　過 허물,잘못　과

(19) **敎 不 嚴** (20) **師 之 惰**
　　　교　　불　　엄　　　　　사　　지　　타

제자를 엄격하지 않게 가르치는 것은
스승의 게으름이다.

　　敎 가르칠　교　　　　　　　師 스승　　사
　　不 아닐　　불　　　　　　　之 ~의　　　지
　　嚴 엄할　　엄　　　　　　　惰 게으를　타

♣ 부모로서 자식을 기르는데 있어서 아이가 일곱·여덟 살이 되면 반드시 예의범절(禮義凡節)을 익히는 공부를 시켜야 한다. 훌륭한 집안으로 가문(家門)이 잘되려면 자손들이 반드시 공부를 열심히 해야 한다. 집안 살림이 넉넉한데도 공부를 하지 아니하면, 설령 금은보화(金銀寶貨)가 많이 있다고 하더라도 몸이 귀하게 되지 아니하니 아무 소용이 없다. 그렇지만 가난하더라도 자기 자신을 지키며 떳떳하게 살아나갈 수 있다면, 비록 영광(榮光)은 없어도 명예(名譽)는 빛난다. 부모가 자식을 기르는데 있어서 만약에 공부를 시키지 않으면 이는 곧 부모의 허물이요. 만약에 서당(書堂)에 보냈는데 가르침이 엄격하지 못하면, 이는 곧 스승의 게으른 허물 탓이다.

집안에는 훌륭한 아버지와 자상(仔詳)한 형(兄)이 있고, 밖에서는 엄격(嚴格)한 스승과 좋은 친구가 있으면, 자식(子息)들은 반드시 훌륭한 인재(人才)가 되지 않는 자가 없을 것이다.

※ 엄교(嚴敎) : 엄격하게 잘 가르치는 교육방법.

(21) **子 不 學**
　자　불　학

(21) **非 所 宜**
　비　소　의

자식(제자)이 배우려고 하지 않는 것은
마땅히 옳은 일이 아니다.

子 아들,제자　자
不 아닐　　　불
學 배울　　　학

非 아닐　　　　비
所 ~바,도리　　소
宜 마땅할,옳을　의

(23) **幼 不 學**
　유　불　학

(24) **老 何 爲**
　노　하　위

어려서 배우려고 하지 않는다면
늙어서 어떻게 되겠는가 ?

幼 어릴　유
不 아닐　불
學 배울　학

老 늙을　　　로
何 어찌,무엇　하
爲 할,될　　　위

※ 유(幼) : 유년기를 가리킨다. 나이가 어린 시기로 초등학교 저학년에 해당하는 유아기와 소년기의 중간으로 대개 만 3세 이상에서 만 6·7세 미만의 어린이가 유년기(幼年期)에 속한다. 〔법적(法的)으로는 만 13세 미만이 유년(幼年)에 해당된다.〕

※ 노(老) : 노년기를 가리킨다. 나이가 들어 늙었을 때이므로 이 시기의 신체적인 특징으로는 흰 머리가 나고 생리적(生理的)인 모든 기능이 감퇴(減退)하며, 성격(性格)이 매우 주관적인 경향(傾向)으로 치우쳐서 불안하고, 불만이 많으며, 저항의식(抵抗意識)이 강하게 나타난다.

※ 하위(何爲) : ① 무엇이 되겠느냐?   ② 무엇을 하느냐?
③ 어떻게 되겠느냐?   ④ 무슨 쓸모가 있겠느냐?

☞ 앞의 (17)~(20)은 부모와 스승의 잘못을 꾸짖은 것이요,
여기 (21)~(24)는 자식이 배우는 것에 대하여 격려하는 내용이다.

♣ 아이가 하루종일 공부하지 않는다면 자연이 어리석게 된다. 그래서 집에 들어와서는 어버이를 섬기고, 웃어른을 받드는데 있어서 효도(孝道)하고 공손(恭遜)하게 행동하는 도리를 알지 못하며, 밖에 나아가서는 벗과 사귐에 있어서 교제(交際)하는 도리를 모르게 된다. 그러므로 서민(庶民)의 자식이라도 배우면 공경대부(公卿大夫)가 되고, 배우지 아니하면 공경대부의 자제도 서민이 될 수 있는 것이다. 이것은 마치 배우는 것이 벼나 곡식과 같고, 배우지 아니하는 것은 쑥이나 잡초와 같은 것이라고 할 수 있다. 벼나 곡식은 나루터의 다리와 같은 역할을 하는 귀중한 물건으로 국가의 민생(民生)을 위한 커다란 보배요, 쑥이나 잡초 같은 것은 농사짓는 농부가 볼 때 해로운 것일 뿐이다.

☞ 공경대부(公卿大夫) : 조선시대의 경우 삼정승(三政丞)과 육조판서(六曹判書), 그리고 정1품에서 종4품까지의 대부(大夫)를 아울러 이르던 말로 뜻이 바뀌어 "벼슬이 높은 사람들"을 말한다. 이에 상대되는 말로 사서인(士庶人 : "일반 백성"이란 뜻으로 '선비'와 '서민庶民'을 가리킴)이 있다.

☞ 사대부(士大夫) : 글 읽는 선비[사(士)]가 벼슬을 하면 대부(大夫)라고 함.

'세월은 흐르는 물과 같은 것이다'라고 하였듯이, 먼 훗날 사람이 고민하고 후회해도, 이미 지난 세월은 시위를 떠나 표적(標的)을 향해 나르는 화살과 같아서 나와 함께 있지를 않는 것이다.
아! 슬프도다. 덧없이 지나가 버린 내 젊음, 내 청춘(靑春), 내 인생(人生)이여. 이제 늙고 쇠약해져, 남은 것이라고는 병(病)든 영혼(靈魂)과 육신(肉身)뿐이니……. 이는 누구의 잘못이며, 또한 누구를 원망(怨望)하겠는가?

다음의 시 한 수(詩—首)로 답(答)을 대신한다.

삼경에 등불 밝히니 오경에 닭우는 소리 들리네.	三更燈火五更鷄
이는 바로 사내가 뜻을 세운 때이니라.	正是男兒立志時
어릴때 일찌기 부지런히 배워야 함을 모르고,	黑髮不知勤學早
늙어서 공부가 더딤을 후회하노라.	白頭方悔讀書遲

☞ 중국의 위대한 사상가인 송대(宋代) 주자(朱子)의 시문(詩文) 가운데에서 "주문공권학문"과 "우성"을 소개한다. 〔출전(出典):고문진보(古文眞寶)〕

《 주자의 학문을 권하는 글(朱文公勸學文) 》

오늘 배우지 않으면서 내일이 있다고 말하지 말고,	勿謂今日不學而有來日
올해 배우지 않으면서 내년이 있다고 말하지 말라.	勿謂今年不學而有來年
세월은 흐르는 것,	日月逝矣
시간은 나를 위해 늘어나지 않는다.	歲不我延
아! 늙었구나	嗚呼老矣
이것은 누구의 허물인가?	是誰之愆

여기서는 특히 공부하는데 있어서 시간의 귀중함을 강조하고 있다. 학문의 길은 멀고, 인생의 길은 유한(有限)하다. 주자(朱子)는 학자로서 늙어서까지 쉬지 않고 학문에 정진(精進)하였다. 인생의 유한(有限)함을 절감하고 시간의 귀중함을 강조하여 이 글을 지은 것이다. 따라서 우리는 시간을 최대한으로 잘 이용해야 한다. '시간은 나를 위해 늘어나지 않는다'는 생각은 주자의 호학정신(好學精神)으로 언제나 그의 마음 속에 자리잡고 있었던 것같다. 주자는 "우성(偶成)"에서도 다음과 같이 읊었다.

《 우연히 지음(偶成) 》

소년은 늙기 쉽고 배움은 이루기 어려우니,	少年易老學難成
짧은 시간이라도 가벼이 여기지 말라.	一寸光陰不可輕
연못의 봄 풀이 꿈을 깨지도 않았는데,	未覺池塘春草夢

섭돌 앞 뜰의 오동잎은 벌써 가을 소리를 내는구나.　　階前梧葉已秋聲

　이 시와 함께 주자의 권학문(勸學文)을 읽어보면, '아! 늙었구나'하
는 탄식이 단순히 남에게 글 공부를 권하는 말이라기 보다는 자신의 경
험과 반성에서 우러나오는 위대한 사상가이자 교육자의 가르침임을 깨
닫게 된다.

☞ 주희(朱熹:1130~1200) : 자(字)는 원회(元晦)·중회(仲晦), 호(號)는 회
　암(晦庵)·회옹(晦翁). 남송(南宋)의 대유학자(大儒學者)로 송학(宋學:
　도학道學·이학理學·성리학性理學·정주학程朱學)을 집대성한 성리학
　자(性理學者)이다. 중국철학사(中國哲學史)에서 공자(孔子)이후 최고의
　인물로 평가되며, 후세에 그를 높이어 "주자(朱子)"라 일컬으며, 저서에
　『사서장구집주(四書章句集註)』·『시집전(詩集傳)』·『자치통감강목(資治
　通鑑綱目)』·『근사록(近思錄)』·『소학(小學)』 등이 있고, 후세 의 학자
　들이 주자의 글을 모아 편찬한 것으로『주자대전집(朱子大全集)』·『주자
　서절요(朱子書節要)』·『주자어류(朱子語類)』·『주자전서(朱子全書)』 등
　이 있다.

(25) **玉 不 琢** (26) **不 成 器**
　　옥　　불　　탁　　　불　　성　　기

좋은 옥석(玉石)을 정성껏 갈고 다듬지 않으면,
쓸모있는 좋은 옥기(玉器)를 만들 수가 없으며,

玉 구슬 옥	不 아닐 불
不 아닐 　 불	成 이룰 성
琢 쫄, 다듬을 탁	器 그릇 기

(27) **人 不 學** (28) **不 知 義**
　　인　　불　　학　　　부　　지　　의

사람이 잘 배우지 않으면, 도리를 알지 못한다.

人 사람 인	不 아닐 부
不 아닐 불	知 알 지
學 배울 학	義 옳을 의

☞ 옥석(玉石) : ① 옥돌.　② 옥이 들어 있는 천연석재(天然石材 : 원석原石).

☞ 옥기(玉器) : ① 옥그릇.　② 옥과 같이 보배롭고 귀한 그릇.

☞ 절차탁마(切磋琢磨) : 옥·돌 따위를 쪼고 갈고 닦아서 빛을 낸다는 뜻으로, 사람이 덕을 쌓고 학문을 이루는 것도 그와 같이 닦고 다듬어야 한다는 것을 비유한 말로써, '도덕·학문·기술을 노력하여 갈고 닦는다'는 말이다.

　① 절(切) : 끊다, 갈다, 문지르다. 뼈[골(骨)]를 가는 것을 '切'이라고 함.

　② 차(磋) : 갈다. 뿔[각(角)]·상아(象牙)를 갈고 다듬는 것을 '磋'라고 함.

　③ 탁(琢) : 쪼다, 다듬다, [덕(德)이나 기량(器量)을] 닦다, 수양하다, 연마하다. 구슬[옥(玉)]을 갈고 다듬는 것을 '琢'이라고 한다.

　④ 마(磨) : 갈다, 문지르다, 닳아 없어지다. 돌[석(石)]을 갈고 다듬는

것을 '磨'라고 한다.

※ 不(불,부) : 다음에 오는 한글 첫소리[초성(初聲)]가 ㄷ,ㅈ으로 시작하면 '불' '을 '부'로 읽는다. 예 부도덕(不道德), 부조리(不條理).

☞ 도리(道理) : 어떤 입장에서 마땅히 행해야 할 바른 길 또는 나아갈 방도(方道)를 일컫는 말로, 여기서는 인의(仁義), 도의(道義)라는 의미를 내포하고 있다.

☞ 출전(出典)은 『예기(禮記)』「학기(學記)」편으로 원문(原文)에는 '부지의(不知義)'가 '부지도(不知道)'로 되어 있음.

♣ 세상에 좋은 옥돌이 있으면 반드시 잘 깎고, 갈고, 쪼고, 다듬어서 하나의 훌륭한 그릇을 만들어야 한다. 만약에 이러한 옥돌을 깎고, 갈고, 쪼고, 다듬지 아니하면, 이것은 하나의 쓸모없는 옥돌에 불과할 뿐이니, 어찌 귀한 것이라고 할 수 있겠는가?

이것을 인생에 비유하면, 아이가 어릴 때에는 타고난 좋은 자질이 있으니, 반드시 뜻을 품고 학문을 위해 열심히 노력하면, 동서고금(東西古今)의 사정(事情)에 통달(通達)하고 사물(事物)의 이치(理致)를 훤히 알아서, 바야흐로 훌륭한 사람이 될 것이다. 만약에 온종일 한가롭게 놀기만 하면서 배우기를 게을리한다면, 고금의 사정과 사물의 이치를 분명히 알 수가 없다. 그러므로 사람이 어릴 때 공부(工夫)를 게을리하거나, 소홀(疏忽)히 해서는 아니된다.

입신(立身)의 근본

(29) 爲 人 子
위 인 자

(30) 方 少 時
방 소 시

사람의 자식이 되어 바야흐로 어릴 때에,

爲 할,될　　　위
人 사람,인간,남　인
子 아들,자제,학생 자

方 바야흐로,이제 막 방
少 어릴,젊을,적을　소
時 때,철　　　시

(31) 親 師 友
친 사 우

(31) 習 禮 儀
습 예 의

훌륭한 스승과 좋은 친구를 가까이 해야하고,
예의와 범절을 익혀야 한다.

親 친할,어버이 친
習 익힐,배울　습
師 스승,선생님 사

禮 예절,예의와 법도 례
友 벗,친구　　우
儀 거동,몸가짐　의

※ 소시(少時) : 소년기(少年期)로서 완전히 성숙하지도 않고 아주 어리지도 않은 사내 아이로 있는 시기(時期)를 말하며, 현행(現行) 소년법(少年法)에서는 만 14세 이상 20세 미만인 자(者)를 '소년(少年)'이라고 한다.

※ 예의(禮儀) : 인간 상호간의 사귐에 있어서 서로 상대방에게 예절을 나타내는 말투와 몸가짐이나 행동 모두를 일컬으며, '예(禮)'는 천지 만물의 이치에 맞는 조목으로 예의(禮義:예절과 의리)와 법규(法規)가 이에 해당하고, '의(儀)'는 사람이 지켜야 할 법칙(法則)으로 범절(凡節)과 의식(儀式)이 여기에 해당한다. 그래서 예의범절(禮義凡節)이라고 하는 것은 일상생활에서의 모든 예의(禮義)와 의식(儀式:절차節次)을 말한다.

♣ 이는 부모의 자식(子息:아들)과 스승의 제자(弟子)된 자의 도리를 말한 것이다. 어릴 때에는 마땅히 훌륭한 스승을 가까이 하고 좋은 친구와 사귀며 예의범절을 배워서, 어버이를 사랑으로 받들어 모시고 어른을 공경하는 도리와 나아가고 물러나며 응대(應對)하는 예절(禮節)을 몸에 익혀야 한다. 그리고 출입(出入)하고 공부(工夫)하는데 있어서 덕(德)으로 몸의 근본을 삼아야 한다.

☞ 주자(朱子:주희朱熹)가 순희(淳熙) 정미(丁未)년〔송대(宋代) 효종(孝宗) 14년(1187년)〕 3월 초하루 아침에 쓴 "소학서제(小學書題:소학에 대해서 씀)"의 앞부분을 소개한다.

"옛날 소학(小學:학교學校)에서 사람을 가르치되, 물 뿌리고 쓸며 마주 대하고 대답하며 나아가고 물러나는 예절과 어버이를 사랑하고 어른을 공경하며 스승을 높이고 벗을 가까이 하는 방도(方道:방법과 법도)로써 하였으니, 이는 모두 몸을 닦고 집안을 가지런히 하고 나라를 다스리고 천하를 평안히 하는 근본이 되는 것이다."
古者小學, 敎人以灑掃應對進退之節, 愛親敬長隆師親友之道, 皆所以爲修身齊家治國平天下之本.

☞ 집해(集解) : 소학은 어린이가 들어가는 학교이다. 삼대(三代:하夏·은殷·주周)가 융성했을 때 사람이 태어나 8세가 되면, 모두 소학에 들어가 교육을 받았다. …… 이는 소학의 가르침이 훗날 대학(大學)의 수신(修身)·제가(齊家)·치국(治國)·평천하(平天下)의 근본임을 말한 것이다.

황향이 자리를 따뜻하게 하다

(33) **香 九 齡**　(34) **能 溫 席**
　　향　구　령　　　　능　온　석

황향은 나이 아홉에 능히 부모의 잠자리를 자기 체온
으로 따뜻하게 하였고,

香 향기　　향	能 능할,능히~ 할　능
九 아홉　　구	溫 따뜻할　　온
齡 나이,해 령	席 자리,잠자리　석

(35) **孝 於 親**　(35) **所 當 執**
　　효　어　친　　　　소　당　집

"어버이에게 효도하는 것은 마땅히 배워 가지고 행할
바이다"라고 하였다.

孝 효도,효도할　효	所 ~바,도리,일　소
於 어조사,~에게 어	當 마땅할　　당
親 어버이　　친	執 잡을,가질,지닐 집

※ 황향(黃香) : 동한(東漢) 때의 사람으로 자(字)는 문강(文强)이며, 강하(江
夏:지금의 호북성湖北省 운몽현雲夢縣 근처로 한대漢代 군郡의 하나) 안륙
(安陸) 지방 사람으로 어릴 때부터 경전(經典)에 박식하고, 글을 잘 지었다.
안제(安帝) 때에 위군태수(魏郡太守)를 지냈는데, 물난리[수재(水災)]를 당
하자 봉록(俸祿:월급月給)으로 빈민(貧民)을 구제하기도 하였다. 저서(著
書)에 『구궁부(九宮賦)』, 『천자관송(天子冠頌)』 등이 있다.

♣ 온갖 행실의 근본은 효(孝)를 가장 우선으로 한다. 동한(東漢) 때의
황향(黃香)은 나이 아홉 살에 벌써 어버이 섬기는 도리를 깨달았다. 무
더운 여름날에는 부모님의 침석(枕席:잠자리)을 부채질하여 모기를 쫓

고, 잠자리를 시원하게 하여 편안히 주무실 수 있게 하였으며, 추운 겨울에는 어버이의 베개와 이불, 그리고 요를 자기 몸의 체온으로 따뜻하게 하여, 어버이가 따뜻한 잠자리에서 주무시도록 해드리니, 그 이름이 경사(京師:임금이 사는 궁성宮城)에까지 알려져서 그를 "천하무쌍 강하황동(天下無雙 江夏黃童:세상에 둘도 없는 강하의 황씨 성을 가진 아이)"이라고 불렸으며, 사람들은 이렇게 말하였다. "천하에 강하의 황향같은 아이는 둘도 없다. 그러므로 전하는 24인의 효자(孝子)에 관한 고사(故事) 가운데에서 황향이 잠자리를 부채질한 것이 곧 첫째 효(孝)이다."

무릇 사람의 자식된 자는 부모를 섬기고 받드는데, 마땅히 3년의 젖먹여 기른 수고로움과 열 달을 잉태(孕胎)하여 낳으신 노고(勞苦)를 깊이 생각하고 감사하면서 옛날의 효자들을 본보기로 삼는 것이 마땅하다. 그리하여 아침 저녁으로 부모의 잠자리를 살펴드려야 하며, 거처(居處)를 겨울에는 따뜻하게 해드리고, 여름에는 시원하게 해드려야 한다.

- ☞ 『이십사효(二十四孝)』 : 원(元)나라의 곽수정(郭守正)이 예로부터 전하는 각종의 『효자전(孝子傳)』과 『효자도(孝子圖)』를 편집(編輯)한 것이다.

- ☞ 청(淸)의 고월사(高月海)가 24인(人)의 효자(孝子)에 관한 고사(故事) 『이십사효(二十四孝)』를 재편집하고, 이것을 여진소(呂晉昭)가 합집(合輯)하여 간행한 『전후효행록(前後孝行錄)』에는 "황향은 아홉 살에 어머니가 돌아가시고, 아버지만을 모시고 살았다"고 기록되어 있다.

- ☞ 혼정신성(어두울昏 정할定 새벽晨 살필省) : '혼정(昏定)'은 밤에 잘 때에 부모의 침소(寢所:주무시는 곳)에 가서 잠자리를 해드리고 방이 따뜻한지를 살피며, 밤새 안녕(安寧)하시기를 여쭙는 것이며, '신성(晨省)'은 아침 일찍이 부모의 침소에 가서 새벽에 방이 식지나 않았는지 살피면서, 밤새의 안부(安否)를 살피는 것이다. 그러므로 "혼정신성"은 '아침 저녁으로 부모의 잠자리를 살피며 안부를 묻는 것'을 일컫는다.

고려(高麗) 때 이제현(李齊賢)이 찬(贊:사람을 칭송稱頌하고 논평論評한 글)한 『효행록(孝行錄)』에서 효자(孝子) 황향(黃香)에 대한 부분을 옮겨 본다.

《 황향선침(黃香扇枕:베개에 부채질하고 이부자리를 따뜻하게 함) 》

동한(東漢) 때 황향(黃香)의 이야기다.
그의 어버이[아버지] 섬기는 것은 지극히 효성(孝誠)스러웠다.
여름에 날씨가 무더우면 베개에 부채질을 해서 서늘하게 식혀 주고,
겨울이면 제 몸뚱이로 이불을 녹여 따뜻하게 해주었다.

황향이 어버이를 섬기는데,	黃香事親
아침과 저녁으로 조금도 게을리 하지 않았네.	恪勤朝夕
여름이면 베개에 부채질 하고,	夏扇其枕
겨울엔 제 몸으로 부모의 자리 따뜻하게 하네.	身溫冬席
또한 왕연이 있었으니,	亦有王延
그 효성이 황향과 똑같았다네.	其孝同然
남의 자식이 된 사람들이여,	爲人之子
마땅히 이들 두 어진 이를 본받아야 하리라.	當效二賢

얼핏 생각할 때에는 여름에 베개에 부채질을 하고 겨울에 이불을 체온으로 따뜻하게 하는 일은 아무나 쉽게 할 수 있을 법한 일이다. 그러나 자식된 자로서 이렇게 하는 이가 없는 것은 대개 부모 섬기는 데에 힘쓰지 않기 때문이다. 하기 쉬운 일도 힘써 하지 않는 요즈음 사람들은 황향(黃香)의 이같은 정성을 본받아야 한다.

유교(儒敎)에 『효경(孝經)』이 있듯이, 불교(佛敎)에도 자식된 도리로서 부모의 은혜(恩惠)와 그 보답을 깨닫게 하는 『부모은중경(父母恩重經)』이 있는데, 여기서는 높고 깊은 부모의 은혜를 열 가지로 나눠서 설명하고 있다. ①어머니 품에 품고 지켜주는 은혜. ②해산(解産) 날에 즈음해서 고통(苦痛)을 이기시는 어머니 은혜. ③자식을 낳고 근심을 잊는 은혜. ④쓴 것은 삼키고 단 것은 뱉어 먹이는 은혜. ⑤진자리 마른 자리 가려 뉘시는 은혜. ⑥젖을 먹여 기르시는 은혜. ⑦손발이 닳도록 깨끗하게 씻어 주시는 은혜. ⑧먼길 떠나갔을 때 걱정하시는 은혜. ⑨자식의 장래(將來)를 위해 고생(苦生)을 참으시는 은혜. ⑩끝까지 불쌍히 여기시는 은혜.

(37) **融 四 歲** (38) **能 讓 梨**
　　융　사　세　　　　능　양　리

공융은 네살 때
능히 먹는 큰 배를 형에게 양보할 줄 알았고,

融 녹일,화합할　융　　　　能 능할,능히~할　능
四 넉,넷　　　　사　　　　讓 넘겨 줄,사양할　양
歲 나이,해　　　세　　　　梨 배　　　　　　리

(39) **弟 於 長** (40) **宜 先 知**
　　제　어　장　　　　의　선　지

"아우가 윗사람을 공경하는 것은
마땅히 우선적으로 알아야 한다"라고 하였다.

弟 아우,공경할(悌)　제　　　宜 마땅할,옳을　의
於 ~에게,어조사　　어　　　先 먼저,앞설　　선
長 어른,길　　　　　장　　　知 알,깨달을　　지

※ 공융(孔融:153~208, 자字는 문거文擧) : 후한(後漢) 말기의 유학자(儒學者)
요 문학가(文學家)로 노국(魯國:지금의 산동성山東省 곡부曲阜) 사람이며,
공자(孔子)의 20대(代) 후손이고 건안칠자(建安七子) 중의 한 사람이다. 어
려서부터 뛰어난 재주가 있었고, 천성(天性)이 배우기를 좋아하였다. 헌제
(獻帝) 때 북해(北海:지금의 산동성 수광현壽光縣)의 재상[태수(太守)]으로
천거되었기 때문에 공북해(孔北海)라고도 불리웠다. 건안 원년(元年:196년)
에 장작대장(將作大匠)으로 징집(徵集)되었다가 소부(少府)로 옮겼고, 후에
다시 태중대부(太中大夫)가 되었다. 당시 조조(曹操)가 권력을 멋대로 휘두
르자 자주 역설적(逆說的)인 표현으로 풍자(諷刺)하며 잘못을 고치도록 간
(諫)하다가 미움을 사서 건안 13년(208년) 마침내 조조에 의하여 그와 그의

일가족은 처형[處刑:피살(被殺)]되었다. 저서(著書)에 『공북해집(孔北海集)』10권이 있다.

☞ **건안칠자(建安七子)** : 중국 후한(後漢) 헌제(獻帝)의 건안(建安) 연간(年間:196~220)에 위(魏)나라의 조조(曹操) 부자(父子)를 중심으로 업(鄴:하남성河南省)에서 활약한 시문(詩文)에 능한 7명의 문인(文人). 즉, 노(魯)나라의 공 융(孔融), 광릉(廣陵)의 진 림(陳琳), 산양(山陽)의 왕 찬(王粲), 북해(北海)의 서 간(徐幹), 진류(陳留)의 완 우(阮瑀), 여남(汝南)의 응 창(應瑒), 동평(東平)의 유 정(劉楨) 등 7명이다.

☞ **건안문학(建安文學)** : 중국 후한의 헌제 건안 연간(196~220)의 문학. 헌제 때의 연호(年號)가 '건안'이어서 이렇게 부르지만, 정확하게는 건안 초(初:196년)부터 명제(明帝) 조예(曹叡)의 태화(太和) 7년(233년)까지의 문학을 가리키며, 중국문학사에서 볼 때 일대(一代)의 황금기(黃金期)를 이룬다. 삼조(三曹)라 일컬어지는 위(魏)의 무제(武帝:조조曹操)와 그의 아들 문제(文帝:조비曹丕), 그리고 문제의 동생 진사왕(陳思王:조식曹植)과 건안칠자 등이 배출되어 육조문학(六朝文學)의 앞길을 개척하였다. 이 시기는 건안문학의 대표적 인물인 조식의 생애(192~232)와 거의 일치한다.

♣ 인륜(人倫)을 돈독(敦篤)히 하고 우정(友情)을 두텁게 하며 공경(恭敬)을 중요시하는 것과 형제간의 의리(義理)는 어릴 때부터 배워서 알아야 마땅하고 옳은 일이다. 공융은 나이 겨우 네 살 때 겸손(謙遜)하고 사양(辭讓)하는 예의(禮儀)를 깨달았다. 하루는 어떤 사람이 광주리에 가득히 배를 보내왔다. 여러 형들이 큰 것을 서로 골라 가는데 공융은 옆에 있다가 조용히 작은 배 하나를 취하니, 여러 형들이 말하기를 "너는 왜 큰 것을 취(取)하지 않느냐?"고 하니, 공융이 말하기를 "여러 형들은 나이도 많으니 큰 것을 취하는 것은 마땅하고 옳은 일이며, 나는 동생이고 나이도 어리므로 어찌 윗사람 하는대로 똑같이 하며 분수(分數)에 넘치는 행동을 할 수 있습니까?"라고 하였다.

자라서 어른이 되어 벼슬길에 나아가 북해(北海)의 태수(太守)가 되었는데, 성품(性品)이 너그럽고 용모(容貌)가 단정한 선비이자 목민관(牧民官)이 되었다. 그래서 훗날 그에 대하여 다음과 같은 말을 한 사람이 있었다.

"좌중(座中)에는 항상 객(客)이 꽉 차서 만원(滿員)이지만, 술독의 술은 줄어들지 않으니 근심이 없도다. 무릇 공융을 보면, 나이 네 살에 겸양(謙讓)의 도(道)를 알았으니, 사람의 자식된 이는 손발이 처한 의미가 무엇인지를 분명히 알아서, 사소한 성냄으로 인하여 큰 도리를 잃어버려서는 아니되고, 다투거나 화목(和睦)을 상(傷)하게 해서도 아니된다. 천성(天性)의 올바르고 좋은 것을 기르고 지녀서 효도(孝道)하고 순종(順從)하는 마음을 돈독히 하고, 공융같은 사람을 본받아서 겸손하고 사양하는 예의를 최우선으로 알아야 할 것이다."

II. 넓게 듣고 배워야 한다

(41) **首 孝 弟**　(42) **次 見 聞**
　　　수　효　제　　　　　차　견　문

효도와 공경을 가장 먼저 하고, 그 다음에 견문을 넓히고,

首 머리,먼저,시작할　수　　　　　次 다음,차례　차
孝 효도　　　　　　　　효　　　　　見 볼　　　　　견
弟 (≒悌)공경할,아우　제　　　　　聞 들을　　　　문

(43) **知 某 數**　(44) **識 某 文**
　　　지　모　수　　　　　식　모　문

숫자 헤아리는 법을 배우고,
성현의 글을 읽어 그 이치를 깨달아야 한다.

知 알,보고 알　　　　　지　　　　識 알,깨달아 알　　　식
某 아무(개),어느, 어떤　모　　　　某 아무(개),어느, 어떤 모
數 셀,헤아릴,재주,꾀,수단 수　　　文 글,글자,책,문장,학문 문

※ 효제(孝悌) : 어버이에게 효도하고 순종하는 것을 효(孝)라 하고, 형제에 대하 여 우애하고 웃어른을 공경하는 것을 제(悌)라고 하며, 이는 국가나 임금에 대한 충성(忠誠)과 대인관계에 있어서 친구를 비롯한 사람에 대한 신의(信義:신용信用과 의리義理)와 함께 "효제충신(孝悌忠信)"이라는 말로 유가(儒 家)에서는 가정(家庭)과 사회(社會)에서 사람이 행해야 할 윤리적(倫理的)인 덕목(德目)으로 중요하게 여기는 것이다.

※ 지식(知識) : 어떤 사물(事物)이나 대상(對象)을 보고 배우거나 연구(研究)하여 얻은 명확(明確)한 이해(理解)나 인식(認識)을 말한다. '지(知)'는 시각적(視覺的)으로 보고 바로 아는 것이며, '식(識)'은 문제를 푸는 것처럼 보고 깊이 생각하여 탐구(探究)하여 아는 것이다.

※ 모(某) : 정확한 호칭(呼稱)을 알 수 없는 사람·사물·장소 등을 나타내는
데 명사로 "모수(某數)"는 일반적인 수(數:숫자)를 가리키며, "모문(某文)"
은 고금(古今) 성현(聖賢)의 글을 지칭(指稱)한 것이다.

① "모수(某數)"란 일·십·백·천·만과 같은 수로써 간단하게는 더하
고·빼고·곱하고·나누는 것[가감승제(加減乘除)]이고, 더 나아가 곡선
(曲線:호弧)·모서리[각(角)]·소수점 아래 몇 자리 수와 같은 아주 작
은 수[소수(小數):미(微)], 그리고 수학(數學)의 용어로 셈하여 얻은 매
우 큰 수[적(積)]·광협(廣狹)·장단(長短)·고저(高低)·원근(遠近) 등
의 정도를 재고 이모저모 따져 보고 헤아리는 것[측(測)]·선(線)으로
그리는 것[회(繪)] 등을 말한다.
② "모문(某文)"은 고금(古今)의 훌륭한 성인(聖人)·현인(賢人)·군자(君
子)·사대부(士大夫)의 글[문(文)]과 문화(文化) 전반에 관한 지식이 될
만 한 내용의 글 모두를 가리킨다.

♣ 인생(人生)에서 가장 큰 일은 부모(父母)에게 효도(孝道)하고 어른
을 공경(恭敬)하는 것이며, 그 다음이 세상 사물(事物)을 많이 보고 그
이치(理致)를 들어서 견문(見聞)을 통한 지식(知識)을 넓히고, 수(數)를
헤아려 셈하는 것을 보고 배워서 알고, 옛 성현(聖賢)의 글을 읽어 고
금(古今)의 문화(文化)에 대한 지식을 습득하고 이치를 깨달아 아는 것
이다.

사람이 살아가는데 있어서 제일 먼저 힘써 해야 할 것은 효도와 공경
보다 더 큰 것은 없다. 그러므로 어버이와 웃어른을 섬기는데 있어서
효도와 공경을 극진히 해야 한다. 이러한 효제(孝悌)는 유가(儒家)의
큰 덕목(德目)이며, 그 다음으로 해야 할 일이 세상의 사물을 많이 보
고 배워서 지식을 넓히는 것이다.

따라서 우리는 이러한 고금(古今)의 지식(知識)을 배우고 익혀서 보
다 윤택(潤澤)한 새로운 삶을 살아가기 위한 밑거름으로 삼고, 효제충
신(孝悌忠信)의 덕목(德目)을 실천(實踐)하면서 이 시대(時代)와 사회
(社會)가 필요(必要)로 하는 올바른 사람으로 살아가야 한다.

(45) 一 而 十
　　일　이　십

(46) 十 而 百
　　십　이　백

하나가 열을 이루고, 열이 백을 이루며,

一 한,하나,처음,근본　일
而 말이을(접속사)　이
十 열,열 번,열 곱할　십

十 열,열 번,열 곱할　십
而 말이을(접속사)　이
百 일백,모든　　　　백

(47) 百 而 千
　　백　이　천

(48) 千 而 萬
　　천　이　만

백이 천을 이루고, 천이 만을 이룬다.

百 일백,백 번　　　백
而 말이을(접속사)　이
千 일천,천번　　　천

而 말이을(접속사)　이
而 말이을(접속사)　이
萬 일만,클　　　　만

※ 일(一)·십(十) : '일(一)'은 수(數)의 처음 시작(始)이요, '십(十)'은 십진법(十進法)에서 수를 마무리하고 자릿수를 바꾸는 끝[종(終)]이다.

♣ 하나를 열 번 곱하면 열[십十]이 되고, 열을 열 번 곱하면 백(百)이 되며, 백을 열 번 곱하면 천(千)이 되고, 천을 열 번 곱하면 만(萬)이 된다. 이것은 세상(世上)에서 배워야 할 지식(知識)은 시간(時間)이 가면 갈수록 끝이 없이 많아짐을 비유(比喩)한 것이다.

　일(一)·삼(三)·오(五)·칠(七)·구(九)의 홀수는 양(陽)에 속하고, 이(二)·사(四)·육(六)·팔(八)·십(十)의 짝수는 음(陰)에 속하며, 이들이 섞여 구분되지 아니하고 천지(天地)가 열리지 아니한 때에 태극(太極)의 원기(元氣)와 음양(陰陽)은 모두 하나이었으며, 천·지·인

(天·地·人)의 삼재(三才)는 모두 태극도(太極圖) 속에 있다. 태극은 천지가 아직 나뉘기 이전으로 원기가 섞여 하나이었다. 〔※(49)~(52)의 ☞ 태극도설(太極圖說)을 참고〕

일(一)은 수의 처음 시작으로 천지음양(天地陰陽)의 시작이며, 태극도 속에서 나온 것으로 맨 처음에 나누어진 것이다. 그러므로 복희씨(伏羲氏)가 괘(卦)를 그을 때에 먼저 일(一)을 그어 양(陽)에 놓고, 다음에 일(一)을 옆으로 하나 더 그어[--] 음(陰)에 속하게 하니, 이것이 일(一)이라는 글자가 만들어진 과정이며, 이에 일음(一陰)·일양(一陽)은 태극을 본보기로 삼아서 처음에 구분하여 그 음·양의 뜻을 취한 것이다.

그리고 십(十)은 일(一)을 동(東)에서 서(西)로 옆으로 긋고, 그 위에다가 다시 일(一)을 남(南)에서 북(北)으로 곧바로 그은 것이니, 십(十)이라는 글자 속에는 '동서남북(東西南北)'의 의미가 그 속에 들어 있다. 십(十)의 열 배(倍)는 백(百)이요, 십의 백 배는 천(千)이며, 십의 천 배는 만(萬)이고, 십의 만 배는 억(億), 십의 억 배는 조(兆)이다.

상고시대(上古時代)에 예(隸)라는 이름을 가진 사람이 처음에 산수(算數)를 시작하였는데, 후에 주공(周公)에 이르러 비로소 구장(九章)의 법(法)이 이뤄지니 구구 팔십일(9×9=81)의 수이다. 구구 팔십일(81)이란 수의 산법(算法)은 주공이 제정한 것으로 천지(天地)를 가지고 후세의 사람을 가르쳤으며, 그 과정에서 육예〔六藝:예(禮)예의범절, 악(樂)음악, 사(射)활쏘기, 어(御)말타기·말몰기·서(書)글쓰기, 수(數)셈하기〕가 나오게 된다.

☞ 구장지법(九章之法) : "구장산술(九章算術)" 또는 "구수(九數)"라고도 하 며, 중국 최고(最古)의 술법(術法)이다.
①방전(方田):논밭 측량법　　②속미(粟米):교역·매매 계산
③쇠분(衰分):귀천 혼합법　　④소광(少廣):평방·입방
⑤상공(商功):공력·공정계산　⑥균수(均輸):배·수레운임 계산법

⑦방정(方程):방정식　　　⑧영뉵(盈朒):안분·비례

⑨구고(句股):삼각법

　십(十)이라는 수는 처음에 하도(河圖)에서 시작되었다. 상고시대에 문자(文字)가 없었을 때 용마(龍馬)가 그림 [도(圖)]을 등에 지고 황하(黃河)에서 나왔는데, 복희씨(伏羲氏)가 이것을 보고 처음에 팔괘(八卦)를 그었다. 그리고 헌원씨(軒轅氏) 황제(黃帝)에 이르러 복희씨가 그은 일괘(一卦)에 일괘(一卦)를 더하여 짝을 이루었다.

　건(乾)은 셋이 이어져 있고(☰), 곤(坤)은 여섯이 끊어져 있으며(☷), 이(離)는 가운데가 비어 있고(☲), 감(坎)은 가운데가 차 있고(☵), 진(震)은 위를 쳐다보면서 떨치고 나오려는 모습이고(☳), 간(艮)은 사발을 뒤집어 놓은 듯이 머물러 나아가지 않으려는 모습이며(☶), 태(兌)는 위가 빠져 있고(☱), 손(巽)은 아래가 끊겨 있다(☴). 이것이 팔괘(八卦)의 모양이다. 즉, 헌원씨(軒轅氏)가 만든 팔괘는 복희씨(伏羲氏)가 음양(陰陽)의 괘(卦)를 그은 것에서 비롯된 것으로 문자(文字)가 없었을 때에 만들어졌으며, 창힐(蒼頡)이 문자를 만든 것은 그 이후이다.

　복희씨가 괘를 그었는데 하도(河圖)를 보면, 오십오(五十五) 음양(陰陽)이 있다. 이(二)와 칠(七)이 위에 있고, 일(一)과 육(六)이 아래에 있고, 삼(三)과 팔(八)이 왼쪽에 있고, 사(四)와 구(九)가 오른쪽에 있으며, 오(五)와 십(十)이 가운데에 있다. 또 『역경(易經)』「계사전(繫辭傳)」에서 "하도(河圖)에서 '하늘의 수[천수(天數)]는 일(一)·삼(三)·오(五)·칠(七)·구(九)요, 땅의 수[지수(地數)]는 이(二)·사(四)·육(六)·팔(八)·십(十)이다'라고 한 것에서 천수(天數)와 지수(地數)는 각각 다섯 개씩이다. 천수(天數)를 합하면 [1+3+5+7+9] 이십오(25)가 되고, 지수(地數)를 합하면 [2+4+6+8+10] 삼십(30)이 된다. 이 천지(天地)의 수를 합하면 [25+30] 오십오(55)가 된다"고 하였다.

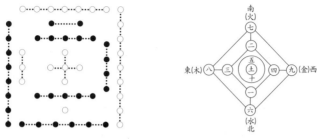

〈하도(河圖)〉 → 〈배수도(配數圖)〉
좌표(左表)를 숫자로 바꿔 도식화(圖式化)한 것임.

따라서 하나(一)에서 시작하여 열(十)을 이루는 수(數)는 하도(河圖)에서 비롯된 것으로, 이는 훗날 배우는 자가 반드시 알아야 할 것이다.

♣ 중국의 숫자〔수(數)〕 문화(文化)

중국인 친구 집을 방문할 때 주의할 것 중의 하나가 가지고 가는 선물을 쌍(雙:짝수)으로 준비해야 하는 것이다. 술도 2병 아니면 4병을 사야 하고, 사탕 한 봉지를 사면 그에 맞춰 과자도 한 봉지 사야 한다. 중국인들은 유달리 좋은 일에는 쌍으로 해야 한다는 의식이 강하기 때문이다. 춘절(春節:음력 1월 1일)이 되면 집집마다 대문이나 창문에 희(囍)자를 붙인 것을 보았을 것이다. 희(囍)자는 즐겁고 길(吉)한 희(喜)자를 2개 붙여서 만든 것이다. 손님 접대도 마찬가지다. 메뉴는 쌍으로 주문하는데 보통 4개, 6개, 8개식으로 올라간다. 절대로 7개, 9개의 요리를 주문하는 법은 없다. 요즘에는 배금주의(拜金主義) 탓인지 보통 8개의 요리를 주문한다. 8이라는 글자가 오늘날 중국어에서 부유해진다는 의미의 '발(發)'자와 발음이 비슷하다는 데서 유래한 것이다. 이처럼 중국인은 특유한 숫자 문화를 가지고 있다.

중국 민속(民俗)에 "1은 수의 시작이고, 9는 수의 극(極:가장 큰 것)이다"라는 말이 있다. 중국인의 민속적(民俗的)인 심리(心理)에 있어서, 1은 숫자〔수(數)〕의 시작인 동시에 만물(萬物)의 시작이며, 또한 신생(新生)의 의미를 갖는다. 중국의 전통적인 명절(名節)이나 오늘날의 경축일(慶祝日)을 살펴보면, 이를 곧바로 확인할 수 있다. 원단(元旦)은 양력 1월 1일이고, 춘절(春節)은 음력 1월 1일이며, 이 외에도 5월 1일 노동절(勞動節), 6월 1일 아동절(兒童節), 7월 1일 건당절(建黨節)[중국공산당창당기념일], 8월 1일 건군절(建軍節)[중국인민해방군건군기념일], 10월 1일 국경절(國慶節)[중화인민공화국건국기념일] 등이 1자와 연관있는 날들이다. 또한 11은 제 2의 시작을 의미하며, 101은 1에서 시작하여 1로 끝나는 무궁무진(無窮無盡)함을 상징(象徵)하기도 한다. 원단(元旦)의 단(旦)자만 보아도 시작에 따른 신생(新生)의 의미를 알 수 있다. 아침이란 뜻의 단(旦)자가 지평선(地平線:一)이나 수평선(水平線:~)에서 해[Ⴍ:日]가 솟아오르는 것을 형상화(形象化)한 것이기 때문이다.

2자는 즐겁고 좋은 일에 많이 쓰인다. 그 연원(淵源)은 음양이원설(陰陽二元說)이다. 즉 자연적(自然的)인 것은 모두 짝으로 되어 있으며, 그것이야말로 천지(天地) 운행(運行)의 법칙(法則)이라는 것이다. 인간[인류(人類)]도 남자(男子)와 여자(女子) 두 사람으로 이루어져 있는 것은 물론, 동물(動物)이나 식물(植物) 등 생명(生命)을 가진 것은 모두 쌍(雙)으로 이루어져 있으며, 또한 천지간(天地間)의 법칙(法則)으로 대칭(對稱)되는 것으로는 하늘[천(天)]과 땅[지(地)]·산(山)과 물[수(水)] 등이 있으며, 이들은 대립하면서도 화합하여야 번영하는 대칭물(對稱物)로 그 상호작용으로 세상이 운행(運行)되어진다는 것이다. 음양이원설은 인간사회의 법칙에도 그대로 적용되고 있다고 보아, 이에 따른 민속(民俗)이 중국인들 사이에 굳게 자리잡게 된 것이다. 예를 들면, 손님을 청(請)하여 술을 마실 때에도 한 잔[일배(一盃)]을 건배(乾杯)한 바로 뒤에 "좋은 일은 쌍으로 되어야 한다[호사성쌍(好事成雙)]"면서 두 번째 건배를 권하고, 건축(建築)에서도 건축물의 장방형(長方形:직사각형) 스타일이나 대칭으로 배치(配置)하는 등 음양 2원설에 의한 2자의 개념(概念)은 중국인의 생활에 폭넓게 자리잡고 있다.

『사기(史記)』에 "숫자는 1에서 시작하여 10으로 끝나며, 3으로 이룩된다[數始於一 終於十 成於三]"는 말이 있다. 여기서 대응물이 결합한 결과는 만물이 생성하고 번영하는 근원이라는 것이다. '이룩된다[성(成)]'는 말은 바로 이런 뜻이다. 고대 중국의 성(城)은 동서남북 네 벽의 길이를 모두 9리(里)로 하며, 사면에 모두 문을 3개씩 두고, 동서남북의 도로가 모두 9갈래의 길을 내며, 길의 폭(幅:넓이)은 72자로 정하고 있는데, 여기서 숫자는 모두 3이거나 3의 배수(倍數)이다. 이것은 '3은 만물을 생성한다〔三成萬物〕'는 의미를 받아들여 왕조(王朝)의 흥(興)하고 성(盛)하며 발달을 기원하고 있기 때문이다. 유교(儒教)에서 '3황(三皇:천황씨天皇氏·지황씨地皇氏·인황씨人皇氏)'을 존숭(尊崇)하고 '삼강오륜(三綱五倫)'을 가르치는 것이나, 도가(道家)에서 신선(神仙)이 사는 곳이라는 '3청(三淸:옥청玉淸·상청上淸·태청太淸)' 등은 모두 3자와 관련된 문화를 말해 주고 있는 것이다. 그래서인지 중국사람들은 3분법(三分法)으로 자연과 인간사회를 표현하고 있다.

다음의 (49)~(52)에 나오는 것처럼 천지인(天地人)을 '삼재(三才)'라 하고, 일월성(日月星)을 '삼광(三光)'이라고 한다. 그리고 복록수(福祿壽:행복·봉급[급료]·장수長壽)를 '삼성(三星)'이라고 하며, 송죽매(松竹梅:소나무·대나무·매화)를 '삼우(三友)'라고 한다. 뿐만 아니라 3자는 긴 시간과 큰 공간 및 많은 수량(數量)을 나타내기도 한다. 36계(36計:'달아나다'의 의미로 병법兵法에 나옴), 9만리장천(九萬里長天:끝없이 높고 먼 하늘) 등이 바로 그 예(例)이다. 이백(李白)이 시(詩)「망려산폭포(望廬山瀑布)」에서는 "비류직하삼천척(飛流直下三千尺:폭포의 물줄기가 곧바로 3,000자나 되는 높은 곳에서 거침없이 날아 쏟아져 내리는데)"이라고 하였으며, 『장자(莊子)』「소요유(逍遙遊)」에서도 "붕(鵬)새가 남쪽 바다로 날아갈 때에는 날개를 펴서 3천리나 되는 수면을 쳐서 파도를 일으키고, 회오리바람을 타고 9만리 높은 하늘에 올라, 6개월을 날아가 남쪽 바다에 이르렀다"라고 하였다.

4자는 오늘날 중국어에서 죽을 사(死)자와 발음이 비슷해서 그 사용을 꺼리며 피하고 있다. 쌍(雙)을 좋아하지만 4자는 피하니, 남의 집을 방문할 때에 술을 사가도 6병(瓶)은 너무 많고 4병은 피하다보면 아무래도 2병이 적당하다고 생각된다.

5자는 음양오행설(陰陽五行說)로 유명한 숫자이다. 오늘날에는 별로 잘 쓰이지 않지만, 옛날에는 격식(格式)을 따지는 관계로 많이 사용되었다. 세상 만물이 목(木:나무)·화(火:불)·토(土:흙)·금(金:쇠)·수

(水:물)를 5종 원소(元素)로 하여 이들의 상호작용에 의해 구성되고 순환(循環)한다고 여겼다. 세상은 동서남북(東西南北)의 사방(四方)과 하나의 중심(中心)으로 이루어졌다고 보았으며, 스스로가 그 중앙에 있다고 생각한 데서 중국 고유의 중화사상(中華思想)이 발전하였다. 제단(祭壇)을 쌓을 때에도 동서남북의 사방을 평평하게 쌓고, 그 중앙은 보다 높은 제단을 쌓기도 하였다.

6자는 순리(順理)롭게 잘되기를 바라는 일에 많이 쓰인다. 무슨 일이든지 척척 잘 풀리기를 바라는 의미이며, 술자리에서 흥취(興趣)를 돋우기 위해 하는 획권(劃拳)놀이에서 구령(口令)으로 '육륙대순(六六大順)'이라고 소리치는 경우에 6자가 사용된다. 기념(紀念)으로 주기 위한 선물로 책이나 상품을 살 때 그 가격이 6원이 되지 않아도 오히려 6원을 지급하고 거스름돈을 받지 않는 사람도 있다.

7자는 특별한 의미가 없으면서도 널리 쓰이는 숫자로 알려져 있다. 그것은 사람들의 생활과 밀접한 관련이 있기 때문이다. 무지개는 칠색(七色:빨강·주황·노랑·초록·파랑·남·보라)으로 되어 있고, 사람에게는 칠정(七情:기쁨·노여움·슬픔·즐거움·사랑·미움·욕심)이 있으며, 음악(音樂)은 칠성(七聲:궁宮·상商·반상半商·각角·치徵·반치半徵·우羽)으로 되어 있는 등 중국사람들은 '칠(七)'자의 이치[원리(原理)]를 불가사의(不可思議)한 것이라고 믿고 있다.

8자는 요즈음 들어서 가장 좋아하는 숫자이다. 중국 대륙의 개혁(改革)과 개방(開放)은 남쪽의 홍콩(香港)과 인접한 광동(廣東)지방에서 시작되었고, 그 영향은 남쪽에서 북쪽으로 확산되고 있다. 이에 따라 배금주의적(拜金主義的)인 경향(傾向)도 함께 불고 있다. 8이라는 글자가 오늘날 중국어에서 '부유해진다·돈을 벌다'는 의미의 '발(發)'자와 발음이 같다. 그리하여 현재 8자 선호(選好) 경향이 중국대륙을 휩쓸고 있다. 전화번호나 문패(門牌) 번호, 그리고 은행구좌 번호 신청 등에서 8자가 많이 들어가는 번호는 일부 지방에서 경매(競賣)에 붙여진 곳도 있을 지경이다. 상품의 이름에도 8자가 들어가는가 하면, 가격의 마지막 자리 수도 8자로 끝맺는 경우도 있다.

9자는 숫자 중에서 가장 큰 숫자라는 것과 3의 3배(倍)라는 점에서 의미(意味)가 크다고 하겠다. 하늘의 아들인 천자(天子)로서 지상(地上)의 주인이라고 스스로 일컫은 중국의 황제가 살았던 궁궐(宮闕)인 북경(北京) 자금성(紫禁城)의 방(房) 수(數)도 9,999간(間)이다.

두자리 숫자에 해당하는 10자 역시 죽을 '사(死)'자와 중국어의 발음이 비슷하기 때문에 별로 쓰이지 않는다. 대신 13이라는 숫자를 보면, 서양에서는 그 사용을 대단히 꺼린다. 그러나 중국을 비롯한 동양에서는 그와는 전혀 상관없이 널리 쓰이고 있다. 유교(儒敎)의 대표적인 경전(經典) 13가지를 묶어서 『십삼경(十三經)』이라고 하여 중요시하며, 한국인들이 좋아하는 우황청심환(牛黃淸心丸)과 안궁환(安宮丸)은 중국에서 유명한 약국(藥局)인 동인당(同仁堂)의 13가지 명약(名藥)인 '십삼태보(十三太保)'에 속한다.

십(十) 이상의 두자리 숫자는 한자리 수의 배수(倍數)로 이해하면 된다. 예를 들면, 12띠와 24절기(節氣) 등은 2의 배수, 각종 직업을 가리키는 36항(行:업종業種) 또는 360항, 공자(孔子) 문하(門下)의 뛰어난 72제자(弟子) 등은 모두 3의 배수이다. 특히 36과 72는 역법(曆法)과 전적(典籍) 등에서 가장 많이 거론(擧論)되는 숫자로 중국문화 속의 '신비(神秘)한 숫자(數字)'라고 여기는 사람도 있다. 중국의 "사대기서(四大奇書)" 가운데 하나인 명(明)나라 때 시내암(施耐庵)이 지은 『수호지(水滸誌)』에 나오는 양산박(梁山泊)의 두령(頭領) 108명은 36명의 장수(將帥)와 72명의 부장(副將)으로 구성되어 있다.

(49) 三 才 者
　삼　　　재　　　자

(50) 天 地 人
　천　　　지　　　인

우주에는 삼재라는 하늘·땅·사람이 있고,

三 석,셋	삼	天 하늘,자연,임금,성질	천
才 재주,능력,근본	재	地 땅,처지,신분,바탕	지
者 것,사람,놈	자	人 사람,인간,백성,남	인

(51) 三 光 者
　삼　　　광　　　자

(52) 日 月 星
　일　　　월　　　성

하늘에는 삼광이라는 해·달·별이 있다.

三 석,셋	삼	日 해,햇빛	날
光 빛,빛날	광	月 달,달빛,세월	월
者 것,사람,놈	자	星 별,밤,세월	성

※ 삼재(三才) : 혼돈한 기운(氣運) 중에서 가볍고 맑은 것으로 위에 떠서 하늘 [천(天)]이 되고, 무겁고 흐린 것으로 아래에 엉겨서 땅[지(地)]이 된다. 그리고 하늘과 땅 사이의 만물(萬物)과 모든 생물(生物) 가운데에서 사람[인(人)]이 가장 귀하다. 따라서 낳고 낳는 것이 계속 변화하면서 끊이지 않고 계속되어 [생생화육(生生化育)] 천지(天地)와 사람이 함께 하므로 천재(天才)·지재(地才)·인재(人才)를 일컬어 '삼재(三才)'라고 한다.

※ 삼광(三光) : 해[일(日)]는 양(陽)의 정기(精氣)가 모여서 된 것으로 낮에 비추고, 달[월(月)]은 음(陰)의 혼(魂)으로 밤에 밝게 빛난다. 오성(五星:다섯 개의 혹성惑星으로 목성木星·화성火星·금성金星·수성水星·토성土星)과 별자리[성좌(星座)]는 찬란하게 빛나고[성광(星光)], 햇빛[일광(日光)]와 달빛[월광(月光)]과 더불어 이를 "삼광(三光)"이라고 한다.

♣ 삼(三)이라는 글자는 세번 획을 긋는다. 맨 위의 획은 하늘을 본받은 것으로 하늘이 위에 덮혀 있는 의미를 취한 것이고, 맨 밑의 획은 땅을 본받은 것으로 땅이 아래에 있는 의미를 취한 것이며, 가운데 획은 사람을 본받은 것으로 사람이 하늘과 땅 사이에서 살고 있다는 의미를 취한 것이다.

처음 복희씨가 획을 그을 때에 먼저 한 획을 옆으로 긋고 맨 처음 양수(陽數)에 의해 태극(太極)의 도(道)를 본받아 하나라는 수 '일(一)'을 만들었으며, 그런 뒤에 천지(天地)가 나뉘고 만물이 변화되고 길러졌다. 삼(三)이라는 자는 먼저 한 획(一)을 그어 양수를 본받고, 다음에 두 획(二)을 그어 음수(陰數)를 본받은 것이니, 이것이 삼(三)이라는 글자로 일양(一陽)에 이음(二陰)을 합한 것이다. 건곤(乾坤)이 구분되지 아니하고 천지가 열리지 아니한 태초(太初)를 '혼돈(混沌)의 시대(時代)'라고 하는데, 이때는 일월(日月)·천지(天地)·풍운(風雲)·뇌우(雷雨)·산천(山川)·초목(草木)·금수(禽獸), 그리고 물고기·곤충(昆蟲)도 없었고, 또한 밝게 빛나는 태양도 없고, 음양도 나뉘지 아니하여 천지의 실체가 하나로 뭉쳐 있어 맑고 흐린 것[청탁(淸濁)]도 나뉘지 아니하고 어둑어둑한 분명하지 아니한 상태이므로 '혼돈(混沌)'이라고 한 것이다.

혼돈이란 곧 '무극(無極)'이며, 무극은 음양으로 나뉘지 아니하며, 무극은 태극(太極)을 낳고, 이때 비로소 음양(陰陽)이 나뉘어진다. 태극의 원기(元氣)가 동(動)한 것은 양(陽)에 속하며, 동(動)함이 지극하면 정(靜)하게 된다. 정(靜)은 음(陰)에 속하며 정(靜)함이 지극하면 동(動)하게 된다. 음(陰)이 동(動)하면 양(陽)을 낳고, 양(陽)이 정(靜)하면 음(陰)이 된다. 일동일정(一動一靜)은 비로소 음양으로 나뉘고, 천지(天地)가 열리고 하늘과 땅이 정(定)해진다.

하늘은 자(子:60갑자甲子에서 12지支를 이루는 지지地支의 첫째)에서 열려 가볍고 맑은 기(氣)가 위에 떠서 하늘을 이루며, 하늘의 순수함이 엉겨서 일월성신(日月星辰)을 이룬다. 땅은 축(丑)에서 닫혀 무겁고 흐린 기(氣)가 엉겨서 땅을 이루며, 땅이 녹고 뭉쳐져서 산천(山川)을 이

룬다.가볍고 맑은[경청(輕淸)] 기(氣)는 하늘[천(天)]이 되고, 무겁고
흐린[중탁(重濁)] 기(氣)는 땅[지(地)]이 되며, 청탁(淸濁)이 섞인 것이
사람[인(人)]이 된다. 건도(乾道:천天·양陽)는 사내(男)를 낳고, 곤도
(坤道:지地·음陰)는 여자(女)를 낳으며, 건곤의 두 기운이 교감(交感)
하여 만물을 변화·생육(生育)시키며, 그 변화는 끝없이 무궁(無窮)하
다. 하늘은 자(子)에서 열려 이뤄지고, 땅은 축(丑)에서 닫혀 이뤄지며,
사람은 인(寅)에서 나와 이뤄지니, 천(天)·지(地)·인(人) 삼재(三才)
가 자리를 잡는 것이다.

    하늘의 도[천도(天道)]는 음(陰)과 양(陽)에 의해서 세워지고, 땅의
도[지도(地道)]는 유(柔)와 강(剛)에 의해서 세워지며, 사람의 도[인도
(人道)]는 인(仁)과 의(義)에 의해서 세워진다. 하늘은 위에 덮혀 있고,
땅은 아래에 실려 있으며, 사람은 그 중간에 있다. 그리고 천체(天體)는
둥글다. 그러므로 사람의 머리가 둥근 것도 하늘을 본뜬 것 같다. 지체
(地體)는 네모다. 그러므로 사람의 발이 네모진 것도 땅을 본뜬 것 같
다. 하늘은 하나의 커다란 천(天)이다. 그리고 사람도 하나의 작은 천
(天)이다. 하늘에는 해와 달이 있고, 사람에게는 귀와 눈이 있다. 하늘
에서는 해와 달이 음양(陰陽)을 이루고, 사람은 혈(血)과 기(氣)가 음양
(陰陽)을 이룬다.

    하늘은 동(動)하고 땅은 정(靜)하며, 남자는 동(動)하고 여자는 정
(靜)하며, 건(乾)은 천(天)으로 양(陽)에 속하고 곤(坤)은 지(地)로 음
(陰)에 속한다. 부(父)는 천(天)으로 양(陽)에 속하고, 모(母)는 지(地)
로 음(陰)에 속한다. 하늘에는 해와 달과 별의 삼보(三寶)가 있고, 땅에
는 물과 불과 바람의 삼보가 있고, 사람에게는 정(精)과 기(氣)와 신
(神)의 삼보가 있다. 하늘에는 해와 달과 별의 삼광(三光)이 있고, 땅에
는 높고 낮고 평평한 삼형(三形:세가지 모양)이 있으며, 사람에게는 임
금·어버이(아버지)·스승의 삼존(三尊:존경할 세 분)이 있다.

    천(天)은 누르고 제압(制壓)하는 것이다. 높은 곳에 있으면서 아래를
다스리는 것으로 진(鎭)치고 있는 것이다. 그러므로 천(天)이라는 글자
는 곧 일(一)이 대(大)를 위에서 누르는 것이다. 그 종류로는 원기(元

氣)가 광대(廣大)한 것을 "**호천(昊天)**"이라 하고, 어진 것이 가득히 덮혀 아랫사람을 불쌍히 여기는 것을 "**민천(旻天)**"이라 하고, 위에서 내려다보는 것을 "**상천(上天)**"이라 하고, 멀게 보이는 것을 "**창천(蒼天)**"이라 하고, 아래 백성이 높이는 것을 "**황천(皇天)**"이라고 한다. 그리고 하늘을 다스리는 분을 "**제(帝)**"라고 하며, 하늘의 효능(效能)을 만드는 것은 "**귀신(鬼神)**"이라고 하는데, 이것을 형상(形象)으로 말하면 "**천지(天地)**"라 하고, 성정(性情)을 가지고 말하면 "**건곤(乾坤)**"이라고 일컫는다.

◉ 사람에게는 다음과 같은 12가지의 것이 있다.

1. **삼족**(三族 : 부족父族, 모족母族, 처족妻族)
2. **구족**(九族 : 고高, 증曾, 조祖, 고考, 기신己身, 자子, 손孫, 증曾, 현玄)
3. **사민**(四民 : 사士, 농農, 공工, 상商)
4. **사유**(四維 : 예禮, 의義, 염廉, 치恥)
5. **오상**(五常 : 인仁, 의義, 예禮, 지智, 신信)
6. **오륜**(五輪 : 군신유의君臣有義, 부자유친父子有親, 부부유별夫婦有別, 장유유서長幼有序, 붕우유신朋友有信)
7. **오역**(五逆 : 역천逆天, 역지逆地, 역군逆君, 역친逆親, 역사逆師)
8. **사교**(四敎 : 문文, 행行, 충忠, 신信)
9. **육덕**(六德 : 지智, 인仁, 신信, 의義, 중中, 화和)
10. **육예**(六藝 : 예禮, 락樂, 사射, 어御, 서書, 수數)
11. **육순**(六順 : 군의君義, 신충臣忠, 부자父慈, 자효子孝, 형우兄友, 제공弟恭)
12. **삼교**(三敎 : 유儒, 석釋, 도道)

이상에서 위로는 맨 먼저 천문(天文 : 우주와 천체의 온갖 현상)을 말하였고, 아래로는 지리(地理)를 말하였고, 그 가운데에서 인재(人才 : 사람의 능력)를 분별하였으며, 다음으로 해[일(日)]와 달[월(月)]과 별[성(星)]의 삼광(三光)을 설명하였다.

이상 앞에서 설명한 것을 배우는 사람이 마음을 기울여서 참고로 한다면 아마도 얻는 바가 있을 것이다.

☞ 참고로 앞의 설명에서 나온 용어(用語)들을 이해하는데 도움이 되는 주 돈이(周敦頤:호號는 렴계濂溪)의 "태극도설(太極圖說)"을 소개한다.

태극도설(太極圖說)

주돈이(周敦頤)

"무극(無極)이면서 태극이니, 태극(太極)이 동(動)하여 양(陽)을 낳는다. 움직임[동(動)]이 극(極)에 달(達)하면 고요하게[정(靜)]되고, 정(靜)하면 음(陰)을 낳아 정(靜)이 극(極)에 이르면 다시 동(動)한다. 한번 동(動)하고 한번 정(靜)하는 것이 서로 그 근본(根本)이 되어, 음(陰)으로 나뉘고 양(陽)으로 나뉘어져서 양의(兩儀:음양陰陽이 짝을 이룸)가 서게 되는 것이다. 양(陽)이 변하고 음(陰)이 합쳐져서 수(水)·화(火)·목(木)·금(金)·토(土)를 낳는다. 이 오행(五行)의 기운(氣運)이 순조롭게 퍼져서 사철[사시(四時)]이 운행(運行)되는 것이다. 오행(五行)은 하나의 음(陰)·양(陽)이요, 음(陰)·양(陽)은 하나의 태극(太極)이다. 태극(太極)은 본래 무극(無極)이었다. 오행(五行)이 생겨남에 각기 하나씩 그 성품(性品)을 타고난다. 무극(無極)의 진리(眞理)와 이기(二氣:음양陰陽)·오행(五行)의 정기(精氣)가 묘(妙)하게 합쳐지고 엉겨서, 건(乾)의 도(道)는 남(男:수컷)을 이루고, 곤(坤)의 도(道)는 여(女:암컷)를 이루게 된다. 두 기운(氣運)이 서로 느껴서[교감(交感)] 만물을 변화·생성(生成)하니, 만물은 끊임없이 서로 생성하면서 무궁(無窮)한 변화를 하는 것이다.

오직 인간은 그 중에서 빼어난 기운(氣運)을 얻어 가장 신령(神靈)스러우니[영특(英特)], 형체(形體)가 생기고 나서는 정신(精神)이 지혜(智慧)를 발(發)한다. 그리하여 오성(五性:인仁·의義·예禮·지智·신信)이 감동되어 선(善)·악(惡)이 나뉘고, 만사(萬事)가 나오게 된다. 성인(聖人)이 중(中:예禮)·정(正:지智)·인(仁)·의(義)로써 안정시키고, 정(靜)을 주장(主張)하시어, 사람의 법도(法道:극極)를 세우셨다.

그러므로 성인(聖人)은 천지(天地)와 더불어 그의 덕(德)이 합해지고, 일월(日月)과 더불어 그의 밝음이 합치되며, 사시(四時:사철)와 더불어 그의 질서가 합해지고, 귀신(鬼神)과 더불어 그의 길흉(吉凶)이 합하는 것이다. 군자(君子)는 이것을 닦기 때문에 길(吉)하고, 소인(小人)은 이 것을 어기기 때문에 흉(凶)하게 된다. 그러므로 말하기를, "하늘을 서게 하는 도(道)는 음(陰)과 양(陽)이요, 땅을 서게하는 도(道)는 유(柔)와 강(剛)이요, 사람을 서게하는 도(道)는 인(仁)과 의(義)이다"라고 하였 고, 또 말하기를, "사물의 시작[시(始)]을 좇아서 사물의 끝[종(終)]으 로 돌아간다. 그러므로 죽고 사는 사생(死生)의 이론(理論:말)을 아는 것이다"라고도 한 것이다. 위대하다, 『주역(周易)』이여! 이것이 그 지극 (至極)함이도다."

無極而太極 太極動而生陽. 動極而靜 靜而生陰 靜極復動. 一動一靜 互爲其根 分 陰分陽 兩儀立焉. 陽變陰合 而生水火木金土. 五氣順布 四時行焉. 五行一陰陽也 陰 陽 一太極也. 太極 本無極也. 五行之生也 各一其性. 無極之眞 二五之精 妙合而凝 乾道成男 坤道成女. 二氣交感 化生萬物 萬物生生而變化無窮焉.

惟人也得其秀而最靈 形旣生矣 神發知矣. 五性感動 而善惡分 萬事出矣. 聖人 定 之以中正仁義而主靜 立人極焉.

故 聖人 與天地合其德 日月合其明 四時合其序 鬼神合其吉凶. 君子 修之吉 小人 悖之凶. 故曰;立天之道 曰陰與陽, 立地之道 曰柔與剛, 立人之道 曰仁與義. 又曰;原 始反終 故知死生之說. 大哉易也! 斯其至矣.

〈太極圖〉

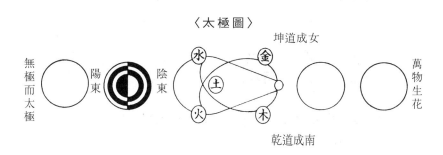

坤道成女

無極而太極　陽東　陰東　　水　金　　土　　火　木　　　萬物生花

乾道成南

☞ 주돈이(周敦頤:1017~1073) : 북송(北宋) 때의 철학자며 문학가로 자 (字)는 무숙(茂叔)이고, 도주(道州) 영도(營道:지금의 호남성湖南省 도 현道縣) 사람으로 가우(嘉祐) 6년에 국자박사(國子博士)가 되었으며, 나 중에 질병으로 여산 연화봉(廬山 蓮花峰) 아래에 집을 짓고 살았다. 집 앞에 시냇물이 있었는데 그로 인해서 "렴계(濂溪)"라고 호(號)를 지었

고, 당시 사람들이 그를 "렴계선생"이라고 불렀다. 저서로는 『염계집』6
권이 있고, 그에 관한 기록으로 『주자전서(周子全書)』22권이 있다. 주돈
이는 송대(宋代) 이학(理學)의 태조(太祖)이며, 이정(二程:정호程顥·정
이程頤)은 그의 제자이다. 문학적(文學的)인 면에서는 '문이재도(文以載
道)'를 주장하여 사상(思想)이 우선이어야 한다고 했다. 문장(文章)과
시(詩)에 능하였으며, 서정적(抒情的)인 작품이 많다. 특히 산문(散文)인
"애련설(愛蓮說)"이 유명한데, 언어(言語)가 질박(質朴)하고 참신(斬新)
하며, 구체적(具體的)인 형상(形相)을 묘사(描寫)하였으며, 자신의 순수
(純粹)함을 지키면서 세속(世俗)과 함께 하지 않은 고결(高潔)함을 표현
하였다.

(53) 三 綱 者   (54) 君 臣 義
삼 강 자   군 신 의

삼강이란 것은 임금과 신하 간의 도리와

三 석,셋   삼   君 임금,그대,하늘   군
綱 벼리,근본 강   臣 신하,하인,자기의 겸칭 신
者 것,사람,놈 자   義 옳을,뜻,의무,직분   의

(55) 父 子 親   (56) 夫 婦 順
부 자 친   부 부 순

부모와 자식 간의 사랑, 그리고 남편과 아내 사이의
화목이다.

父 아버지,부모   부   夫 남편,사내,일군   부
子 아들,자식,사람,당신 자   婦 아내,여자,며느리   부
親 친할,어버이,사랑할   친   順 순할,좇을,즐길   순

※ 강(綱) : 원래의 뜻은 그물[망网]로써 사물(事物)이나 사정(事情)의 가장
중요(重要)하거나 주요(主要)한 부분을 말하는 것이며, 강령(綱領)은 사물

의 근본(根本:으뜸)이 되는 큰 줄거리나 요점(要點)을 말한다.

♣ 인간에게는 삼강(三綱)이란 것이 있는데, 임금[군(君)]과 신하[신(臣)] 사이에는 예의(禮義:도리道理)가 중요시 되어야 하고, 부모[부(父)]와 자식 [자(子)] 사이에는 사랑[친근親近함]이 중요시 되어야 하고, 남편 [부(父)]과 아내 [부(婦)] 사이에는 화목(和睦:서로 따르는 순順함)이 중요시 되어야 한다.

사람이 하늘과 땅 사이에서 살고, 해와 달과 별 아래에서 지내면서, 반드시 삼강(三綱)을 바르게 하고 오상(五常)을 온전하게 해야 한다. 삼강(三綱)이란 유교(儒敎)의 도덕적(道德的)인 바탕이 되는 덕목(德目)으로 인간(人間)이 마땅히 지켜야 할 세 가지 도리(道理)로써 임금과 신하·어버이와 자식·남편과 아내 사이에서 이뤄지는 군위신강(君爲臣綱)·부위자강(父爲子綱)·부위부강(夫爲婦綱)이 바로 그것이다. 군신(君臣) 사이에는 충성(忠誠)과 자애(慈愛)의 도리가 있고, 부모(父母)와 자식(子息) 사이에는 혈육(血肉)으로 맺어진 사랑의 도리가 있으며, 부부(夫婦) 사이에는 화목(和睦:화합和合)하고 유순(柔順)한 조화(調和)를 이루는 도리가 있다. 이것이 삼강의 도리인 것이다.

신명(神明)을 바쳐 정성(精誠)으로 임금이 조정(朝廷)에서 정치(政治)를 바르게 행(行)하면, 신하(臣下)된 자(者)는 국사(國事)에 성실(誠實)할 것이며, 부모(父母)가 자녀교육(子女敎育)에 정성을 다하면 자식(子息)은 예절(禮節)이 바르고 착한 아이로서 열심히 공부(工夫)할 것이며, 남편(男便)은 집안의 크고 작은 일에 성실할 것이며, 아내는 집안일에 정성을 다할 것이다. 그리하면 임금은 성군(聖君)이 되고, 신하는 현신(賢臣)이 되며, 부모는 자애(慈愛)로운 어버이가 되고, 자식은 효도(孝道)하는 효자(孝子)가 되며, 남편은 가정(家庭)의 화목(和睦)을 위해 노력하는 지아비가 되며, 아내는 기뻐하며 따르는 지어미가 될 것이니, 당연히 우주(宇宙)·자연(自然)의 질서(秩序)도 안정(安定)되고, 나라도 평안(平安)할 것이다.

"삼강(三綱)"은 『예기(禮記)』「악기(樂記)」편의 "이러한 평안한 세상

이 된 뒤에 성인은 부자와 군신의 도리를 만들어 인간의 규율로 삼는
다. [然後, 聖人作爲父子君臣, 以爲紀綱.]"에 대한 공영달(孔穎達)의 소
(疏)에 나오는데, "『예위(禮緯)』「함문가(含文嘉)」에 이르기를, '삼강
(三綱)이란 군위신강(君爲臣綱:임금은 신하의 벼리[근본·으뜸]가 되어
야 함), 부위자강(父爲子綱:부모는 자식의 벼리[근본·으뜸]가 되어야
함), 부위처강(夫爲妻綱:남편은 아내의 벼리[근본·으뜸]가 되어야 함)
을 말한다'고 하였다"에서 유래된 것으로, 동중서(董仲舒)는 『춘추번로
(春秋繁露)』「기의(基義)」편에서 "왕도의 삼강은 하늘에서 구해야 한다
[王道之三綱 可求於天]"고 하였다. 그리고 『백호통(白虎通)』의 「강기(綱
紀)」편에서는 "삼강이란 무엇인가? 군신(君臣)·부자(父子)·부부(夫
婦)를 말함이다[三綱者何, 謂君臣父子夫婦也.]"라고 하였다.

이 삼강(三綱)은 한대(漢代) 금문(今文)경학(經學)의 대사(大師)인
동중서(董仲舒)에 의하여 본격적으로 제기되었다. 동중서(董仲舒)는
『춘추번로(春秋繁露)』「기의(基義)」편에서 군신(君臣)·부자(父子)·부
부(夫婦)의 관계를 다음과 같이 설명하고 있다.

"무릇 물(物)에는 반드시 짝[합슴:우우(偶)]이 있다. 짝에는 반드시 상
(上:위)·하(下:아래)·좌(左:왼쪽)·우(右:오른쪽)·전(前:앞)·후
(後:뒤)·표(表:겉)·리(裏:속)가 있다. 미(美:아름다움)가 있으면 반드
시 악(惡:추함)이 있고, 순(順:따름)이 있으면 반드시 역(逆:거스름)이
있고, 희(喜:기쁨)가 있으면 반드시 노(怒:성냄)가 있고, 한(寒:추위)이
있으면 반드시 서(暑:더위)가 있고, 주(晝:낮)가 있으면 반드시 야(夜:
밤)가 있으니, 이것이 모두 그 짝인 것이다. 음(陰)은 양(陽)의 짝이요,
처(妻)는 부(夫)의 짝이요, 자(子)는 부(父)의 짝이요, 신(臣)은 군(君)
의 짝이니, 물(物)에 짝이 없는 것이 없고, 짝에는 각기 음(陰)과 양
(陽)이 있다. 양(陽)은 음(陰)과 함께하며, 음(陰)은 양(陽)과 함께하고,
부(夫)는 처(妻)와 함께하며, 처(妻)는 부(婦)와 함께하고, 부(父)는 자
(子)와 함께하며, 자(子)는 부(父)와 함께하고, 군(君)은 신(臣)과 함께
하며, 신(臣)은 군(君)과 함께한다. 군신(君臣)·부자(父子)·부부(夫
婦)의 의미는 모두가 이 음양(陰陽)의 이치를 취한 것이다. 군(君)은 양
(陽)이 되고, 신(臣)은 음(陰)이 되며, 부(父)는 양(陽)이 되고, 자(子)

는 음(陰)이 되며, 부(夫)는 양(陽)이 되고, 처(妻)는 음(陰)이 된다. 음양(陰陽)은 홀로 가는 법이 없고, 처음에 홀로 일어나지 않으며, 끝에 가서도 공(功)을 나누지 않으며, 함께한다는 뜻이 있다. 이런고로 신(臣)은 군(君)과 공(功)을 함께하고, 자(子)는 부(父)와 공(功)을 함께하며, 처(妻)는 부(夫)와 공(功)을 함께하고, 음(陰)은 양(陽)과 공(功)을 함께하며, 지(地)는 천(天)과 공(功)을 함께한다."

凡物必有合. 合必有上 必有下 必有左 必有右 必有前 必有後 必有表 必有裏. 有美 必有惡 有順必有逆 有喜必有怒 有寒必有暑 有晝必有夜 此皆其合也. 陰者陽之合 妻者夫之合 子者父之合 臣者君之合 物莫無合 而合各有陰陽. 陽兼於陰 陰兼於陽 夫兼於妻 妻兼於夫 父兼於子 子兼於父 君兼於臣 臣兼於君. 君臣父子夫婦之義 皆 取諸陰陽之道. 君爲陽 臣爲陰 父爲陽 子爲陰 夫爲陽 妻爲陰. 陰道(陽)無所獨行. 其 始也不得專起 其終也不得分功 有所兼之義. 是故 臣兼功於君 子兼功於父 妻兼功於 夫 陰兼功於陽 地兼功於天. 『春秋繁露』·「基義」

동중서(董仲舒)에 의하면, 한쪽이 있으면 반드시 또 다른 한쪽이 있어 그 짝을 이룬다. 이쪽이 주(主)가 되면 짝이 되는 저쪽이 종(從)이 된다. 이러한 주종(主從)의 관계(關係)는 뒤집어지지 않는다. 양(陽)이 주(主)가 되면 음(陰)이 종(從)이 되고, 군(君)이 주(主)가 되면 신(臣)이 종(從)이 되고, 부(父)가 주(主)가 되면 자(子)가 종(從)이 되고, 부(夫)가 주(主)가 되면 부(婦)가 종(從)이 되니, 이 모든 것은 영원(永遠)히 변(變)하지 않는 것이다.

왕도(王道)의 강(綱)은 천(天)에서 구(求)해야 하고, 천(天)은 불변(不變)하며, 도(道) 역시 불변하므로, 동중서(董仲舒)의 이론(理論)은 후세(後世)에 진일보(進一步)하여 중국(中國) 봉건사회(封建社會)에 있어서 '강상명교(綱常名敎:삼강오륜三綱五倫의 인륜人倫·도덕道德에 대한 가르침)'를 이룬다. 동중서는 봉건사회에서 만고불변(萬古不變)의 진리(眞理)를 만든 것이다. 동중서의 시각(視覺)으로 보면, 삼강(三綱)이 바르다[정(正)]면, 군(君)은 어질고[현(賢)], 신(臣)은 충성(忠誠)하며, 부(父)는 자애(慈愛)롭고, 자(子)는 효도(孝道)하며, 부부(夫婦)는 화목(和睦)하며, 우주(宇宙)는 끝없이 맑고 안정(安定)되며, 나라는 태평성대(太平聖代)가 된다.

삼강(三綱)에서 군위신강(君爲臣綱)은 정치적(政治的)인 권위(權威)의 계통(系統)을 가리키며, 부위자강(父爲子綱)은 가족사회(家族社會)의 권위적(權威的) 계통(系統)을 가리킨 것이고, 부위부강(夫爲婦綱)은 부부(夫婦) 사이의 권위적(權威的) 계통(系統)을 가리킨 것으로, 동중서(董仲舒)가 세운 이 삼강(三綱)의 논리(論理)는 "하늘이 온갖 신(神)의 대군(大君)이다[天者 百臣之大君也]"라는 논리에 덧붙인 것이다. 따라서 『춘추번로(春秋繁露)』에서 보여 주고 있는 군신(君臣)의 주종관계(主從關係)는 봉건사회(封建社會) 통치자(統治者)들의 영혼(靈魂)을 묶는 밧줄이라고 할 수 있다.

사계(四季)와 사방(四方)

(57) **日 春 夏**
　　왈　　춘　　하

(58) **日 秋 冬**
　　왈　　추　　동

우리가 봄・여름이라 하고, 가을・겨울이라고 말하는,

日 말할,가로되,일컬을　왈
春 봄,사철의 첫째　　　춘
夏 여름　　　　　　　　하

日 말할,가로되,일컬을　왈
秋 가을,때,세월　　　　추
冬 겨울, 동면(冬眠)할　동

(59) **此 四 時**
　　차　　사　　시

(60) **運 不 窮**
　　운　　불　　궁

이 네 계절은 끝없이 그치지 않고 돌며 순환한다.

此 이,이 것,이에　차
四 넉,넷,네,네번　사
時 때,철,세월　　　시

運 돌,움직일,옮길　운
不 아닐,없을　　　　불
窮 다할,끝날,막힐　궁

※ 사시(四時) : 사철, 사계(季), 봄・여름・가을・겨울의 네 계절(季節).

♣ 봄을 '청양(靑陽)'이라고 하고, 여름을 '주명(朱明)'이라고 하며, 가을을 '백장(白藏)'이라고 하고, 겨울을 '현영(玄英)'이라고 한다. 때[시(時)]는 음양(陰陽)이 이르는 때를 말한 것이며, 끝이 없다[무궁(不窮)]고 한 것은 봄이 가면 여름이 오고 가을이 가면 겨울이 오는 것이 끝이 없이 계속해서 반복되는 것을 말한 것으로, 이는 세시(歲時)의 차례[서(序)]를 말한 것이다.

세시의 차례는 나뉘어 사철이 되는데, 북두칠성(北斗七星)의 국자 모양인 자루에 해당하는 다섯째에서 일곱째까지의 세 별인 두병(斗柄)이 동(東)쪽을 가리키면, 방위(方位)는 인(寅)・묘(卯)・진(辰)에 해당하고, 달로는 정월(正月)이 인(寅)이고, 이월(二月)이 묘(卯)이며, 삼월(三月)이 진(辰)으로 만물이 생동(生動)하는 계절인 봄이다. 두병이 남(南)쪽을 가리키면, 방위는 사(巳)·오(午)·미(未)에 해당하고, 달로는 사월(四月)이 사(巳)이고, 오월(五月)이 오(午)이고, 유월(六月)이 미(未)로 만물이 무성(茂盛)하게 자라는 계절인 여름이다. 두병이 서(西)쪽을 가리키면, 방위는 신(申)·유(酉)·술(戌)에 해당하고, 달로는 칠월(七月)이 신(申)이고, 팔월(八月)이 유(酉)이며, 구월(九月)이 술(戌)로 만물을 거둬들이는[수확(收穫)] 계절인 가을이다. 두병이 북(北)쪽을 가리키면, 방위는 해(亥)·자(子)·축(丑)에 해당하고, 달로는 시월(十月)이 해(亥)이고, 십일월(十一月)이 자(子)이며, 십이월(十二月)이 축(丑)으로 만물을 거둬들여 간직하고 저장(貯藏)하는 계절인 겨울이다.

일월[정월(正月)]을 맹춘(첫맹孟春), 이월을 중춘(가운데중仲春), 삼월을 계춘(끝계季春), 사월을 맹하(孟夏), 오월을 중하(仲夏), 유월을 계하(季夏), 칠월을 맹추(孟秋), 팔월을 중추(仲秋), 구월을 계추(季秋), 시월을 맹동(孟冬), 십일월을 중동(仲冬), 십이월을 계동(季冬)이라고 각기 달리 부른다. 또한 일월[정월]을 단월(실마리·처음단端月), 이월을 화월(꽃·봄꽃화花月), 삼월을 동월(오동나무동桐月), 사월을 매월(매화매梅月), 오월을 포월(창포포蒲月), 유월을 서월(더울서暑月), 칠월을 과월(오이과瓜月), 팔월을 계월(계수나무·한가위계桂月), 구월을 국월(국화·가을꽃국菊月), 시월을 양월(볕·가을햇빛양陽月), 십일월을 가월(갈대가葭月), 십이월을 납월(섣달랍臘月)이라고도 한다.

정월(正月)에는 동풍(東風)이 얼음을 녹이니, 겨우내 잠자던 벌레가 떨치고 일어나며, 우둔(愚鈍)한 수달[달(獺)]이 얼음 위에 올라가 물고기를 잡아 제사(祭祀)지내듯이 늘어놓고, 철따라 이동하는 기러기[안(雁)]는 북(北)으로 향하며, 초목(草木)은 싹이 돋아난다.
이월(二月)에는 복숭아[도(桃)] 꽃이 화사(華奢)하게 피고, 기르는 짐승이 우짖고, 천둥과 번개[뇌전(雷電)]가 치며, 까마귀[오(烏)]·현조(玄鳥)]가 부정을 타면 매[응(鷹)]가 조화(造化)를 부려서 비둘기[구(鳩)]가 된다.
삼월(三月)에는 오동나무[동(桐)]가 꽃을 피우고, 무지개[홍(虹)]가 보이며, 부평초(浮萍草)가 연못에 뜨고, 뻐꾸기[대승(戴勝)]가 뽕밭에 앉으며, 비둘기가 울면서 날개짓을 하면 들쥐[전서(田鼠)]가 메추라기[여(鴽)]인양 조화를 부린다.

사월(四月)에는 보잘것 없는 땅강아지[루(螻)]와 개미[의(蟻)]가 소리를 내고, 지렁이[구인(蚯蚓)]가 나오며, 큰 오이[과(瓜)]가 나고, 씀바귀[고채(苦菜)]가 꽃이 피고, 쇠한 풀[미초(靡草)]이 시들어 죽고, 보리[맥(麥)]가 나온다.

오월(五月)에는 사마귀[당랑(螳螂)]가 나오고, 비둘기가 울고, 사슴[록(鹿)]의 뿔이 양쪽으로 나뉘어지고, 약초인 반하(半夏)가 나오고, 매미[선(蟬)]가 울기 시작한다.

유월(六月)에는 더운 바람이 불고, 귀뚜라미[실솔(蟋蟀)]가 습한 벽(壁)에서 지내며, 썩은 풀에서 반딧불[형(螢)]이 나오고, 땅에는 물기가 돌고 무더우며, 장마비[대우(大雨)]가 때맞춰 내린다.

칠월(七月)에는 서늘한 바람이 불고, 하얀 이슬[백로(白露)]이 내리며, 쓰르라미[한선(寒蟬)]가 울고, 벼[화(禾)]가 무르익는다.

팔월(八月)에는 크고 작은 기러기[홍안(鴻雁)]가 날아오고, 까마귀도 돌아오니, 뭇새들이 부끄러움을 느끼고, 천둥소리[뇌성(雷聲)] 그치며, 겨울잠을 자는 벌레[칩충(蟄蟲)]들은 집으로 향하고, 대지의 물은 말라간다.

구월(九月)에는 크고 작은 기러기[홍안(鴻雁)]가 날아들고, 참새[작(雀)]가 날아오고, 바다에서는 조개[합(蛤)]가 나오며, 노란 국화[황국(黃菊)]는 절개(節介)를 뽐내며, 겨울잠을 자는 벌레들은 모두 자리를 잡고, 초목에는 누렇게 낙엽(落葉)이 진다.

시월(十月)에는 물이 얼고, 땅이 얼며, 꿩[치(雉)]이 날고, 바다에서는 조개들이 숨어들어 보이지 않으며, 하늘은 높고 겨울이 된다.

십일월(十日月)에는 비둘기가 울지 않고, 고라니[미(麋)]의 뿔이 양쪽으로 나뉘어지고, 범[호(虎)]이 교배(交配)를 하며, 여지[려(茘)]라는 풀이 자라나고, 샘물이 흐른다.

십이월(十二月)에는 기러기가 북으로 고향을 찾아 날아가고, 까치[작(鵲)]가 둥지를 틀고, 꿩[치(雉)]과 닭[계(鷄)]이 알을 낳아 기르고, 멀리 날아가는 까마귀[오(烏)]는 질풍(疾風)같이 빠르게 날고, 연못은 가운데까지 꽁꽁 언다.

이러한 12달의 한 해 [세(歲)]에는 춘(春)·하(夏)·추(秋)·동(冬)의 사철 [사계四季·사시四時]이 있고, 입춘·춘분·입하·하지·입추·추분·입동·동지 [8절기(節氣)] 등의 24절기가 있으며, 봄·여름·가을·겨울이 그치지 않고 돌고 돌면서 끝없이 계속해서 순환(循環)한다.

☞ 24절기(節氣) : 변해가는 기후(氣候)에 따라 일년을 스물넷으로 나눈 것으로 현대과학에서도 필요한 것으로 태양과 지구의 위치에 따라서 정해진다.

* 정월(正月 : 1月)에는 **입춘·우수**가 있다.
① 입춘(立春 : 양력 2月 3日경) : '봄이 선다'는 뜻으로 따스한 햇볕이 된다고 해서 옛부터 집안에 "입춘대길(立春大吉)"이라고 써 붙이기도 한다.
② 우수(雨水 : 양력 2月 19日경) : '빗물'이라는 뜻으로 얼음이 녹고, 초목이 싹 트기 시작한다.

* 이월(2月)에는 **경칩·춘분**이 있다.
③ 경칩(驚蟄 : 양력 3月 5日경) : '겨울잠을 자던 벌레가 깨어나서 놀랜다'는 뜻으로 땅속의 벌레가 겨울잠에서 깨어나 꿈틀거리기 시작하는 시기이다.
④ 춘분(春分 : 양력 3月 21日경) : '봄을 절반으로 나눈다'는 뜻으로 태양이 적도(赤道) 위에 있고, 밤과 낮의 길이가 똑같은 날이다.

* 삼월(3月)에는 **청명·곡우**가 있다.
⑤ 청명(淸明 : 양력 4月 5日경) : '날씨가 밝고 맑다'는 뜻으로 따뜻하고 청명한 동남풍이 불어오는 때이다.
⑥ 곡우(穀雨 : 양력 4月 20日경) : '곡식을 위한 비'라는 뜻으로 이 시기에는 봄비가 와서 곡식이 잘 자라게 된다.

* 사월(4月)에는 **입하·소만**이 있다.
⑦ 입하(立夏 : 양력 5月 6日경) : '여름이 선다'는 뜻으로 여름철이 시작된다.
⑧ 소만(小滿 : 양력 5月 21日경) : '여름 기운이 적게 찬다'는 뜻으로 여름 기운이 조금씩 감돈다.

* 오월(5月)에는 망종 · 하지가 있다.
  ⑨ 망종(亡種 : 양력 6月 6日경) : '씨앗이 자라서 벌써 까끄라기가 생긴다'
    는 뜻으로 까끄라기가 있는 곡식이 되었으니 보리는 익어서 먹게 되고,
    논에 모심기를 하게 되는 시기이다.
  ⑩ 하지(夏至 : 양력 6月 22日경) : '여름이 최고도에 다다랐다'는 뜻으로 태
    양이 하지점을 지나는 때이며, 북반구에서는 낮이 가장 길다.

* 유월(6月)에는 소서 · 대서가 있다.
  ⑪ 소서(小暑 : 양력 7月 7日경) : '작은 더위'란 뜻으로 이때부터 더위가 본
    격적으로 시작된다.
  ⑫ 대서(大暑 : 양력 7月 23日경) : '큰 더위'란 뜻으로 일년 중에서 더위가
    최고 절정에 이른다.

* 칠월(7月)에는 입추 · 처서가 있다.
  ⑬ 입추(立秋 : 양력 8月 8日경) : '가을이 선다'는 뜻으로 가을이 시작되므
    로 최고에 달했던 더위가 수그러진다.
  ⑭ 처서(處暑 : 양력 8月 23日경) : '더위를 잡아둔다'는 뜻으로 아침과 저녁
    으로 공기가 쌀쌀해진다.

* 팔월(8月)에는 백로 · 추분이 있다.
  ⑮ 백로(白露 : 양력 9月 8日경) : '흰 이슬'이란 뜻으로 이슬이 내리므로 가
    을 기분이 완연(宛然)한 때이다.
  ⑯ 추분(秋分 : 양력 9月 23日경) : '가을을 절반으로 나눈다'는 뜻으로 낮과
    밤의 길이가 같으며, 춘분점과 정반대의 위치이다.

* 구월(9月)에는 한로 · 상강이 있다.
  ⑰ 한로(寒露 : 양력 10月 8日경) : '찬 이슬'이란 뜻으로 초목에 찬 이슬이
    맺히고 공기가 점점 차가워진다.
  ⑱ 상강(霜降 : 양력 10月 23日경) : '서리가 내린다'는 뜻으로 서리가 내리
    고 싸늘한 날씨가 된다.

* 시월(十月)에는 입동 · 소설이 있다.

⑲ 입동(立冬:양력 11月 7日경) : '겨울이 선다'는 뜻으로 추운 겨울이 시작된다는 뜻이다.

⑳ 소설(小雪:양력 11月 22日경) : '적은 눈'이란 뜻으로 눈이 내리기 시작하고 겨울 기분이 든다.

* 십일월(11月)에는 대설 · 동지가 있다.

㉑ 대설(大雪:양력 12月 7日경) : '큰 눈'이란 뜻으로 큰 눈이 내리며 본격적인 추위가 시작된다.

㉒ 동지(冬至:양력 12月 22日경) : '겨울이 최고도에 다다랐다'는 뜻으로, 일년 중에 낮이 가장 짧고 밤이 가장 길며, 하지점과 정반대의 위치이다.

* 십이월(12月)에는 소한 · 대한이 있다.

㉓ 소한(小寒:양력 1月 5日경) : '작은 추위'라는 뜻으로 일년 중에서 가장 추운 때가 시작된다.

㉔ 대한(大寒:양력 1月 20日경) : '큰 추위'라는 뜻으로 일년 중에서 최고로 추운 때이다.

☞ 원단(元旦) : 원단(元旦)은 원래 '구정(舊正)'을 가리키는 말이었다.
중국에서는 예로부터 음력(陰曆:오늘날에는 농력農曆이라고 함)을 사용하였는데, 정월(正月)을 원(元)이라 했고, 첫날을 단(旦)이라고 한데서 음력 1월 1일을 '원단(元旦)'이라고 부르게 된 것이다. 중국 대륙에 중화인민공화국 정부가 수립되면서부터 양력(陽曆)을 정식으로 사용하기로 결정하고, 양력 1월 1일을 "원단(元旦)"이라고 지정하였고, 음력 1월 1일은 "춘절(春節)"로 지정되었다. 그리하여 오늘날의 원단은 양력 1월 1일을 가리키는 것으로 변하였다.
그러나 예로부터 농업국가였던 중국에서 오랫동안 음력세시(陰曆歲時)가 농경(農耕)의 기후풍토(氣候風土)와 생활습관(生活習慣)을 규정하는 절기(節氣)의 기준이었기 때문에 지금도 전통적으로 음력 1월 1일 [춘절]을 가장 큰 명절(名節)로 알고 지내고 있다. 대신 원단은 국가 규정상 명절로 되어 있으나, 춘절에 비하여 퍽 한산(閑散)한 편이다. 어떻게 보면, 원단은 춘절의 전주곡(前奏曲)이라고도 볼 수 있다.
그러나 국가에서 양력을 정식으로 채택하고 있기 때문에 공식적으로는 원단을 새해의 시작으로 알고 묵은 해를 보내고 새해를 맞이하는 송구영신(送舊迎新)의 새단장으로 신년을 맞이하는 분위기도 보인다. 구정(舊正)이 가정(家庭) 단위로 집에서 보내는데 비하여, 원단에는 하루 동안 혹은 가까운 일요일까지 겹쳐 이틀 동안을 보내기 때문에 먼 거리의 사람들은 모일 수가 없고, 기관(機關)이나 공장(工場) 안에서 동료들끼리 모여 경축행사(慶祝行事)를 하는 것이 보통이다. 이 날이 되면 각 신문사에서는 당(黨) 중앙(中央)의 명의(名義)로 된 원단사론(元旦社論)을 발표하여 지난해를 총결산하고, 새해 목표를 제시하며 함께 단결하여 노력할 것을 호소한다.

원단(元旦)을 설, 설날, 새해의 첫날, 원일(元日) 등으로 달리 부른다. 우리나라의 세시풍속(歲時風俗)에 관한 기록은 홍석모(洪錫謨)의 『동국세시기(東國歲時記)』·김매순(金邁淳)의 『열양세시기(洌陽歲時記)』·유득공(柳得恭)의 『경도잡지(京都雜志)』 등에 실려 있다.

(61) 北 南 日
　　　 북 남 왈

(62) 東 西 日
　　　 동 서 왈

우리가 남·북이라 말하고, 동·서라고 말하는,

日 말할,가로되,일컬을	왈	日 말할,가로되,일컬을	왈
南 남녘,남쪽	남	西 서녘,서쪽	서
北 북녘,북쪽	북	東 동녘,동쪽	동

(63) 方 四 此
　　　 방 사 차

(64) 中 乎 應
　　　 중 호 응

이 네 방위는 가운데를 중심으로
서로 마주보며 대하고 있다.

此 이,이 것,이에	차	應 당할,겪을,응당 ~하여야 할,응할	응
四 녁,넷,네,네 번	사	乎 ~에(대하여),~에게,~보다	호
方 방향,방위,곳	방	中 가운데,중심,중앙	중

♣ 우리가 동(東)·서(西)·남(南)·북(北)이라고 말하는 네 방위(方位)는 가운데를 중심으로 동과 서는 횡(橫:세로)으로 서로 마주보며 대(對)하고 있고, 남과 북도 역시 종(縱:가로)으로 서로 마주보며 대하고 있다.

동방(東方)은 천간(天干)의 갑(甲)·을(乙)에 해당하고, 지지(地支)의 인(寅)·묘(卯)에 해당하며, 오행(五行)의 목(木)에 속하고, 달로는 정월(正月)·이월(二月)에 속하며, 이에 해당하는 임금은 목덕(木德)이라고도 불리우는 태호(太皞)이며, 봄에 나무를 주관하는 신(神)인 구망(句芒)이 이에 속하고, 방위는 진궁(震宮:진방震方)에 속하며, 오상(五常)에서는 인(仁)에 속하고, 계절로는 봄[춘春]에 해당하는 청양(靑陽)이 이에 속한다.

남방(南方)은 천간의 병(丙)·정(丁)에 해당하고, 지지의 사(巳)·오(午)에 해당하며, 오행의 화(火)에 속하고, 달로는 사월(四月)·오월(五月)에 속하며, 이에 해당하는 임금은 염제(炎帝)이며, 불의 신인 축융(祝融)이 이에 속하고, 방위는 리궁(離宮:리방離方)에 속하며, 오상에서는 의(義)에 속하고, 계절로는 여름[하夏]에 해당하는 주명(朱明)이 이에 속한다.

서방(西方)은 천간의 경(庚)·신(辛)에 해당하고, 지지의 신(申)·유(酉)에 해당하며, 오행의 금(金)에 속하고, 달로는 칠월(七月)·팔월(八月)에 속하며, 이에 해당하는 임금은 소호(少皞)이며, 형벌의 신인 욕수(蓐收)가 이에 속하고, 방위는 태궁(兌宮:태방兌方)에 속하며, 오상에서는 예(禮)에 속하고, 계절로는 가을[추秋]에 해당하는 백장(白藏)이 이에 속한다.

북방(北方)은 천간의 임(壬)·계(癸)에 해당하고, 지지의 해(亥)·자(子)에 해당하며, 오행의 수(水)에 속하고, 달로는 시월(十月)·십일월(十一月)에 속하며, 이에 해당하는 임금은 전욱(顓頊)이며, 물과 겨울의 신인 현명(玄冥)이 이에 속하고, 방위는 감궁(坎宮:감방坎方)에 속하며, 오상에서는 지(智)에 속하고, 계절로는 겨울[동冬]에 해당하는 현영(玄

英)이 이에 속한다.

중앙(中央)은 천간(天干)의 무(戊)·기(己)에 해당하고, 지지(地支)의 축(丑)·진(辰)·미(未)·술(戌)에 해당하며, 오행(五行)의 토(土)에 속하고, 달로는 삼월(三月)·유월(六月)·구월(九月)·십이월(十二月)에 속하며, 이에 해당하는 임금은 황제(黃帝)이며, 땅[地]의 신(神)인 후토(后土)가 이에 속하고, 오상(五常)에서는 신(信)에 속하고, 계절로는 사철(四季)이 모두 이에 속한다.

그리고 동방(東方)의 청제(靑帝)·남방(南方)의 적제(赤帝)·서방(西方)의 백제(白帝)·북방(北方)의 흑제(黑帝)·중앙(中央)의 황제(黃帝)가 오방(五方)의 제(帝)이며, 정동(正東)의 방향은 묘위(卯位)·진궁(震宮)이며, 정서(正西)는 유위(酉位)·태궁(兌宮)이요, 정남(正南)은 오위(午位)·리궁(離宮)이고, 정북(正北)은 자위(子位)·감궁(坎宮)이다.

동남쪽은 손방(巽方)이고, 서남쪽은 곤방(坤方)이며, 동북쪽은 간방(艮方)이고, 서북쪽은 건방(乾方)이며, 자(子:북北)·오(午:남南)·묘(卯:동東)·유(酉:서西)의 네 방위가 사정(四正)이고, 동(東)·서(西)·남(南)·북(北)이 사방(四方)이며, 사정(四正)이 사방(四方)의 네 모서리[사우四隅]가 된다.

하늘[天]은 오(午)로 중양(中陽)을 삼고, 묘(卯)로 중음(中陰)을 삼으며, 유(酉)로 중남(中南)과 태양(太陽)을 삼고, 북(北)으로 태음(太陰)을 삼고, 서(西)로 소음(少陰)을 삼고, 동(東)으로 소양(少陽)을 삼으며, 또한 하늘[天]이 서북(西北)에 만족하지 않고, 서북은 음(陰)에 속하니, 이는 마치 사람의 오른쪽 귀와 눈이 왼쪽 귀와 눈만큼 밝지 못한 것과 같으며, 땅[地]이 동남(東南)에 만족하지 않고, 동남은 양(陽)에 속하니, 이는 마치 사람의 왼쪽 손과 발이 오른쪽 손과 발만큼 강하지 못한 것과 같다.

오행(五行)과 오상(五常)

(65) 日 水 火
왈 수 화

(66) 木 金 土
목 금 토

우리가 수·화·목·금·토라고 하는

日 말할,가로되,일컬을 왈	木 나무,순박할,목성(木星)	목
水 물,수성(水星) 수	金 쇠,금,금나라,금성(金星) [성 김] 금
火 불,불날,화성(火星) 화	土 흙,땅,살,젤,토성(土星) 토

(67) 此 五 行
차 오 행

(68) 本 乎 數
본 호 수

이 오행은 수를 헤아려 살피는 것에 근본을 두고 있다.

此 이,이에 차	本 근본(으로할),근원,바탕 본
五 다섯,다섯번 오	乎 어조사(~에,~보다) 호
行 다닐,행할,행실 [항렬(行列),줄 항] 행	數 셈,셀,수,숫자,헤아릴 수

※ 오행(五行) : 목(木)·화(火)·토(土)·금(金)·수(水)의 다섯 원소(元素)
를 말하며, 이 다섯 원소가 우주에서 유행(流行)·변화하여 만물을 생성하
는 것이 "오행설(五行說)"이다. 이 다섯 가지의 원소는 인간의 일상생활에
서 결코 없어서는 안되는 필요한 요소이다.

♣ 이는 오행(五行)의 작용을 말한 것으로 수(水)는 오행의 처음 시작
[수首]이다. 옛날 양(梁)나라 무제(武帝) 천감 연간(天監年間:502~519)
에 담은(曇隱)이란 스님 한 분이 강남(江南)의 장산(蔣山) 밑에 살고
있었다. 산에는 물이 없었는데 갑자기 노인 한 분이 나타나서 담은(曇
隱) 스님에게 다음과 같이 말씀하셨다.

"나는 산에 사는 용(龍)이니라. 그대가 목이 마르지만 마실 샘물[천泉]이

없음을 아느니라. 물을 찾는다면, 그것이 또한 어려운 것만은 아니다."

잠시 후에 갑자기 연못이 눈앞에 나타나 물이 솟아 나왔다. 나중에 인도(印度)에서 온 스님 한 분이 연못에서 이 말을 듣고 다음과 같이 말씀하셨다.

"이는 팔공덕의 물[팔공덕 수(八功德水):여덟 가지의 공덕을 갖추고 있다는 극락정토極樂淨土의 연못]이로다. 인도에 여덟 개의 연못[팔지八池]이 있었는데, 그중에 하나가 말라서 없어졌다. 그런데 지금 이 연못을 보니, 이는 예전에 말라서 없어진 인도의 한 연못의 물이 분명하다. 그 물은 마시면 맑고[청清], 시원하고[랭冷], 향기롭고[향香], 부드럽고[유柔], 달고[감甘], 깨끗하고[정淨], 목마르지 않고[불학不渴], 목이 잠기는 것을 없애 준다[견침이蠲沈痾]. 따라서 이러한 여덟 가지의 특성이 있기 때문에 팔공덕(八功德)이라고 이름붙인 것이다."

이 이야기는 물[수水]의 특성(特性)과 공(功)에 대한 특징을 언급한 것이다.

태극(太極)의 원기(元氣)가 움직이는 것[동動]이 양(陽)이요, 고요한 것[정靜]은 음(陰)이다. 움직임이 극(極)에 달하면 고요함이 되고, 고요함이 극(極)에 달하면 움직임이 되어 음과 양으로 나뉘어져서, 천지(天地)가 열리고[개벽開闢], 건곤(乾坤:수컷♂과 암컷♀)이 정해진다. 양이 변하고, 음이 합해져서, 음양(陰陽)의 이기(二氣)가 수(水)·화(火)·목(木)·금(金)·토(土)를 낳으니, 이것이 곧 오행(五行)이다.

이 오행이 하늘에 있어서는 수성(水星)·화성(火星)·목성(木星)·금성(金星)·토성(土星)이라고 하고, 인체(人體)에 있어서는 오장[五臟:심장(心臟)·간장(肝臟:간)·비장(脾臟:지라)·폐장(肺臟:허파)·신장(腎臟:콩팥)]이라고 한다. 여기서 심장은 화(火)에 속하고, 간은 목(木)에 속하고, 지라는 토(土)에 속하고, 허파는 금(金)에 속하고, 콩팥은 수(水)에 속한다. 그리고 방위(方位)에 있어서는 수(水)가 북(北)쪽이고, 화(火)는 남(南)쪽이고, 목(木)은 동(東)쪽이고, 금(金)은 서(西)쪽이며, 토(土)는 중앙(中央)에 해당된다. 그리고 색깔에 있어서는 수(水)가 검은색[흑黑], 화(火)가 붉은색[적赤], 목(木)이 푸른색[청青], 금

(金)이 흰색 [백白], 토(土)가 노란색 [황黃]에 해당된다.

제(齊)나라의 추연(鄒衍 또는 騶衍 ? B.C.305~B.C.240:전국戰國시대 말엽의 철학자이며 음양가陰陽家의 대표적 인물)에 의하여 음양오행(陰陽五行) 사상(思想)이 체계화되었는데, 그는 전해 내려오던 오행설(五行說)을 종합하고 정리하여 우주 사이의 모든 변화는 오행의 덕성(德性), 즉 그 운행(運行)에 의한 것이라고 말하고, 이른바 오행상승설(五行相勝說)을 내놓았다. 그에 의하면 오행의 상호관계는 "수(水)는 화(火)를 이기고, 화(火)는 금(金)을 이기고, 금(金)은 목(木)을 이기고, 목(木)은 토(土)를 이기고, 토(土)는 수(水)를 이긴다"라고 하는 순환(循環), 즉 상승(相勝)의 원칙이다. 한(漢)나라의 기초가 확립되면서 새롭게 오행상생설(五行相生說)이 나타나게 되었다. 이 설(說)은 "수(水)는 목(木)을 낳고, 목(木)은 화(火)를 낳고, 화(火)는 토(土)를 낳고, 토(土)는 금(金)을 낳고, 금(金)은 수(水)를 낳는다"고 하여 오행상승설과 함께 왕조(王朝)의 교체(交替)·순서(順序)는 물론 그밖의 현상(現狀·現象)들을 설명하였다.

세상의 모든 사물에는 오행(五行)이 관통(貫通)하고 있어서 천하(天下)의 이치(理致)가 다 여기에서 나오므로, 천하(天下)의 수(數)가 모두 여기에서 나온다는 것을 알 수 있다.

(69) 日 仁 義
왈 인 의

(70) 禮 智 信
예 지 신

우리가 인·의·예·지·신이라고 하는,

日 말할,가로되,일컬을 왈
仁 어질,인자할 인
義 옳을,바를 의

禮 예절,예의,예물 례
智 슬기,지혜 지
信 믿을,믿음,참될 신

(71) 此 五 常
차 오 상

(72) 不 容 紊
불 용 문

이 오상은 어떤 상황에서도
어지럽혀지는 것을 용납하지 않는다.

此 이,이에		차	不 아닐,없을			불
五 다섯,다섯번		오	容 받아들일,감쌀,용서할,얼굴			용
常 항상,법,불변의 도,일찌기		상	信 믿을,믿음,참될			신

※ 오상(五常) : 사람이 지켜야 할 다섯 가지 도리로 인(仁)·의(義)·예
(禮)·지 (智)·신(信)을 말한다.

• 인(仁) : 사랑[애愛]이며, "사람(亻)+사람(二)=두 사람(仁)"으로 인
(仁)은 사랑의 이치로, 친하고 가까우며[친親], 사람을 사랑하는 마음의
덕(德)이다.

• 의(義) : 옳음[의宜·誼]이며, 마음이 결실을 맺은 것으로 굳세고[강의剛
毅], 과감(果敢)한 성격이다.

• 예(禮) : 거동(擧動)·모범(模範)·법(法)·본보기·예의범절(禮義凡節:
의儀)로, 겸허(謙虛)하고 공경(恭敬)하는 마음의 이치이고, 나라의 법규
(法規)이다.

• 지(智) : 지(知), 또는 지식(知識)으로 배워서 알아 깨우치는 총명(聰明)
함이다.

• 신(信) : 정성(精誠)이며, "사람(亻)+말(言)=사람의 말(信)"로 여기에는
충직(忠直)한 믿음[신信]이 있고, 두터운 인간의 정(情)과 성실(誠實)함
이 내재(內在)되어 있다.

♣ 인(仁)은 유교(儒敎) 윤리규범(倫理規範)에서의 최고의 덕목(德目)
으로『맹자(孟子)』「고자상(告子上)」편에서는 "인(仁)은 사람의 마음이다.
[仁, 人心也.]"라고 하였으며, 「양혜왕상(梁惠王上)」편에서는 "측은(惻
隱)하게 여기는 마음은 그것이 인(仁)에서 시작되는 것으로 인(仁)의
발단(發端)이다[惻隱之心, 仁之端也.]"라고 하였다. 그리고『중용(中庸)』

에서는 "인(仁)이란 사람이다. 가까이 있는 사람을 친(親)하게 여기는 것이 중요(重要)하다[仁者,人也. 親親爲大]"고 하였다. 그리고 특히 공자(孔子)에게 있어서 인(仁)은 유교(儒敎)의 교육(敎育)에서 이상적(理想的)인 인간상(人間像)인 군자(君子)를 만들기 위한 교육(敎育)에서 최고(最高)의 덕목(德目)이다. 그래서 공자(孔子)의 사상(思想)을 "인(仁)의 사상"이라고까지 하기도 한다.

대체로 공자가 언급한 인(仁)은 공손(恭遜)하고, 관대(寬待)하며, 믿음직스럽고[신실信實], 민첩(敏捷)하며, 자애(慈愛)롭고, 지혜로우며[지智], 용기(勇氣)있고, 충성(忠誠)스럽고, 용서(容恕)할 줄 알고[서恕], 효성(孝誠)스럽고, 공경(恭敬)하는 것 등을 내용으로 하고 있다.

이는 다음과 같은 『논어(論語)』의 각편(各篇)에서 살펴볼 수 있다.

- 무릇 어진 사람은 자기가 서고자 할 때에는 먼저 남부터 세워 주고, 자기가 이루고자 할 때에는 남부터 이루게 한다.
  (夫仁者 己欲立而立人 己欲達而達人)「옹야(雍也)」
- 자기를 이기고 예로 돌아가는 것이 인이다.
  (克己復禮爲人)「안연(顏淵)」
- 자기가 하고자하지 않는 바는 남에게도 시키거나 하게 해서는 안된다.
  (己所不欲 勿施於人)「안연(顏淵)」
- 강직하고 꿋꿋하고 질박하고 둔한듯 한 것은 인에 가깝다.
  (剛毅 木訥近仁)「자로(子路)」
- 어진 사람은 어려움에는 남보다 앞서서 나서고 이로움에는 남보다 뒤지려고 한다. 그러면 어질다고 할 수 있을 것이다.
  (仁者 先亂後獲 可謂仁矣)「옹야(雍也)」

이러한 인(仁)을 유교(儒敎)에서 중요하게 여기는 것은 개인(個人)의 도덕적(道德的)인 자각(自覺)과 수양(修養), 그리고 교화(敎化)의 사회적(社會的) 작용(作用)을 중요시하였기 때문이다.

의(義)는 유교 윤리규범의 하나로 국가나 집단의 구성원으로서의 인간이 공동(共同) 규범(規範)에 합치(合致)되는 행동을 스스로 취(取)하는 것을 말하며, 간단하게는 "올바른 행동"이라고 할 수 있다. 그리고 그 의미는 시대와 상황에 따라 다르지만 크게 다음의 몇 가지로 생각해 볼 수 있다. 첫째, "마땅함"을 의미한다. 『중용(中庸)』에서는 "의(義)란 마땅함이다. 어진 사람을 존경(尊敬)하는 것이 중요하다[義者,宜也. 尊賢 爲大.]"고 하였으며, 이에 대하여 주자(朱子)는 주(注)에서 "의(宜)란 사리를 분별하여 각각 마땅한 바가 있는 것이다[宜者, 分別事理 各有所 宜也.]"라고 하였다. 둘째, "유가(儒家)의 도(道)와 이(理)에 합치하는 것"이며, 의(義)는 항상 이(利)와 상대적(相對的)으로 언급된다. 『논어 (論語)』「이인(里仁)」편에서 "군자는 의(義)에 밝고, 소인은 이(利)에 밝 다[君子喩於義, 小人喩於利.]"라고 한 것이 바로 그것이다. 『맹자(孟子)』 「양혜왕상(梁惠王上)」편에서의 "윗사람과 아랫사람이 서로 이익만을 추 구한다면 나라는 위태로워질 것이다[上下交征利 而國危矣.]"에서 이(利) 를 위태로움의 원인으로 보고 있는 것처럼 초기 유가(儒家)에서는 의 (義)를 중요시하고, 이(利)를 경시(輕視)하는 경향이 강했다.

셋째, "도덕(道德) 규범(規範)"이다. 항상 인(仁)과 함께 붙여서 쓰이 고 있으며, 종형(從兄)·경장(敬長)·존현(尊賢) 등의 의미를 갖는다. 이러한 예(例)는 『맹자(孟子)』「이루상(離婁上)」의 "인(仁)의 실상은 어 버이를 섬기는 것이요, 의(義)의 실상은 형을 따르는 것이다[仁之實, 事 親是也. 義之實, 從兄是也.]"와 「진심상(盡心上)」의 "어버이를 가까이 하 는 것은 인(仁)이요, 어른을 공경하는 것은 의(義)이다[親親仁也. 敬長 義也.]" 등에서 볼 수 있다. 특히 맹자는 의(義)를 중요시하였다. 의 (義)를 '수오지심(羞惡之心)'이 확충(擴充)된 것이라고 하여 윤리적(倫 理的)인 수치심(羞恥心)과 결합시키고, 인(仁)이 인간의 편안한 집[안 택安宅]인 것에 대해 의(義)는 인간의 바른 길[정로正路]이라고 하였 다.[仁, 人之安宅也. 義, 人之正路也.] 『맹자(孟子)』「이루상(離婁上)」

맹자는 또한 부자유친(父子有親)에 대해 군신유의(君臣有義)를 말하 였다. 부자(父子)와 같은 혈연적(血緣的) 관계가 친(親)에 의한 결합이 라고 하는 것에 비해, 군신(君臣)이라고 하는 인위적(人爲的) 관계는 의(義)가 적합하다고 하는 것이다. 이러한 맹자의 "의(義)" 개념은 이 (理)를 중요시하는 송대(宋代) 성리학(性理學)의 '의리사상(義理思想)' 형성에 기초가 되었다.

예(禮)는 사회질서를 유지하기 위한 유교 윤리규범의 하나이다. 예의 관념은 초기에는 종교적(宗敎的) 색채를 강하게 지니고 있었으나 하(夏)·은(殷)·주(周) 삼대(三代)를 거치면서 정치적(政治的)·윤리적(倫理的) 성격이 강하게 드러나게 된다. 그것은 주왕실(周王室)의 통치적(統治的)인 의미가 반영되었음을 의미하는 것이다. 이러한 예는 각국이 부국강병(富國强兵)에 전념(專念)하던 춘추전국시대(春秋戰國時代)에 공자(孔子)라는 인물의 등장으로 인하여 전환(轉換)의 계기(契機)를 맞이한다. 공자는 당시(當時) 시대가 요청하는 도덕적(道德的) 인간성(人間性)의 회복(回復)을 위하여 어질게 [위인爲仁] 되는 방법으로 "사사로운 자기를 극복하고 예로 돌아가야 함 [극기복례克己復禮]"을 강조하였다. 인간의 인간다움이 인(仁)이라고 한다면, 예(禮)는 그것의 실천적(實踐的)인 의미를 지니는 것이며, 여기서 예는 비로소 철학적(哲學的)인 기반을 구축한 것이다. 극기(克己)의 구체적인 방법에 대하여 공자는 『논어(論語)』「안연(顏淵)」편에서 다음과 같이 말하고 있다. "예가 아니면 보지 말고, 예가 아니면 듣지 말 것이며, 예가 아니면 말하지 말 것이며, 예가 아니면 행하지 말 지어다 [非禮勿視, 非禮勿聽, 非禮勿言, 非禮勿動.]" 이것이 모든 행동(行動)을 예(禮)에 의거(依據)하여 제약(制約)하라는 것으로 결국 복례(復禮)의 의도(意圖)는 본래(本來)의 인간성(人間性)을 회복(回復)하라는 것이다.

이 예(禮)에는 인정적(人情的)인 면과 절제적(節制的)인 면의 두 가지 측면이 있다. 『예기(禮記)』「방기(坊記)」편에는 다음과 같은 말이 있다. "예(禮)란 사람의 정(情)에 따라서 [지나치거나 미치지 못하는 일 [과불급(過不及)]이 없이] 꾸미는 것을 절도(節度)에 맞게 하여 백성의 욕심(慾心)을 방지(防止)하는 것이다. [禮者, 因人之情而爲之節文 以爲民坊者也.]" 이것은 인정(人情)에 치우치면 절제(節制)가 안되고 절제가 지나치면 인정에 어긋날 수 있다.

지(智)는 지(知)로 인간의 인식(認識) 작용, 인식 과정 및 그것에 의해 획득되어진 인식의 내용, 인식의 결과 등을 통칭하는 것으로 인식(認識)·지각(知覺)·지식(知識)·지성(知性) 등의 의미를 포함하는 말이다. 특히 유가(儒家)에서는 지(知·智)를 인(仁)·의(義)·예(禮)와 함께 인간에게 원래부터 선험적(先驗的)으로 구비되어 있는 고유한 네 가지의 덕성(德性), 즉 사덕(四德)으로 규정하고 있다. 공자(孔子)는 "아는 것을 안다고 하고 모르는 것을 모른다고 하는 것, 이것이 곧 진실로 아는 것이다[知之爲知之, 不知爲不知, 是知也『논어(論語)』「위정(爲政)」]"라고 하여 합리주의적(合理主義的)인 인식(認識)을 존중하였다. 맹자(孟子)는 지(知)를 "옳고 그름을 가리는 마음[是非之心.『맹자(孟子)』「공손축상(公孫丑上)」]"이라고 규정하고, 도덕적(道德的) 지식(知識)의 근원에 대하여 "사람이 배우지 않고도 능한 것은 양능(良能)이고, 생각하지 않고도 아는 것은 양지(良知)이다[人之所不學而能者 其良能者, 所不慮而知者 其良能也.『맹자(孟子)』「진심상(盡心上)」]"라고 함으로써 선험적(先驗的) 인식(認識)의 근원으로서의 양지(良知)를 주장하였다.

지(知)는 후기 묵가(後期墨家)에 이르러 정밀하고 본격적인 탐구가 진행되었다. 『묵자(墨者)』「경설상(經說上)」에서는 인간의 인식능력을 긍정하고, 감각적(感覺的) 지(知)는 외적 대상(對象)과의 접촉을 통해 얻어지는 것이라고 했으며, 구지(久知:시간에 대한 인식)는 지적 능력이 외재하는 시간과의 접촉에 의해 얻어진다고 하였다. 후기 묵가는 또 인간의 지(知)를 문지(聞知:들어서 아는 것)·설지(說知:추론推論을 통해 아는 것)·친지(親知:직접 경험을 통해 아는 것) 등의 세 가지로 분류했으며[「경설상(經說上)」], 이러한 지(知)는 반드시 명(名:지知의 대상의 명칭)·실(實:지知의 실재 대상)·합(合:명名과 실實이 상부相符하는 것)·위(爲:지知의 실천) 등 네 가지 기본요소를 필수적으로 갖추어야 성립된다고 하였다[「경설하(經說下)」]. 그들은 특히 지(知)의 실천(實踐)·응용(應用)을 중시하여 실천하지 않는 지(知)는 지(知)가 아니라고 하였다. 이러한 지(知)는 순자(荀子)를 거치고 한대(漢代)의 왕충(王充) 등을 거쳐서 바야흐로 신유학(新儒學:Neo-Confucianism)의 시대인 송대(宋代)에 이르게 된다.

송대(宋代)에 이르러 지(知)에 대해 최초로 언급한 사람은 장재(張載)로 그는 지(知)를 심(心)의 직각(直覺)을 통해 얻어지는 덕성지(德性知)와 감각경험을 통해 얻어지는 견문지(見聞知)로 구분하였다. 여기서 '덕성지'는 진성공부(盡性工夫:도덕수양道德修養)를 기초로 하는 것으로써 무궁한 태허(太虛)를 인식할 수 있는 것이며, '견문지'는 이목(耳目)의 감각을 통해 얻어지는 것으로 구체적 대상(對象)을 인식할 수 있는 것이었다[『정몽(正蒙)』「성명(誠明)」·「대심(大心)」]. 장재(張載)를 계승한 정이(程頤)는 '덕성지'는 보편적 대상에 관한 지(知)이고, '견문지'는 특수 사물에 관한 지(知)라고 하였으며, 또 "지는 우리가 본래부터 가지고 있는 능력이지만 그것을 넓히려 하지 않으면 얻을 수 없다[『이정어록(二程語錄)』권25]"라고 하여 치지(致知)를 주장하였으며, 격물(格物)을 치지(致知)의 방법으로 제시하였다. 심(心) 속에는 모든 이치[중리(衆理)]가 다 갖추어져 있지만, 격물(格物)을 통하지 않고서는 우리의 지(知)를 넓힐 수 없다고 하여 인식(認識)의 문제를 격물치지(格物致知)와 관련하여 설명하였다.

이러한 정이(程頤)의 '격물치지설(格物致知說)'은 주자(朱子)에 이르러 더욱 심화(深化)되고 발전된다. 주희(朱熹)는 『대학장구(大學章句)』를 지을 때 "보망장(補亡章)"을 따로 만들어 마음은 원래부터 지[심지(心知)]를 가지고 있으나 마음 속의 지(知)를 넓히고자 한다면 각 사물에 직접 나아가 이(理)를 구해야 한다고 주장하였다. 이에 대하여 육구연(陸九淵)은 참된 지(知)는 인간의 마음 속에 내재(內在)하고 있다고 주장하였다. 그리고 이를 계승한 왕수인(王守仁)은 지(知)는 마음과 양지(良知)에 있는 것으로 양지를 확충할 것[치양지(致良知)]을 강조하였다. 육구연과 왕수인이 주장한 지(知)는 도덕지(道德知)로써 그들은 '인식(認識)의 주체(主體)'와 '인식(認識)의 대상(對象)', '지적(知的)인 능력(能力)'과 '지적(知的)인 대상(對象)' 등을 둘로 나눌 수 없다고 하였다.

이 지(知·智)는 고대 중국에서 항상 행(行), 즉 실천(實踐)과 밀접한 관련하에서 논술(論述)되었다는 점에서 중국(中國) 인식이론(認識理論)의 특색(特色)을 찾을 수 있다.

신(信)은 유교의 전통적인 덕목으로 오상(五常)의 하나이다. 주자(朱子)는 말과 행위가 서로 일치하는 것을 신(信)이라고 하였는데, 그것이 가장 두드러지게 나타나는 경우는 친구 사이의 관계인데, 전통적(傳統

的)으로 친구 사이의 바른 도리(道理)로 이해된다. 『논어(論語)』「학이(學而)」편에서는 "벗과 사귐에 신의(信義:믿음)가 있는가? [與朋友交而不信乎]"라고 하였고, 『맹자(孟子)』「등문공상(滕文公上)」에서는 사람이 지켜야 할 오륜(五倫) 가운데 "붕우유신(朋友有信)"이 있다고 했으며, 『중용(中庸)』에서도 모든 인간사회의 보편적인 인간관계 가운데 벗 사이의 관계를 '오달도(五達道)'의 하나로 중시하고, 그 사이에서는 믿음이 가장 중요한 것임을 밝히고 있다. 믿음은 벗 사이에서 뿐만 아니라 모든 사회적(社會的) 관계(關係)에서도 중요한 덕목(德目)이다. 특히 정치(政治)에서의 신의(信義)는 그 사회를 유지하는 힘이며, 그 중에서도 위정자(爲政者:통치자統治者)의 신의는 더욱 중요하다. 통치자가 사회적으로 약속을 성실히 이행할 때 백성은 지도자를 믿고 따르며, 안정된 삶과 정치적 기반 위에서 세계를 향한 튼튼한 국가의 기반이 다져지는 것이다.

☞ 오달도(五達道) : 동서고금(東西古今)을 통해 누구나가 걸어가야 할 다섯 가지의 공통된 길로 군신(君臣)·부자(父子)·부부(夫婦)·곤제(昆弟)·붕우(朋友)의 사귐을 말한다. 그리고 이러한 '오달도'를 행할 수 있는 근거로 지(知)·인(仁)·용(勇)이라는 천하에 통용될 수 있는 세 가지의 보편적 도덕 규범인 '삼달덕(三達德)'을 들고 있다. 여기서 지(知)는 오륜(五倫)을 아는 것이고, 인(仁)은 그것을 체득하고, 용(勇)은 그것을 강하게 하는 역할을 하는데, 이들은 성(誠)으로 통일된다.

육곡(六穀)과 육축(六畜)

(73) **稻 梁 菽** (74) **麥 黍 稷**
　　도　량　숙　　　　맥　서　직

벼 · 수수 · 콩 · 보리 · 메기장 · 찰기장은

稻 벼		도	麥 보리	맥
梁 기장,수수,들보,성(姓),나라이름		량	黍 기장,메기장	서
菽 콩		숙	稷 기장,찰기장	직

(75) **此 六 穀** (76) **人 所 食**
　　차　륙　곡　　　　인　소　식

이것이 여섯가지 곡식으로 사람이 먹는 것이다.

此 이,이것,이에		차	人 사람,인간,백성,남	인
六 여섯,여섯 번		륙	所 ~바,도리,일	소
穀 곡식,녹(祿),기를		곡	食 밥,먹을 [밥,먹일 사]	식

※ 숙맥(菽麥) : ① 콩과 보리.
　　　　　　　② 콩인지 보리인지를 구별하지 못한다는 뜻으로 "어리석은
　　　　　　　　　사람"을 비유하는 말.

☞ (73)의 "稻梁菽(도량숙)"이 "稻梁粟(도량속)"으로 된 판본(版本)도 있다.
　　〔粟:조,벼,낟알,찧지 않은 곡식,오곡의 총칭(總稱) 속〕

♧ 우리나라에서는 일반적으로 "오곡(五穀)"이라는 말을 사용한다. 여기
서 오곡이란 ①쌀 · 보리 · 조 · 콩 · 수수, 또는 ②쌀 · 보리 · 콩 · 수수 ·
기장을 가리키는데, 앞의 ①에서 '수수' 대신에 '기장'을 넣기도 한다.

　여기서 오곡(五穀)이나 육곡(六穀)은 모두가 식용(食用)이면서 동시

94　삼자경(三字經)

에 제사(祭祀)지낼 때에 사용된 곡식(穀食)이다. 곡식의 열매가 줄기 [경(莖)]에 달려 있으면 '화(禾:벼)'라고 하고, 껍데기에 싸여 있으면 '속(粟:조)'라고 하고, 알맹이 [인(仁):씨]이면 '미(米:쌀)'라고 하고, 정제(精製)한 것을 '량(粱:기장·수수)'이라고 한다.

(77) **馬 牛 羊** (79) **鷄 犬 豕**
마　　우　　양　　　　계　　　견　　　시

말과 소와 양 그리고 닭·개·돼지는,

馬 말 마		鷄 닭(≒鷄)	계
牛 소 우		犬 개(≒구狗)	견
羊 양 양		豕 돼지(≒해亥)	시

(79) **此 六 畜** (80) **人 所 飼**
차　　륙　　축　　　　인　　소　　사

이것이 여섯 가지 가축으로 사람이 먹여서 기르는 짐승이다.

此 이,이것,이에	차	人 사람,인간,백성,남	인
六 여섯	륙	所 ～바,도리,일	소
畜 가축,쌓을,기를	축	飼 먹일,기를	사

※ 육축(六畜) : 집에서 기르는 대표적인 여섯 가지의 가축(家畜)으로 말·소·양·닭·개·돼지를 가리키며, 이것들은 식용(食用)이나 교통(交通) 및 운송(運送) 수단으로 사용한다. 이 가운데 특히 소[牛]와 양[羊]은 글자의 모양을 살펴보면, 소는 뿔이 위를 향하고(牛) 양은 뿔이 아래를 향하고(羊) 있는 모습을 본떠서 만든 상형문자(象形文字)임을 알 수 있다.

♣ 말[마馬]은 등에 무거운 짐을 지고 먼 길을 가는 운반수단(運搬手段)과 미 (美) 서부(西部) 개척시대(開拓時代)처럼 사람이 타고 다니는

교통수단(交通手段) 및 공문서(公文書)를 나르는 파발마(擺撥馬)와 같은 통신수단(通信手段), 그리고 군사적(軍事的)인 목적으로는 몽고군(蒙古軍)의 주력부대(主力部隊)였던 기마대(騎馬隊)나 로마(Roma)제국(帝國)의 기병대(騎兵隊), 또는 전차(戰車)를 끄는 동력(動力)의 역할(役割) 등을 하는데 사용되었다.

이처럼 인간과 일찍부터 같이 해온 말은 제왕(帝王) 출현(出現)의 징표(徵表)로 신성시(神聖視)되어 신라(新羅)의 신화(神話)[『삼국유사(三國遺事)』의 신라 시조(始祖) 박혁거세왕(朴赫居世王) 신화의 백마(白馬)]와 고분벽화(古墳壁畵)[경주 천마총(天馬塚) 출토 천마도(天馬圖)]등에 등장한다. 여기서 천마(天馬)는 하늘과 교통(交通)하는 영물(靈物)이다. 이러한 말은 『역경(易經)』「건괘(乾卦)」의 상징(象徵) 동물로서 하늘[천(天)]에 해당한다.

그리고 말띠에 태어난 사람은 활동력(活動力)이 강(強)하며, 매사(每事)에 적극적(積極的)이다[사주책(四柱册)]고 한다. 특히 병오년(丙午年)에 태어난 사람은 '백말띠'라고 하여 그러한 성질을 많이 지닌다고 한다. 고구려(高句麗) 민족(民族)은 예로부터 기마민족(騎馬民族)으로 불렸다. 그래서인지 우리에게도 말[마(馬)]과 관련된 다음과 같은 속담(俗談)들이 있다. ① 말 가는 데 소도 간다. ② 말 타면 종(從) 두고 싶다.[사람의 욕심(慾心)은 끝이 없다.] ③ 말은 낳으면 시골로 보내고, 아이를 낳으면 서울(한양漢陽;공자孔子의 문門)로 보내라.[아이를 낳으면 공부(工夫)를 시켜라.]

『회남자(淮南子)』「인간훈(人間訓)」에 보면, '인생(人生)의 길(吉)·흉(凶)·화(禍)·복(福)은 늘 바뀌고 변화가 많다'는 뜻의 "새옹지마(塞翁之馬)"라는 고사(故事)가 있으며, 『수신기(搜神記)』권14 "마피잠녀(馬皮蠶女:말가죽과 누에처녀)"에는 다음과 같은 이야기가 전한다.

멀리 집 떠난 아버지가 보고 싶어 집에서 기르던 말에게 "아버지를 찾아서 모시고 오면 내가 너와 결혼하겠다"고 한 처녀의 말[언(言)]을 믿은 말[마(馬)]이 그 처녀의 아버지를 찾아서 모시고 왔으나, 아무리 기다려도 처녀는 아버지의 반대로 약속을 지키지 못했다. 나중에 말[馬]과의 약속 사실을 안 아버지는 오히려 그 말[馬]을 활로 쏘아 죽여 마당에 말가죽을 펴서 널었다. 그리고 아버지는 외출하고, 딸은 마당에서 놀면서 말가죽에게 말하기를, "네가 비록 기르는 가축이지만 사람과 결혼하려고 했는데, 이렇게 죽어서 가죽만 남았으니 이 고통을 어떻게 한다는 말이냐?"라고 말을 하고 있는데, 그 말이 미처 끝나기도 전에 말가죽이 갑자기 허공으로 떠오르더니 처녀의 몸을 감싸 어디론가 날아가 버렸다. 아버지가 돌아와 보니, 딸이 보이지 않으니 이리저리 찾아다녔다. 며칠이 지나서야 커다란 나뭇가지에서 말가죽에 싸여 죽어 있는 딸을 발견하였다. 그런데 딸과 말가죽은 누에[잠(蠶)]로 변하여 나무 위에서 실[사(絲)]을 토하고 있었다. 그래서 이 나무는 나중에 '뽕나무[상수(桑樹)]'라고 부르게 되었다.

그리고 당대(唐代)의 유명한 교육자(教育者)이고, 문학가(文學家)이며, 사상가(思想家)인 한유(韓愈)는 『잡설(雜說)』이라는 문장[산문(散文)]에서 천리마(千里馬)에 비유하여 영웅호걸(英雄豪傑)은 자기를 알아주는 사람을 만나야 그 재능(才能)을 펼 수 있다고 하였다.

소[우牛]는 예로부터 일찍이 인간과 함께하여 왔다. 인류(人類) 최고(最古)의 회화(繪畵)라고 하는 구석기시대(舊石器時代) 벽화(壁畵)로 유명한 스페인(Spain)의 알타미라(Altamira) 동굴(洞窟) 유적(遺跡)에서는 힘센 들소의 강인(強靭)한 모습을 볼 수 있다. 특히 영화 '늑대와 춤을'에서 본 미국 개척시대 광활(廣闊)한 서부 들녘에서 구름같은 먼지를 일으키며 달리는 수많은 들소[버팔로] 떼는 개척자 정신(開拓者精神)으로 대표되는 미국을 상징하는 흰머리 독수리와 함께 강한 인상(印象)을 주기에 충분하였다. 그리고 이중섭(李仲燮)의 그림 '흰소'는 강한 생동력(生動力)을 잘 표현하였다. 인도나 동남아시아에는 물소[수우(水牛)]가 많고, 우리나라의 시골에는 누런 황소[황우(黃牛)]가 있다. 이러한 소는 일찍부터 인간에게 먹을 것[고기]을 제공하여 주었으며, 숭배(崇拜)의 대상(對象)이기도 하였다. 말과 함께 짐[물품]을 실어 나르는 우마차(牛馬車)로써 운반수단으로 사용되거나, 농경사회(農耕社

會)에서 밭을 가는 데 사용되었다.

고전(古典)을 살펴보자.『삼강행실도(三綱行實圖)』에는 호랑이와 싸운 끝에 주인을 구하고 죽은 소에 관한 전설(傳說)이 있다. 여기서 소는 의(義)를 상징한다. 그리고 불교(佛敎)에서는 사람의 진면목(眞面目)을 소에 비유하였다. 십우도(十牛圖)는 선(禪)을 닦아 마음을 수련(修練)하는 순서를 표시한 것으로 십우(十牛)는 심우(尋牛:소를 찾아 나섬)·견적(見迹:소의 자취를 봄)·견우(見牛:소를 봄)·득우(得牛:소를 얻음)·목우(牧牛:소를 기름)·기우귀가(騎牛歸家:소를 타고 집으로 돌아옴)·망우존인(忘牛存人:소를 잊고 본래의 자기만 존재함)·인우구망(人牛俱忘:자기와 소를 다 잊음)·반본환원(返本還源:본디 자리로 되돌아감)·입전수수(入廛垂手:가게에 들어가 손을 드리움. 궁극窮極의 광명光明 자리에 듦)이다. 그런데 망우(妄牛)로 진면목(忘面目)을, 진우(眞牛)로 진면목(眞面目)을 표현하기도 한다.

고려시대(高麗時代) 보조국사(普照國師) 지눌(知訥)의 호(號)는 목우자(牧牛子:소를 기르는 이)로 '참마음을 기르는 사람'이라는 뜻이다. 만해(萬海) 한용운도 만년(晩年)에 그의 집을 '심우장(尋牛莊)'이라고 하여, 스스로의 참모습[진면목(眞面目)]을 찾기에 전념(專念)하였다.

수로부인(水路夫人)에게 헌화가(獻花歌)와 함께 꽃을 꺾어 바친 노인(老人)도 암소를 끌고 가던 중이었으며, 조선시대(朝鮮時代)에는 매년(每年) 선농단(先農壇)에서 농사(農事)의 신(神)인 신농씨(神農氏)와 후직씨(后稷氏)에게 풍년(豊年)을 기원(祈願)하며 제물(祭物)로 소를 바쳤다. 그리고 옛 그림에도 소등에 타고 피리를 불며 유유자적(悠悠自適:속세俗世를 떠나 아무 것에도 얽매이지 않고 자기 하고 싶은 대로 조용하고 편안히 생활을 하는 것)하면서 가는 모습을 그린 김홍도(金弘道:조선 시대 영조英祖 때의 화가畵家. 호號는 단원檀園)의 '목우도(牧牛圖)' 등을 볼 수 있다. 게다가 조선시대의 유명한 재상(宰相) 맹사성(孟思誠:조선 시대 세종世宗 때의 청백리淸白吏. 호號는 고불古佛)이 소를 타고 고향인 온양(溫陽)을 오르내린 이야기는 유명하다. 또한 호(號)가 기우자(騎牛子)인 이행(李行:1352~1432;공민왕1~세종14)이 만사(萬事)를 뜬구름같이 여기며 소를 타고 산수(山水)에 노닐면서 유람(遊覽)의 묘미(妙味)를 얻었다는 「기우설(騎牛說)」이 권근(權近:1352~

1409;조선 태조太祖·태종太宗 때의 문신文臣·학자. 호號는 양촌)의 『양촌집(陽村集)』에 실려 있다. 이처럼 소가 주는 이미지는 의로움·유유자적, 그리고 희생(犧牲)의 대명사로 우리에게 알려져 있다.

소는 농사(農事)에 없어서는 안될 가축(家畜)으로 재산목록 제1호로 여겨왔다. 그래서인지 소를 '생구(生口)'라고 불렀다. 식구(食口)는 가족(家族)이며, 생구(生口)는 한 집에 함께 사는 하인(下人)을 말한다. 그렇다면, 소를 생구라고 한 것은 그만큼 소를 존중했다는 뜻이다. 그래서 정월(正月) 첫째 축일(丑日)에는 소에게 일을 시키지 않았으며, 쇠죽에 콩을 많이 넣어 먹였다. 이처럼 농경사회에서 소에 대한 숭배 신앙은 신라(新羅) 고분(古墳)에서 출토(出土)된 소 모양의 토우(土偶:흙으로 만든 인형)에서도 엿볼 수 있다.

십이지(十二支)의 두 번째에 있는 소는 우직(愚直)함을 그 성격으로 하고 있어서 현대 산업사회에서 이기적이고 개인적이며 목적을 위해서는 수단과 방법을 가리지 않는 일부 어리석은 인간들에게 무언(無言)의 가르침을 주는 영특(靈特)한 동물(動物)이라고 생각된다. 그래서인지 우리에게도 소[우(牛)와 관련된 다음과 같은 속담(俗談)들이 있다. ① 말 가는 데 소도 간다. ② 소도 언덕이 있어야 비빈다.〔누구나 의지依支할 데가 있어야 일을 성취成就할 수 있다.〕③ 소 잃고 외양간 고친다.〔망양보뢰(亡羊補牢)〕

이러한 소를 인격화(人格化)한 것은 이수광(李晬光:조선 시대 선조宣祖~인조仁祖 때의 명신名臣. 호號는 지봉)의 『芝峰類說(지봉유설)』에 실린 청백리(淸白吏)로 유명한 황희(黃喜:1363~1452;조선 시대 세종世宗 때의 재상宰相. 호號는 방촌厖村) 정승(政丞)의 젊은 시절 일화(逸話)에서 엿볼 수 있다.

옛날, 황희 정승이 벼슬에 오르기 전의 일이다. 길을 가다가 길가에서 쉬는데, 농부가 두 마리 소를 몰고 밭을 가는 것을 보고 묻기를, "두 마리의 소 중에 어느 것이 나은가?"하니, 농부가 대답하지 아니 하고 밭 갈기를 중지하고 와서 귀에 대고 작은 소리로 말하기를, "이쪽 소가 낫습니다"하였다. 공(公)이 그것을 이상하게 여겨 말하기를, "어찌하여 귀에 대고 말을 하오?" 하니, 농부가 말하기를, "비록 짐승이라도 그 마음은 사람과 같습니다. 이것이 낫다면 곧 저것은 못한 것이 되니, 소로 하여금 그것을 듣게 하면 어찌 불평하는 마음이 없겠습니까?" 하니, 공이 크게 깨달아, 마침내 다시는 사람의 장단점을 말하지 않았다고 한다.

여기서 우리는 남의 흉을 보는 것은 짐승의 경우라도 있을 수 없다는 농부의 소에 대한 각별(各別)한 배려(配慮)를 볼 때, 소를 단순히 농사를 위해 부리는 짐승으로 보지 않고 영특(靈特)한 동물로 여긴 교훈(敎訓)에서 황희가 크게 깨달았음을 배울 수 있었고, 또한 항상 겸허(謙虛)한 태도로 때와 장소를 가리지 않고 배움에 임하는 자세를 갖추어야 한다. 그리고 여기서 농부는 인간에게 가르침을 일러 주는 도사(道士)의 분신(分身)으로 등장시킨 인물이라고 생각된다.

양[양羊]은 소[우牛]과(科)에 딸린 가축(家畜)의 하나로 좋은 징조(徵兆)[길상吉祥]를 상징(象徵)하는 동물(動物)이다. 일반적으로 양(羊)이라고 하면, 동양(東洋)에서는 산양(山羊)인 '염소'를 가리키고, 서양(西洋)에서는 '면양(綿羊·緬羊)'을 가리킨다. 일년[1년] 중에서는 음력(陰曆)으로 6월이 양(羊)의 달[월月]이고, 방위(方位)로는 남쪽에 해당한다. 양(羊)은 성질(性質)이 온순(溫順)하고 의지(意志)가 약(弱)하다는 점에서 '착한 사람'이나 '신자(信者:종교宗敎를 믿는 사람)'를 비유(比喩)하는 말로 사용된다. 그래서인지 특히 기독교(基督敎)의 성경(聖經)에서는 양이 인간(人間)을 대신하여 신(神)에게 바치는 제물(祭物)인 희생(犧牲)·하느님의 백성(百姓) 등 선(善)의 상징(象徵)으로 등장한다.

염소는 면양과 비슷하나 턱수염이 있고, 성질이 활발(活發)하고 민첩(敏捷)하며, 젖과 고기를 인간에게 제공(提供)한다. 그리고 면양(綿羊)은 원래(原來)가 야생(野生)의 산양(山羊)을 가축(家畜)으로 기르면서부터 면양(綿羊)이라고 부르게 된 것이다. 면양은 성질이 온순하며, 겁(怯)이 많아 한데 모여 살며, 털은 모직(毛織)의 원료(原料)로 쓰이고, 가죽은 공업용(工業用)으로, 지방(脂肪)은 비누 제조용(製造用)으로 쓰인다. 염소와 면양은 모두 뿔[각(角)]이 두개씩 있는 것과 없는 것이 있다.

양(羊)과 관련된 한자(漢字)를 찾아보면 다음과 같은 것들이 있다.

① 미(美) : 양(羊)+대(大)=미(美:아름답다)로 '큰 양'이란 뜻으로 주(周)나라 때에 유목생활(遊牧生活)을 하는 중국의 한민족(漢民族)에게는 양(羊)이 그들의 의식주(衣食住)를 해결(解決)해 주는 가장 중요(重要)한 것이었다. 여기서 '크다'는→'충분하다'→'만족하다'→'아름답다'로 그 의미가 확충되어 간 것이다.

② 선(善) : 양(羊)+언(言:말씀)=선(善:착하다)으로 '양처럼 말을 잘 듣는다'는 뜻으로, 착한 언행(言行)은 동양[중국]의 학문(學問)에서 그 목표를 성인(聖人)에 두고 있다. 성인은 지선(至善)의 윤리적 수양(修養)이 완성된 단계의 인간(人間)이며, 이는 곧 천리(天理)를 보존(保存)하고 인욕(人欲)을 제거하여 악(惡)이 없는 지고무상(至高無上)인 지존(至尊)의 경지를 실현한 사람이다.

③ 의(義) : 양(羊)+아(我:나)=의(義:의롭다)로 부끄러움과 미워하는 마음[수오지심(羞惡之心)]이 없는 옳고·바르고·곧고·정의(正義)롭고·이치(理致)[사리(事理)·도리(道理)]에 맞고·자신(自身)의 삶에 충실(充實)한 사람의 마음으로, 자아(自我) 실현(實現)의 정신적(精神的)인 주체(主體)가 된다고 할 수 있다.

④ 상(祥) : 시(示:礻)+양(羊)=상(祥:상서롭다)으로 유목생활을 하던 중국의 한민족(漢民族)이 신(神)[귀신(鬼神)]에게 희생(犧牲)으로 바치는 양(羊)으로, 신이 보도록 제물(祭物)을 바치는 의미는 그 뜻이 소망(所望)을 바라는 것이고, 이와 동시에 복(福)을 내려 주기를 바라는 구복신앙(求福信仰)이며, 그 희망(希望)이 이뤄진다면 자연히 상서(祥瑞)로운 좋은 일이 우리 모두에게 온다는 것이다.

⑤ 군(群) : 군(君)+양(羊)=군(群:무리)으로 많은 무리를 지어 사는 양(羊)이 마치 군자(君子)와 같은 성품(性品)을 지닌 것으로 풀이할 수 있다. 『성경(聖經)』에 자주 등장하는 양떼와 목자(牧者)[목동(牧童)]를 생각하니, 늑대가 왔다고 여러 번 거짓말을 한 양치는 아이가 생각난다.

⑥ 양(養) : 양(羊)+식(食)=양(養:기르다)으로 살진 양고기로 음식(飮食)을 만들어 어른을 공양(供養)한다는 의미에서 양을 살찌게 먹여

기른다는 의미도 나왔다. 그러한 예로 양어(養魚)·양잠(養蠶)·양성(養成)·양생(養生)·수양(修養) 등의 말이 있다.

⑦ 양(佯) : 인(人:亻)+양(羊)=양(佯:거짓)으로 '양의 탈을 쓴 이리'라는 속담(俗談)처럼 본성(本性)을 감추고 겉으로 착한 척하는 인위적(人爲的)이고 위선적(僞善的)인 거짓이 된다. 이것은 사람이 인위적으로 행(行)한다는 인(人:亻)+위(爲)=위(僞:거짓)와 같다.

통일신라(統一新羅)시대인 경덕왕(景德王) 때부터 왕이나 왕족의 무덤 주위에 띠를 두르듯 돌에 12지(支)의 방향에 따라 해당되는 동물을 새겨 세운 것이 있는데, 이를 '호석(護石)'이라고 한다. 비록 12지를 중국에서 받아들이기는 했어도 왕릉을 감싸고 있는 호석은 신라 고유의 문화유적으로, 신라 사회의 발달된 호국신(護國神)이나 수호신(守護神)에 대한 사상을 엿볼 수 있다. 그리고 돌로 양의 형상을 조각하여 무덤의 앞쪽 좌우(左右)에 세운 양석(羊石)이 있다. 이 양석은 무덤을 수호하는 것으로 호석(虎石), 또는 마석(馬石)과 함께 짝을 맞춰 함께 세우기도 하는데, 이는 가세(家勢)의 확장을 바라는 집안에서 많이 행하여져 왔다.

양(羊)과 관련된 설화(說話)로 전라남도(全羅南道) 장성(長城)에 있는 백양사(白羊寺)의 전설(傳說)을 소개한다. 백제(百濟) 무왕(武王) 33년[632년] 여환(如幻)이라는 승려가 창건하여 백암산(白巖山) 백양사(白羊寺)라 하였다. 그후 고려(高麗) 덕종(德宗) 3년[1034년]에 중연(中延)이 중수(重修)를 하여 정토사(淨土寺)로 개칭(改稱)하였고, 다시 '백양사'로 이름이 바뀐 것은 조선시대(朝鮮時代) 선조(宣祖) 7년[1574년] 때의 일이다. 그 당시에 한 고승(高僧)이 이곳에 머물면서 법화경(法華經)을 독송(讀誦)하니 경(經)을 읽는 소리를 듣고 백양(白羊)들이 몰려오는 일이 많아 절이름을 다시 '백양사'로 고치고, 고승의 법명(法名)도 '환양(喚羊)'이라고 했다고 한다.

양(羊) 또는 염소와 관련된 속담(俗談)을 살펴보면 다음과 같은 것이 있다. '양으로 소를 바꾼다'는 작은 것을 가지고 큰 이득(利得)을 얻는다는 뜻이며, '양의 탈을 쓴 이리'는 착한 사람으로 가장(假裝)하여 악

(惡)한 짓을 한다는 뜻이다. 있을 수 없는 일을 말하는 사람에게 하는 말로 '염소가 물똥 누는 것 봤냐?'는 말이 있고, 고집이 센 사람에게 하는 말로 '염소 고집이다'는 말이 있으며, 수염이 많이 난 젊은이가 늙은이 행세를 하면 '염소새끼가 나이먹어서 수염이 났다더냐?'라고 하는 속담이 있다. 한자성어(漢字成語)로는 양의 머리[대가리]를 간판(看板)에 걸어놓고 개고기를 판다는 '양두구육(羊頭狗肉)'이란 말이 있는데, 이는 겉으로 보기만 그럴 듯하게 좋게 꾸미고 속마음은 음흉(陰凶)한 딴 생각을 하고 있음을 가리키는 말이다. 이와 비슷한 표현으로는 마음 속의 본 바탕은 양이고 거죽은 범[호랑이]이란 뜻의 '양질호피(羊質虎皮)'란 말이 있는데, 이는 본 바탕은 좋지 못한 것이 겉만 그럴 듯하게 꾸미는 것을 비유(譬喩)한 것이다.

닭[계(鷄)]은 조류(鳥類)에 속하며, 알을 낳는 집에서 기르는 날짐승[가금(家禽)]이다. 머리 위에는 볏[벼슬]이 있는데, 수탉은 암탉보다 벼슬이 크다. 닭은 비록 날수는 있으나 높이 날거나 멀리 날지는 못한다. 인간에게 계란(鷄卵)과 고기를 제공하는 외에도 수탉은 정확(正確)한 시각(時刻)에 울기 때문에 시계(時計)가 없던 옛날에는 새벽에 뿐만 아니라 시간(時間)을 알리는 시보(時報)의 역할을 충실히 해서 예보(豫報)의 기능과 많은 암탉을 거느리므로 왕성(旺盛)한 정력(精力)을 상징하였고, 암탉은 달걀[계란]을 낳는데, 이 달걀에서는 새로운 생명(生命)이 부화(孵化)되어 태어나기 때문에 알[란(卵)]은 소생(蘇生)[부활(復活)]의 의미를 지니고, 암탉은 모성 보호 본능(母性保護本能)과 다산(多產) 및 번영(繁榮)을 나타낸다.

닭은 신성(神聖)하고 상서(祥瑞)로운 존재로 인식되어 있어서 『삼국사기(三國史記)』에 보면, 김알지(金閼智) 신화(神話)와 신라(新羅)의 시조(始祖) 박혁거세(朴赫居世)의 왕비(王妃)인 알영(閼英)이 등장한다. 조선시대(朝鮮時代) 홍석모(洪錫謨)의 『동국세시기(東國歲時記)』 등에도 보면, 닭은 귀신(鬼神)을 쫓아내는 축귀능력(逐鬼能力)이 있다고 믿어 새해에 호랑이[범]·용(龍) 등과 함께 그려서 벽(壁)에 붙이는 풍속(風俗)이 있었다고 한다. 그런데 『포박자(抱朴子)』와 같은 중국 문헌을 종합해 보면, 귀신을 쫓기 위해 닭을 직접 문이나 벽에 매달았다. 닭의 피에 영험(靈驗)한 힘이 있다고 믿어 닭의 피를 문이나 벽에 바르거나 죽인 닭을 매달기도 하였다. 귀신과 관련된 전설(傳說)을 보면, 새벽 닭의 울음소리가 들리면 밤새 인간세상에 와서 활개치던 잡귀(雜鬼)들도 맥을 못추고 모습을 감추었다.

우리의 풍습(風習)에서 '꿩 대신 닭'이라는 말이 가리키듯이, 닭은 상서(祥瑞)로운 새인 꿩[치(雉)]을 대신하는 길조(吉鳥)로 인식되어 왔다. 처가(妻家)에 사위가 오면 씨암탉을 잡아 준다거나, 설날 떡국에 닭고기를 넣는 것, 혼례(婚禮) 초례상(醮禮床)에 닭을 청홍(靑紅)보자기[보(褓)]에 싸서 놓는 것, 폐백(幣帛)에도 닭을 사용하는 것 등이 모두 길상(吉祥)의 상징(象徵)이기 때문이다. 그러나 닭에 관련된 속담(俗談)을 보면, 모두가 좋은 것만은 아니다. 부정적(否定的)인 측면(側面)에서의 언급도 있다. 다음은 닭에 관한 속담들이다.

• 암탉이 울면 집안이 망한다.
 (집안에서 아낙네가 자기 주장을 심하게 할 때)
• 닭 쫓던 개 지붕 쳐다본다.
 (하고자 했던 일이 실패[물거품]로 돌아갔을 때)
• 닭 잡아 먹고 오리 발 내민다.
 (자기 잘못이 드러날 때 숨기거나 남을 속임)
• 닭 소 보듯, 소 닭 보듯 한다.
 (아는 사이에 마주 보고도 모르는 척 외면함)
• 닭도 제 앞 모이는 긁어 먹는다.
 (자기 앞가림[일]은 자기가 처리해야 한다)
• 닭 벼슬은 될지언정 소 꼬리는 되지 마라.
 (크고 훌륭한 사람의 뒤 꽁무니를 쫓는 것보다 작고 보잘 것 없어도 남의 우두머리가 되는 것이 좋다)

그리고 유교(儒敎)에서 닭은 입신출세(立身出世)와 부귀공명(富貴功名)의 상징이었다. 닭의 머리위 벼슬[볏]은 관(冠)을 나타내며, 관을 썼다는 것은 학문적(學問的)으로 정상(頂上)을 나타내며, 벼슬을 하는 것[관계(官界) 진출(進出)]과 같은 의미이다. 그리고 수탉이 우는 모습을 모란(牡丹)과 함께 그렸는데, 여기서 모란은 주돈이(周敦頤)가 「애련설

(愛蓮說)」에서 말했듯이 부귀(富貴)를 상징하며 [牧丹 花之富貴者也], 수탉은 공명(功名)을 상징한다. 수탉, 즉 공계(公鷄)의 공(公)과 공(功), 그리고 닭이 운다는 명(鳴)과 명(名)이 음(音)이 같은 데에 착안(着眼)하여 '공명(功名)'을 이룬다.

도교(道敎)에서 보면, 닭은 『주역(周易)』의 팔괘(八卦) 가운데 손(巽)괘에 해당한다. 손괘의 방위(方位)는 남동(南東)쪽으로 여명(黎明)이 시작되는 곳이다. 그래서 닭을 상서(祥瑞)로운 동물(動物)로 간주(看做)하여 '금계(金鷄)'라는 신비(神秘)로운 동물까지 탄생(誕生)시켰다. 「숙향전(淑香傳)」에 보면, "부상(扶桑:해뜨는 동쪽나라)에 금계(金鷄) 울고 날이 밝아오니, ……"라는 귀절이 있다. 여기서 금계의 울음은 새벽을 알려 주고, 주인공(主人公)의 현실세계(現實世界)로의 복귀(復歸)를 의미(意味)한다. 주인공이 머물렀던 곳은 천상계(天上界)이며, 천상계의 문(門)이 열려야 현실 세계로의 복귀가 가능해진다. 이 문을 열게 하는 것이 바로 금계의 울음소리이다. 그리고 중국의 『회남자(淮南子)』에서도 "천계가 해 뜰 때에 울면, 천하의 닭들이 모두 따라서 운다[天鷄日出卽鳴 天下鷄皆鳴]"고 하여, 닭이 새벽을 알리는 영물(靈物)임을 말하고 있다.

이 밖에도 닭과 관련된 한자성어(漢字成語)로는 다음과 같은 것이 있다. 계명구도(鷄鳴狗盜)는 닭 울음소리 잘 내는 사람과 개 흉내 잘 내는 좀도둑이라는 뜻이며, 비굴(卑屈)하게 꾀를 써서 남을 속이는 천박(淺薄)한 사람을 비유한 것으로 그 유래(由來)는 다음과 같다.

제(齊)나라의 맹상군(孟嘗君)이란 호(號)를 가진 전문(田文)이란 사람이 진(秦)나라의 소양왕(昭襄王)으로부터 재상(宰相)으로 초빙(招聘)되었다. 이에 맹상군은 소양왕을 알현(謁見)하고 호백구(狐白裘:흰 여우 겨드랑이 털가죽으로 만든 가죽옷)를 예물(禮物)로 바쳤다. 그러나 많은 신하들의 반대로 재상 취임은 물거품이 되었을 뿐만 아니라 심각한 논의(論議) 끝에 진나라 조정(朝廷)에서는 감옥(監獄)에 갇힌 맹상군을 죽이려고 하자, 이를 눈치챈 맹상군은 궁리(窮理) 끝에 소양왕의 총희(寵姬)[총애(寵愛)하는 애첩(愛妾)]에게 무사히 귀국할 수 있도록 주선(周旋)해 달라고 부탁하였다. 그러자 그녀는 호백구를 달라고 하였다.

이에 맹상군과 함께 온 식객(食客) 가운데 한 사람이 개 흉내를 내며 도둑질을 잘 하는 자가 있어서 전에 왕에게 선물했던 호백구를 그날 밤으로 훔쳐 내어 왕의 총희에게 주고, 그녀의 중재(仲裁)로 풀려 나온 후에 급히 귀국(歸國)길에 올라 국경(國境)으로 달려 한밤중에 함곡관(函谷關:오늘날의 하남성河南省 영보현靈寶縣 동북東北 농간하반農澗河畔 왕타촌王墋村)까지 이르렀으나 밤이 깊어 관문(關門)이 굳게 닫혀서 첫닭이 울 때까지는 규정상(規定上) 기다려야 했다. 한편 소양왕은 뒤늦게 맹상군의 석방(釋放)을 후회(後悔)하고 추격병(追擊兵)을 급파(急派)하니, 맹상군 일행(一行)은 위급(危急)한 처지(處地)에 빠지게 되었다.

그러자 이번에는 닭의 울음소리를 잘 내는 자가 새벽의 첫닭 울음소리를 힘차게 내자, 동네 닭들이 모두 울어대기 시작하니, 잠이 덜 깬 병졸(兵卒)들이 눈을 비비며 일어나 관문을 열었다. 일행은 함곡관의 관문을 빠져 나와 말에게 채찍을 가하며 쏜살같이 어둠 속으로 사라졌다. 추격병이 도착(到着)한 것은 바로 그 직후(直後)였다. 이같이 맹상군은 보잘것 없는 식객의 도움으로 두 번씩이나 목숨을 건져서 무사(無事)히 귀국할 수 있었다.

— 출전(出典) : 『사기(史記)』「맹상군열전(孟嘗君列傳)」—

이러한 내용의 『사기』「맹상군열전」을 읽고서 송(宋)나라 때의 왕안석(王安石)은 「독맹상군전」이라는 짤막한 논평(論評)의 글을 지었다.

독맹상군전(讀孟嘗君傳)

왕안석(1021~1086:字는 介甫.號는 半山)

『사기』에 진나라의 소왕이 맹상군을 가두자, 맹상군은 성명(姓名)을 바꾸고 한밤중에 함곡관에 이르니, 관문의 법(法)에 닭이 울어야 객(客)을 내보내었다. 이때 뒤쫓아오는 자가 이르게 되었는데, 문객(門客) 중에 닭 울음소리를 잘 내는 자가 있어 이를 흉내내자, 이에 닭들이 모두 울어 마침내 관 문을 빠져 나갈 수 있었다.

세상에서 모두 일컫기를, "맹상군이 선비를 얻었다. 선비가 이 때문에 그에게 귀의(歸依)하여, 마침내 그들의 힘을 의지하여 호랑이와 표범 같은 진나라에서 벗어났다"고 하니, 아! 슬프다. 맹상군은 다만 닭 울음소리를 내고 개 짖는 소리를 흉내내는 자들의 우두머리일 뿐이다. 어찌 선비를 얻었다고 말할 수 있겠는가? 그렇지 않다면 제나라의 강성(强盛)함을 독점(獨占)하여 한 손에 쥐고, 한 선비만 얻어도 왕이 되어 남면(南面)하여 진나라를 제압(制壓)할 수 있었을 터이니, 오히려 닭 울음소리와 개짖는 소리를 내는 자의 힘을 취(取)할 것이 있겠는가?

닭 울음소리와 개짖는 소리를 내는 자가 그의 문하(門下)에서 나왔다. 이 때문에 훌륭한 선비들이 이르지 않은 것이다.

계명지조(鷄鳴之助)는 닭이 울었다고 하며 돕는다는 뜻으로 임금에 대한 어진 왕비(王妃)의 내조(內助)를 일컬은 것으로 그 유래는 다음과 같다.

'닭이 이미 울었으니,	鷄旣鳴矣
조정에 이미 신하들이 가득합니다' 하였더니,	朝旣盈矣
닭이 운 것이 아니라,	匪鷄則鳴
쉬파리의 소리로다.	蒼蠅之聲

〔풀이〕 옛날 어진 왕비가 임금의 처소(處所)에서 모시고 있으면서 날이 새려고 할 때면 반드시 임금께 아뢰기를, "닭이 이미 울었으니, 조정(朝廷)에 모인 신하(臣下)들이 가득할 겁니다"라고 하였으니, 이는 임금으로 하여금 일찍 일어나 조회(朝會)를 하도록 하고자 함이다. 그러나 실제로는 닭이 운 것이 아니라 쉬파리의 소리임을 말한 것이다. 현비(賢妃)가 일찍 일어날 때를 당(當)하여 마음에 항상 늦을까 두려워하였다. 그러므로 그와 비슷한 소리를 듣고는 참으로 닭의 울음소리라고 여긴 것이니, 경계(警戒)하고 두려워하는 마음〔경외심(敬畏心)〕을 가지고 안일(安逸)과 욕망(慾望)에 머물지 않는 자(者)가 아니면 어찌 이에 능(能)할 수 있겠는가? 그러므로 시인(詩人)이 그 일을 서술(敍述)하고 찬미(讚美)한 것이다.

— 출전(出典) : 『시경(詩經)』「제풍(齊風)」계명(鷄鳴) —

개[견(犬)]는 예로부터 집을 지키는 일·사냥·맹인(盲人) 안내(案內)·호신(護身) 등의 역할뿐만 아니라, 잡귀(雜鬼)와 도깨비 등으로부터의 재앙(災殃)을 물리치거나 막아 주고, 집안의 행복(幸福)을 지키는 능력(能力)이 있다고 전한다. 개는 충성심(忠誠心)의 상징으로 우리에게 널리 알려져 있다. 우리나라를 상징하는 개로는 천연기념물(天然記念物)인 진도개와 삽살개가 있는데, 최근에 백구(白狗)라는 진도개는 대전(大田)에서 진도(珍島)까지 옛 주인을 찾아오기도 하여 화제(話題)가 되기도 하였으며, 이 백구는 컴퓨터 회사의 TV모델로 출연(出演)하기도 하였다.

여기서 개와 관련된 전라북도(全羅北道) 임실군(任實郡) 둔남면(屯南面) 오수리(獒樹里)의 "오수(獒樹)"라는 마을 이름의 유래(由來)에 관한 이야기를 살펴보자. 이는 고려(高麗) 때 최자(崔滋)가 지은 『보한집(補閑集)』, 『신증동국여지승람(新增東國輿地勝覽)』, 『증보문헌비고(增補文獻備考)』, 권상로(權相老)의 『한국지명연혁고(韓國地名沿革考)』, 지난날의 국민학교(國民學校)[초등학교(初等學校)로 개칭(改稱)]교과서(敎科書) 등에 실려 있다.

김개인(金蓋仁)은 거령현(居寧縣:오늘날의 청웅면靑雄面) 사람이다. 개 한 마리를 기르고 있었는데 매우 영리(怜悧)하였다. 하루는 이웃 마을 잔칫집에 갔다가 돌아오는 길에 둑에서 쉬다가 술김에 그만 잠이 들고 말았다. 그런데 들불이 나서 불길이 번졌다. 이때 주인을 따라간 개는 주인의 옷을 물고 흔들어 보기도 하고, 맹렬(猛烈)히 짖어보기도 했으나, 곯아 떨어진 주인은 인사불성(人事不省)이었다. 불길이 거세지자, 개는 물에 뛰어들어 온 몸에 물을 적셔 와 주인의 주변 풀을 적시기를 몇 번을 하였을까? 지친 개는 주인 옆에서 불에 타 죽고 말았다. 김개인이 깨어나서 주변(周邊) 상황(狀況)을 보고 크게 통곡(慟哭:痛哭)하였다. 개의 충정(衷情)에 감동(感動)한 그는 개의 무덤을 만들어 장사(葬事)지내고, 지팡이를 꽂아서 슬픔을 표시하며 애도(哀悼)의 노래를 지어주었으니 〈견분곡(犬墳曲)〉이 바로 이것이다. 그런데 이 지팡이에서 싹이 나고 자라서 큰 나무가 되었다. 그 후에 이 곳을 지나는 사람들이 이 나무를 '개[오獒]의 나무[수樹]'라는 뜻으로 "오수(獒樹)"라고 불렀고, 이로 인(因)

하여 근처 동네 [마을:리(里)] 도 "오수리(獒樹里)"라고 불리우게 되었다.

설화(說話)에 나타나는 개의 행위(行爲)는 이른바 의견(義犬)이라고 불릴 수 있는 것들로, 인간과 관계를 맺을 때에 충성(忠誠)과 의리(義理)를 갖춘, 우호적(友好的)이며 희생적(犧牲的)인 행동을 한다. 그 대표적인 예가 앞의 "오수"의 개이다. 여기에 인간이 추구하는 지인용(智·仁·勇)의 삼덕(三德)이 있다. 즉 물로 불을 끈다는 것은 그만한 지능이 있었으니 지(智)요, 주인을 위해 희생을 하였으니 인(仁)과 덕(德)이며, 불속에 털있는 짐승이 뛰어들었으니 용(勇)과 체(體)이다. 개는 인간과 함께 오랜 생활을 함께하는 동안 인간과 거의 동일시되어 왔다. 그래서 '개는 사흘을 기르면 주인(主人)을 알아본다'는 속담이나, 자기 자식을 '우리 강아지'라고 부르는 애칭(愛稱)이 생겼는지도 모르겠다.

개와 관련된 속담(俗談)으로는 다음과 같은 것이 있다.
• 서당(書堂)개 3년에 풍월(風月)을 읊는다.
  ⇨ 당구(堂狗) 삼년(三年)에 폐(吠)풍월(風月)이라.
  〔무식(無識)한 사람도 유식(有識)한 사람과 같이 오래 지내면 자연(自然)히 견문(見聞)이 넓어진다.〕
• 개눈에는 똥만 보인다.
  〔어떤 물건을 매우 좋아하면, 모든 것이 다 그 물건으로 보인다.〕
• 개꼬리 3년 두어도 황모(黃毛:족제비털) 못된다.
  〔원래 그 바탕이 나쁜 것은 아무리 해도 그 본질(本質) [기질(氣質)]을 바꾸지 못한다.〕
• 개같이 벌어서 정승(政丞)같이 쓴다.
  〔천(賤)한 일을 하여 벌어서라도 쓸 때는 떳떳하고 생색(生色)있게 쓴다.〕
• 개가 똥을 마다한다.
  〔틀림없이 좋아해야 할 것을 싫다고 한다.〕

그리고 개에게도 사람과 같은 오륜(五倫)이 있다.
① 주인에게 덤비지 않는다.
  〔불범기주(不犯其主) ⇨ 군신유의(君臣有義)〕
② 큰 개에게 작은 개가 덤비지 않는다.

〔불범기장(不犯其長) ⇨ 장유유서(長幼有序)〕
③ 아비의 털빛을 새끼가 닮는다.
　〔부색자색(父色子色) ⇨ 부자유친(父子有親)〕
④ 때가 아니면 어울리지 않는다.
　〔유시유정(有時有情) ⇨ 부부유별(夫婦有別)〕
⑤ 한 마리가 짖으면 온 동네의 개가 다 짖는다.
　〔일폐군폐(一吠群吠) ⇨ 붕우유신(朋友有信)〕

　돼지[시(豕)]는 오늘날에도 식용(食用)과 제사(祭祀) 때의 희생물(犧牲物)로 바쳐진다. 한자(漢字)에서 집 가(家)자를 보면, 宀(집 면；갓머리)+豕=家로, 이는 집에서 식용과 제사용(祭祀用) 음식(飮食)으로 쓰기 위하여 일찍부터 길렀던 가축(家畜)이었음을 알 수 있다. 일찍이 고구려(高句麗)에서는 음력(陰曆) 3월 3일에 낙랑(樂浪)의 구릉(丘陵：언덕)에 모여 사냥을 할 때, 돼지와 사슴 등을 잡아 하늘과 산천(山川)에 제사를 지냈다는 기록이 『삼국사기(三國史記)』권13 「고구려 본기(本紀)」유리왕(琉璃王)조(條)에 있다.
　방위(方位)에서 돼지[해(亥)]는 24방위 중의 하나로 북서(北西)쪽에 해당하며, 시각(時刻)에서 해시(亥時)는 오후 9～11시경이다. 그리고 음력 10월이 해월(亥月)[돼지의 달]이다.

　홍석모(洪錫謨)의 『동국세시기(東國歲時記)』「정월(正月)」조(條)에 보면, 돼지의 날인 '상해일(上亥日)'에, 조선시대 궁중(宮中)의 행사로 환관(宦官) 수백 명이 횃불을 땅위로 이리저리 내저으며 "돼지 주둥이 지진다"라는 소리를 지르며 돌아다녔다. 여기에서 돼지는 지신(地神)을 상징한다. 그리고 「정월(正月)」조(條)의 '월내(月內)'에는 경주(慶州) 풍속에 정월 첫 해일(亥日)에는 모든 일을 꺼리고 삼가하여, 감히 행동하지 않고 신일(愼日：삼가는 날)로 여겼다는 기록이 있다.

　해몽(解夢)에서 돼지는 길상(吉祥)의 동물로 등장한다. 꿈에 돼지를 보면 '복(福)이 온다'거나 '음식을 얻어 먹는다[초대(招待)를 받아 먹는 자리에 간다]'고 했다. 그리고 장사꾼에게는 돼지가 재물(財物)을 얻게 해주는 재원(財源)이라고 하여 "정월(正月) 상해일(上亥日)에 장사[상(商)]를 시작하면 좋다"는 믿음이 있다. 그런가 하면, 돼지를 흉조 (凶兆)나 금기시(禁忌視)하는 경향도 있다. 그리고 돼지는 다산(多産)에 의한 번식력(繁殖力)으로 인하여 사업(事業)의 번창(繁昌)을 기원하는 상징으로도 등장하였다. 따라서 돼지는 다산(多産), 순진(純眞), 명랑(明朗)한 성격의 상징으로 운세(運勢)에서 등장한다.

중국인들은 돼지를 남성(男性) 기개(氣槪)의 상징으로 여겼다. 그리고 이승의 업보(業報)가 있는 사람은 돼지로 환생(還生)한다는 인식이 강하게 자리잡고 있었다. 이는 이방(李昉) 등이 지은 『태평광기(太平廣記)』에서 찾아볼 수 있다.

돼지와 관련된 속담(俗談)으로는 다음과 같은 것이 있다.
- 돼지같이 먹고 소같이 일한다.
- 돼지 먹따는 소리를 한다.
- 돼지 얼굴 보고 잡아먹나.
- 돼지띠는 잘 산다.
- 돼지 꿈꾸면 잘 먹는다.
- 욕심이 돼지 같다.

♧ 말·소·양·닭·개·돼지가 간지(干支)의 12지(十二支)에 나오는 동물이므로 여기서 10간 12지를 살펴보기로 하자.

※ 간지(干支)〔방패, 천간[天干] 간 \ 지탱할, 지지[地支] 지〕
간지는 십간(十干)과 십이지(十二支)를 통틀어 일컫는 말이다.

	갑	을	병	정	무	기	경	신	임	계
★十干 :	甲	乙	丙	丁	戊	己	庚	辛	壬	癸
	(갑옷)	(새)	(고무래)		(몸)		(매울)			
	(아들)			(별)		(낮)	(아닐)	(펼,알릴)		

	子	丑	寅	卯	辰	巳	午	未	申	酉	戌	亥
★十二支 :	자	축	인	묘	진	사	오	미	신	유	술	해
동물 ⇨	쥐	소	범	토끼	용	뱀	말	양	원숭이	닭	개	돼지
			(호랑이)						(잔나비)			

때시(時) : 밤11시~새벽1시~3시~5시~7시~9시~오전11시~오후1시~3시~5시~7시~9시~밤11시
子　　丑　　寅卯　　辰巳　　午　　未申　　酉戌　　亥

※ **육십갑자**(六十甲子) : 천간(天干) 10개에 지지(地支) 12개가 순서대로 짝을 이루며 합하여 60가지로 늘어 놓은 것.

갑자	을축	병인	정묘	무진	기사	경오	신미	임신	계유
甲子	乙丑	丙寅	丁卯	戊辰	己巳	庚午	辛未	壬申	癸酉

갑술	을해	병자	정축	무인	기묘	경진	신사	임오	계미
甲戌	乙亥	丙子	丁丑	戊寅	己卯	庚辰	辛巳	壬午	癸未

갑신	을유	병술	정해	무자	기축	경인	신묘	임진	계사
甲申	乙酉	丙戌	丁亥	戊子	己丑	庚寅	辛卯	壬辰	癸巳

갑오	을미	병신	정유	무술	기해	경자	신축	임인	계묘
甲午	乙未	丙申	丁酉	戊戌	己亥	庚子	辛丑	壬寅	癸卯

갑진	을사	병오	정미	무신	기유	경술	신해	임자	계축
甲辰	乙巳	丙午	丁未	戊申	己酉	庚戌	辛亥	壬子	癸丑

갑인	을묘	병진	정사	무오	기미	경신	신유	임술	계해
甲寅	乙卯	丙辰	丁巳	戊午	己未	庚申	辛酉	壬戌	癸亥

※ **회갑**(回甲:**환갑**還甲) : 육십갑자로 자기가 태어난 해의 간지(干支)가 다시 돌아오는 때인 나이 예순 한 살[61세]을 가리킨다. "**화갑**(華甲)"이라고도 한다.

(81) 日 喜 怒
왈 희 노

(82) 日 哀 懼
왈 애 구

희(기쁨)·노(노여움, 성냄)·애(슬픔)·구(두려움),

日 말할,가로되,일컬을 왈	日 말할,가로되,일컬을 왈
喜 기쁠,즐거울,좋아할 희	哀 슬플,불쌍히 여길,사랑할 애
怒 성낼,꾸짖을,힘쓸 노	懼 두려워할,위태롭게여길 구

(83) 愛 惡 欲
애 오 욕

(84) 七 情 具
칠 정 구

애(사랑)·오(미움)·욕(욕심)이라고 하는 일곱 가지
감정은 인간이 본래 가지고 있는 것이다.

愛 사랑,사모(思慕)할,아낄 애	七 일곱 칠
惡 미워할,싫어할, 악할 악 오	情 뜻,정,본성,진심,정취 정
欲 하고자 할, 탐낼, 욕심(慾心) 욕	具 갖출,준비,그릇,온전할 구

※ 칠정(七情) : 사람이 지니고 있는 일곱 가지 감정(感情:심리작용)으로 다음
과 같은 여러 가지가 있다.
① 희(喜)·노(怒)·애(哀)·구(懼)·애(愛)·오(惡)·욕(欲)
② 희(喜)·노(怒)·애(哀)·우(憂:근심)·애(愛)·오(惡)·욕(欲)
③ 희(喜)·노(怒)·애(哀)·락(樂:즐거움)·애(愛)·오(惡)·욕(欲)
④ 희(喜)·노(怒)·우(憂)·사(思:생각)·비(悲:슬픔)·경(驚:놀람)
　　공(恐:두려움)

　그리고 불교(佛敎)에서는 칠정(七情)을 희(喜:기쁨)·노(怒:노여움)·우(憂:근
심)·구(懼:두려움)·애(愛:사랑)·증(憎:미움)·욕(欲:욕심)의 일곱 가지를 말한다.
　이러한 칠정(七情)은 『예기(禮記)』「예운(禮運)」편의 "기뻐하고, 성내고, 슬퍼하고,

두려워하고, 사랑하고, 미워하고, 무엇을 하고자 하는 심정의 이 일곱 가지는 배우지 않아도 능한 것이다.〔喜怒哀懼哀惡欲 七者弗學而能〕"라고 말한 데에서 비롯된 것이다.

(85) 匏 土 革
포　토　혁

(86) 木 石 金
목　석　금

박으로 만든 악기·흙을 구워서 만든 악기 가죽으로
만든 악기·나무로 만든 악기·돌로 만든 악기·쇠로
만든 악기,

匏 박,[생황(笙簧)]　포
土 흙,[훈(壎)]　토
革 가죽,북[고(鼓)]　혁

木 나무,[축(柷)]　목
石 돌,[경(磬)]　석
金 쇠,[종(鐘)]　금

(87) 絲 與 竹
사　여　죽

(88) 乃 八 音
내　팔　음

그리고 실로 현(絃)을 만들어 그 현을 켜거나 쳐서 소
리를 내는 현악기와 대나무로 만들어 불어서 소리를
내는 관악기는 곧 각기 다른 여덟 가지 재료로 만들어
진 여덟 종류의 악기에서 나는 소리이다.

絲 실,현(絃)을 켜서 소리를 내는 악기 사
與 ～와(과),함께,및,더불어,줄,참여할　여
竹 대나무,대나무로 만든 관(管)악기　죽

乃 이에,곧　내
八 여덟,여덟 번 팔
音 소리,소식　음

※ 팔음(八音) : 여덟 가지 다른 재료로 만든 여덟 종류의 악기에서 나는 소리
로 그 재료는 박[바가지:포(匏)]·흙[토(土)]·가죽[혁(革)]·나무[목
(木)]·돌[석(石)]·쇠[금(金)]·실[사(絲)]·대나무[죽(竹)]이다. 이러한
재료에 따른 악기(樂器)의 분류 방법은 『증보문헌비고(增補文獻備考)』에 기
록되어 있으며, 그 악기의 이름은 다음과 같다.

① 포부(匏部) : 생황(笙簧).
② 토부(土部) : 훈(壎:질나팔)·부(缶).

③혁부(革部) : 장구〔장고(杖鼓)〕·갈고(羯鼓)·좌고(座鼓)·절고(節鼓)·
　　　　　　　소고(小鼓).
④목부(木部) : 박(拍)·축(柷)·어(敔).
⑤석부(石部) : 편경(編磬)·특경(特磬).
⑥금부(金部) : 편종(編鐘)·특종(特鐘)·방향(方響)·징(鉦).
⑦사부(絲部) : 거문고〔현금(玄琴):현학금(玄鶴琴)〕·가야금(伽倻琴)·아쟁
　　　　　　　(牙箏)·비파(琵琶).
⑧죽부(竹部) : 피리(적笛)·대금(大笒)·당적(唐笛)·단소(短簫).

　그러나 양금(洋琴)은 금부(金部)에 넣기도 하고 사부(絲部)에 넣기도 하며, 태평소
(太平簫:날라리)는 목부(木部) 혹은 사부(絲部)에 넣기도 하는 등 약간의 견해 차이
를 보이기도 한다.

(89) 高 曾 祖 (90) 父 而 身
고　증　조　　　부　이　신

고조부(高祖父)・증조부(曾祖父)・조부(祖父:할아버지)와 부(父:아버지), 그리고 나 자신,

高 높을,늙을,공경(恭敬)할　고　　父 아버지,나이든 사람의 경칭(敬稱) 부
曾 일찍이,높을,곧,거듭,더할　증　　而 말이을〔접속사:～와(과)〕,및　이
祖 할아버지,조상(祖上),처음　조　　身 몸,신체,나,자신,신분,몸소,친히　신

(91) 身 而 子 (92) 子 而 孫
신　이　자　　　자　이　손

나 자신과 아들, 아들과 손자(孫子),

身 몸,신체,나,자신,신분,몸소　신　　子 아들,자식,사람,당신,열매　자
而 말이을〔접속사:～와(과)〕이　　而 말이을〔접속사:～와(과)〕이
子 아들,자식,사람,당신,열매　자　　孫 손자,자손,후손(後孫)　손

(93) 自 子 孫 (94) 至 玄 曾
자　자　손　　　지　현　증

그리고 아들・손자에서부터 증손자(曾孫子)・현손자(玄孫子)에 이르기까지가

自 스스로,저절로,～로부터,～보다 자　　至 이를,올,지극할,힘쓸,이룰　지
子 아들,자식,사람,당신,열매　　자　　玄 검을,멀,북쪽,현손(玄孫)　현
孫 손자,자손,후손(後孫)　　손　　曾 일찍이,높을,곧,거듭,더할　증

(95) **乃 九 族** (96) **人 之 倫**
　　내　구　족　　　　　인　지　륜

곧 구족(九族)으로 이것이 인간의 무리이며, 이는 곧
천륜(天倫)이다. 그래서 그들 사이에는 가깝고 친하며
소원(疏遠)함이 있다.

乃 이에,곧　　　　　　　　　내　　人 사람,인간,백성,남　　　인
九 아홉,아홉 번,수효(數爻)의 끝 구　　之 갈,~의,이것　　　　　　지
族 겨레,자손,인척,친척,가계,무리 족　　倫 인륜,도리,무리,순서,차례 륜

※ 구족(九族) : 고조부(高祖父)로부터 증조부(曾祖父)·조부(祖父)·부(父)·
자기(自己)·자(子)·손(孫)·증손(曾孫)·현손(玄孫)까지의 직계친(直系
親)을 중심으로 하여 방계친(傍系親)으로 고조부(高祖父)의 사대손(四代孫)
되는 형제(兄弟)·종형제(從兄弟)·재종형제(再從兄弟)·삼종형제(三從兄
弟)를 포함하는 성(姓)과 본(本)이 같은 일가(一家) 친족(親族)을 말한다.

※ 천륜(天倫) : 부자(父子)·형제(兄弟) 사이의 관계로 변하지 않는 타고난
떳떳하게 지켜야 할 도리(道理).

◆ 나를 중심으로 한 친척(親戚) 계보(系譜) 〔숫자는 촌수(寸數)〕 ◆

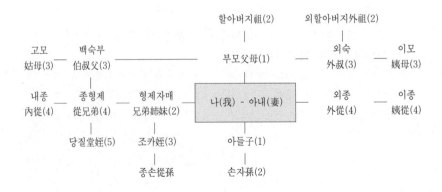

※ 촌수(寸數) : 친족(親族) 상호간의 혈통(血統) 연결의 원근(遠近)의 차(差)를 측정하는 단위로 친등(親等)이라고도 한다.〔민법 제985조 1항, 제1000조 2항〕 본래 촌(寸)의 의미는 '손의 마디'라는 뜻이다. 촌수가 적을수록 근친관계(近親關係)이다. 촌(寸)은 친족의 지칭어(指稱語)로 사용되기도 하나 — 예컨대 숙부(叔父)를 삼촌(三寸), 종형제(從兄弟)를 사촌(四寸)이라고 일컫 는 것 등 — 직계혈족(直系血族)에 대해서는 촌수로써 대칭(代稱)하지 않는 것이 관습이다.

(97) 父 子 恩 (98) 夫 婦 從
부 자 은   부 부 종

부모의 자식에 대한 사랑과 자식의 부모에 대한 효도,
남편의 아내에 대한 도리와 아내의 남편에 대한 순종,
〔부모는 자식을 사랑하고, 자식은 부모에게 효도하며, 남편은 아
내에게 도리를 다하고, 아내는 남편을 따르며,〕

父 아버지,나이든 사람의 경칭(敬稱) 부　　夫 남편,사내,일꾼,대저　　부
子 아들,자식,사람,당신,열매　　자　　婦 아내,여자,며느리　　부
恩 은혜,고맙게 여길,혜택(惠澤)　　은　　從 좇을,시중들,심부름꾼　　종

(99) 兄 則 友 (100) 弟 則 恭
형 즉 우   제 즉 공

맏이(형)의 형제(아우)에 대한 우애, 아우의 형에 대한
공경, 〔형은 곧 형제(아우)를 사랑하고, 아우는 곧 형을 공
경하고,〕

兄 맏,벗의 높임 말　　형　　弟 아우,제자,차례(≒第),공손할(≒悌)　제
則 곧,만일 ~이라면　　즉　　則 곧,만일 ~이라면 〔법 칙〕　　즉
友 벗,사귈,우애(友愛)할　우　　恭 공손할,섬길,받들,예의 바를　　공

(101) 長 幼 序 (102) 友 與 朋
장 유 서   우 여 붕

어른과 아이 사이의 사랑하고 존경하는 질서(秩序), 친
구와 친구 사이의 믿음, 〔어른과 아이 사이에는 사랑과 존경
이 있어야 하고, 친구와 친구 사이에는 믿음이 있어야 하며,〕

長 길,어른,우두머리,늙을,기를　장　　　友 벗,사귈,우애(友愛)할　　우

幼 어릴,어린아이,사랑할,작을 유　　與 ～와(과),함께,및,줄,참여할 여
序 차례,순서,실마리,머리말　서　　朋 벗,친구(親舊),무리,쌍(雙)　붕

※ 붕우(朋友) : 일반적으로 뜻과 취미가 서로 같고, 서로 좋아하는 사이를 '벗' 또는 '친구'라고 하는데, 『주례(周禮)』「지관(地官)」대사도(大司徒)의 "聯朋友"에 대한 정현(鄭玄)의 주(注)를 보면, "同師曰朋 同志曰友"라고 하였다. 이를 보면, 같은 스승 밑에서 동문수학(同門修學)한 사람을 '붕(朋)'이라고 하니, 이것은 오늘날의 동기동창(同期同窓)·동창생(同窓生)·동문(同門)을 가리키는 것이고, '우(友)'는 뜻을 같이하는 사람으로 같은 일에 종사하거나 같은 취미 활동을 하는 동호인(同好人)을 가리킨다고 하겠다.

(103) **君 則 敬**　(104) **臣 則 忠**
군　즉　경　　　신　즉　충

임금의 백성과 국가에 대한 공경심, 신하의 임금과 국가에 대한 충성심, 〔임금은 곧 백성과 국가에 대하여 공경하고, 신하는 곧 임금과 국가에 대하여 충성하고,〕

君 임금,남편,그대,경칭(敬稱)　군　　臣 신하,하인,섬길,겸칭(謙稱)　신
則 곧,만일 ～이라면　　　　　즉　　則 곧,만일 ～이라면　　　　　즉
敬 공경할,예의 바를,삼갈　　　경　　忠 충성,충성할　　　　　　　충

(105) **此 十 義**　(106) **人 所 同**
차　십　의　　　인　소　동

이 열 가지의 도리는, 인간이 반드시 사회생활에서 모두가 함께 행해야 할 바이다.

此 이,이것,이에　　　　　　　차　　人 사람,인간,백성,남　　　　인
十 열,열 배,열 번,전부,일체,완전 십　　所 ～바,도리,일　　　　　　소
義 옳을,법도,도리,의협심,뜻,의미 의　　同 한가지,함께,같을,화합할　동

※ 십의(十義) : 『예기(禮記)』「예운(禮運)」편에 보면 사람이 닦고 행해야 할

수행(修行)의 도리로 다음의 열가지를 들고 있다.

☆ 사람의 도리란 무엇인가?
① 부모는 자식을 사랑하고〔부자(父慈)〕,
② 자식은 부모에게 효도하고〔자효(子孝)〕,
③ 형은 아우에게 어질게 대하고〔형량(兄良)〕,
④ 아우는 형을 공경하며 받들고〔제제(弟弟)〕,
⑤ 남편은 아내를 바른길로 이끌고〔부의(夫義)〕,
⑥ 아내는 남편을 유순(柔順)하게 따르고〔부청(婦聽)〕,
⑦ 어른은 어린이를 사랑하고〔장혜(長惠)〕,
⑧ 어린이는 어른에게 순종(順從)하고〔유순(幼順)〕,
⑨ 임금은 신하와 백성을 아끼며 사랑하고〔군인(君仁)〕,
⑩ 신하는 임금과 나라에 충성하는 것〔신충(臣忠)〕.

♣ 부자유친(父子有親)·부부유별(夫婦有別)·장유유서(長幼有序)·붕우유신(朋友有信)·군신유의(君臣有義)의 오륜(五倫)에다가 형제(兄弟) 사이의 사랑과 우애, 그리고 존경심을 더하여 인간이 사회생활에서 각기 자기의 입장에서 행해야 할 열가지의 도리를 언급한 것으로, 이것은 인간이면 누구나가 자기의 처한 입장이 어디에 해당되는지를 살펴서 수행해야 할 것이다.

Ⅲ. 중국의 경전(經典)

1. 소학(小學)
2. 사서(四書)와 효경(孝經)
   - 논어(論語)
   - 맹자(孟子)
   - 중용(中庸)
   - 대학(大學)
   - 효경(孝經)
3. 육경(六經)
   - 역(易)
   - 서(書)
   - 주례(周禮)
   - 예기(禮記)
   - 시(詩)
   - 춘추(春秋)
   - 제자백가(諸子百家)

(107) 凡 訓 蒙   (108) 須 講 究
    범   훈   몽   수   강   구

무릇 모든 어리석은 아이를 가르쳐서 훈도(訓導)하는
데 있어서는 반드시 글자[한자(漢字)]와 문장[한문(漢
文)]의 깊은 뜻을 풀이 해 주고 연구하게 해야 하며,

凡 무릇,대강,모두,보통의 범   須 모름지기,반드시,잠깐   수
訓 가르칠,인도할,해석할 훈   講 익힐,풀이할,꾀할,연구할,의논할   강
蒙 어리석을,어두울   몽   究 궁구(窮究)할,연구할,끝,극(極),다할 구

(109) 詳 訓 詁   (110) 明 句 讀
    상   훈   고   명   구   두

경서(經書)의 자구(字句)를 해석하는데 있어서 자세한
가르침이 있어야 하며, 편하게 읽고 외울 수 있도록 구
두법(句讀法)을 확실하게 가르쳐 주어야 한다.

詳 자세(仔細)할,자세히 헤아릴 상   明 밝을,밝힐,낮,밝은,빛,해,달,별   명
訓 가르칠,해석할,뜻,인도할   훈   句 글귀,문장이 끊어지는 곳   구
詁 주(注)낼   고   讀 구두,구두점〔읽을,설명할 독〕 두

※ 훈고(訓詁) : 경서(經書) 등 고문서(古文書)의 자구(字句)를 해석하는 일이
  나, 경서의 고증(考證)·해석(解釋)·주해(註解)를 통틀어 일컬음.

※ 구두(句讀) : 구두법(句讀法)이라고도 하며, 글을 읽기에 편하게 하기 위하
  여 단어나 구절의 사이에 점 또는 부호 등으로 표시를 하는 방법으로, 한문
  (漢文)에서는 문장의 의미가 끊어지는 곳을 '구(句)'라고 하고, 구(句) 중
  에서 읽기에 편하게 하기 위하여 끊어 읽는 곳을 '두(讀)'라고 한다.

(111) 爲 學 者 (112) 必 有 初
위　학　자　　　필　유　초

글을 배우며 공부를 하는 사람은, 반드시 처음에

爲 ～할,될,둘,펼,생각할 위　　必 반드시,오로지,이루어 낼 필
學 배울,학문,학교,학자 학　　有 있을,또(늑우又),많을　유
者 놈,사람,것,곳　　자　　初 처음,시작,첫,비로소,옛날 초

(113) 小 學 終 (114) 至 四 書
소　학　종　　　지　사　서

『소학』을 다 배우고 나서, 『논어』·『맹자』·『대학』·
『중용』의 "사서"를 배워야 한다.

小 작을,적을,젊을,낮을,짧을,소인 소　　至 이를,지극할,매우,힘쓸　지
學 배울,학문,학교,학자　　학　　四 넉,넷,네,네 번,사방(四方) 사
終 마칠,끝낼,끝,종말,마침내　종　　書 책,글,쓸,글자,문장,편지　서

※ 소학(小學) : 송(宋)나라 때 주자(朱子)가 편찬한 책인데, 원래는 주자의 문
　인(門人)인 유자징(劉子澄)이 주자의 지시와 가르침[지수(指授)]에 의하여
　만들어진 것이다. 모두 6권으로 내·외 두 편으로 나뉘어져 있는데, 내편(內
　篇)은 입교(立敎)·명륜(明倫)·경신(敬身)·계고(稽古)의 네 편이며, 외편
　(外篇)은 가언(嘉言)·선행(善行)의 두 편으로 물뿌리고·쓸고·응대하고·
　나아가고·물러나는 예절[쇄소응대진퇴지절(灑掃應對進退之節)]에서부터 수
　신(修身)·도덕(道德)의 격언(格言), 예(禮)·악(樂)·사(射)·어(御)·서
　(書)·수(數)의 육예(六藝)에 관한 글, 그리고 충신(忠臣)·효자(孝子)의 사
　적(事迹) 등을 모아 아이들이 행할 바와 마음가짐 등을 서술하였다.

♧ 율곡(栗谷) 이이(李珥)는 『격몽요결(擊蒙要訣)』「독서장(讀書章)」에
서 다음과 같이 말하고 있다.

　"먼저 『소학』을 읽어 부모를 섬기는 일에서부터 시작하여 형을 공경하는 일, 임금

을 충성으로 섬기는 일, 어른에게 공경하는 일, 스승을 높이 받드는 일, 친구와 친하게 지내는 도리 등을 일일이 배워서 힘써 행한다."

先讀小學於事親 敬兄 忠君 弟長 隆師 親友之道 ――詳玩 而力行之

이러한 『소학』을 조선시대의 유학자(儒學者)인 한훤당(寒暄堂) 김굉필(金宏弼)은 김종직(金宗直)의 문하(門下)에서 30세까지 어버이 섬기듯이 즐겨 읽으며 스스로를 "소학동자(小學童子)"라고 불렀다.

※ 사서(四書) : 유교의 경전인 『논어』·『맹자』·『대학』·『중용』의 네 가지 책을 통틀어 일컫는 말로 "사자서(四子書)"라고도 한다. 여기서는 주로 수신(修身)·제가(齊家)·치국(治國)·평천하(平天下)의 이치를 배운다.

♣ 율곡(栗谷) 이이(李珥)는 『격몽요결(擊蒙要訣)』「독서장(讀書章)」에서 다음과 같이 말하고 있다.

"먼저 『소학』을 읽어 ……(중략)…… 도리 등을 일일이 배워서 힘써 행한다. 다음으로 『대학』과 『대학혹문(大學或問)』을 읽어 이치를 궁리하고 마음을 바르게 하고, 자기 몸을 닦고, 사람을 다스리는 도리 등을 일일이 참되게 알아서 이를 실천한다. 다음으로 『논어』를 읽어 어진 것을 구하여 자기 몸을 위하는 것과 근본 성품을 길러나가는 공을 일일이 꼼꼼하게 생각해서 깊이 그것을 체험한다. 다음으로 『맹자』를 읽어 의리와 이(利)를 분별하고, 사람의 욕심을 막고, 하늘의 이치에 관한 학설을 일일이 밝게 살펴 이를 확대하여 마음 속에 가득 채워 나간다. 다음으로 『중용』을 읽어 성정(性情)의 덕(德)과 옳은 길로 밀고 나가는 공과 만물이 자리잡고 길러지는 묘한 이치를 일일이 알아서 얻은 것이 있게 한다."

先讀小學……(중략)……道 ――詳玩 而力行之. 次讀大學及或問 於窮理 正心修己治人之道 ――眞知 而實踐之. 次讀論語 於求仁 爲己 涵養本原之功 ――精思 而深體之. 次讀孟子 於明辨義利 遏人慾 存天理之說 ――明察 而擴充之. 次讀中庸 於性情之德 推致之功 位育之妙 ――玩索而有得焉.

―『擊蒙要訣』「讀書章」―

사서(四書)와 효경(孝經)

◐ 논어(論語)

(115) **論 語 者**　(116) **二 十 篇**
　　　논　어　자　　　　　이　십　편

『논어』는 모두 이십 편으로

論 말할,논의할,평할,견해　론	二 두,두 번,둘로 나눌,버금　　　이
語 말씀,말할,깨우칠,알릴　어	十 열,열 배,열 번,전부,일체,완전　십
者 놈,사람,것,곳　　　　　자	篇 책,사장(詞章),시문(詩文)세는 단위 편

(117) **群 弟 子**　(118) **記 善 言**
　　　군　제　자　　　　　기　선　언

여러 수많은 제자들이
공자와 관련된 훌륭하고 유익한 말씀을 기록한 것이다.

群 무리,떼,동료,많은,합칠　군	記 기록할,욀,문서　　　　　　기
弟 아우,제자,차례,공손할　제	善 착할,잘,훌륭할,좋을,친할,닦을　선
子 아들,자식,사람,당신,열매　자	言 말씀,말할,말씨,언어,문자　　언

※ 논어(論語) : "사서(四書)"의 하나로 '논(論)'은 의논(議論)이며, '어(語)'
　는 언어(言語)로 '논의한 말'이라는 『논어』는 공자와 그의 제자, 또는 당시
　의 사람들과의 문답(問答) 및 제자의 언행(言行), 그리고 제자들끼리의 문
　답으로 학문·예절·정치·음악 등의 내용을 공자 사후(死後)에 제자들이
　모아서 엮은 유가(儒家)의 경전(經典)으로 모두 20편(篇) 253장(章) 15,917
　자(字)로 이뤄져 있으며, 공자의 사상을 연구하는데 가장 중요한 책이다.

※ 이십편(二十篇) : 『논어』20편은 「학이(學而)」, 「위정(爲政)」, 「팔일(八佾)」,

「이인(里仁)」, 「공야장(公冶長)」, 「옹야(雍也)」, 「술이(述而)」, 「태백(泰伯)」, 「자한(子罕)」, 「향당(鄕黨)」, 「선진(先進)」, 「안연(顏淵)」, 「자로(子路)」, 「헌문(憲問)」, 「위령공(衛靈公)」, 「계씨(季氏)」, 「양화(陽貨)」, 「미자(微子)」, 「자장(子張)」, 「요왈(堯曰)」로 각기 그 편명(篇名)은 편의 첫 문장에서 취한 것으로, 예를 들면 「학이(學而)」편의 편명은 "子曰 學而時習之 不亦說乎 (공자께서 말씀하시기를, 배우고 수시로 그 배운 것을 익히면 또한 기쁘지 않겠느냐?)"에서의 '학이(學而)' 두 글자를 취한 것이다.

※ 군제자(群弟子) : 『사기(史記)』「세가(世家)」에 의하면 공자는 시(詩)·서(書)·예(禮)·악(樂)으로 3,000여명의 제자들을 가르쳤는데, 그들 중에서 육예〔六藝:예(禮)·악(樂)·사(射)·어(御)·서(書)·수(數)〕에 통달한 자가 72명이었다고 한다. 그리고 『논어(論語)』「선진(先進)」편에 보면, 제자 중에서 과목 별로 우수한 자를 구분하여 제시하고 있다. 이른바 '공문사과(孔門四科:덕행德行·언어言語·정사政事·문학文學)'의 십철(十哲)이라고 하여, 공자 문하(門下)의 뛰어난 열 사람의 제자가 그들이다. 덕행으로는 안회(顏回)·민자 건(閔子騫)·염백우(冉伯牛)·중궁(仲弓), 언어로는 재아(宰我)·자공(子貢), 정사로는 염유(冉有)·자로(子路), 문학으로는 자유(子游)·자하(子夏)가 뛰어나다고 한다.

유가(儒家)의 도(道)를 수기치인(修己治人)으로 요약할 때, 덕행(德行)은 수기(修己)에 속하고, 정사(政事)는 치인(治人)에 속한다. 언어(言語)는 사령(辭令)이니 응대(應對)니 하는 경우에 말을 조리있게 잘하고 글을 잘 짓는 것이다. 문학(文學)은 오늘날의 문학(文學)이란 의미와는 달리 전적(典籍)의 연구와 이해라는 학문(學問) 일반(一般)을 가리키는 것으로 본다.

♣ 공자(孔子:B.C.551~B.C.479)는 중국 춘추시대(春秋時代) 말기의 위대한 사상가(思想家)이며 교육자(敎育者)로 유교(儒敎)의 개조(開祖)이다. 성인(聖人)으로 불리우는 그는 노(魯)나라 창평향(昌平鄕) 추읍(鄒邑:지금의 산동성山東省 곡부현曲阜縣 추읍鄒邑)에서 태어났으며, 성(姓)은 공(孔)이고, 이름은 구(丘)이며, 자(字)는 중니(仲尼)이다. 아버지는 숙량흘(叔梁紇)이고, 어머니는 안징재(顏徵在)다. 치국(治國)의 도(道)를 설(說)하면서

30여 년 동안 여러 나라를 두루 돌아다녔다. 육경(六經:시詩·서書·예禮·악樂·역易·춘추春秋)을 간추리고 재정리하였으며, 요(堯)·순(舜)·우(禹)·탕(湯)·문왕(文王)·무왕(武王)·주공(周公)으로 이어지는 도통(道通)을 이었으며, 특히 주공을 마음의 스승으로 삼았으나 일정한 스승은 없었다. 그의 사상은 학파를 이루어 유가(儒家)라고 불렸으며, 맹자(孟子)와 순자(荀子) 등에 의하여 계승·발전되었다. 공자 사상의 핵심은 "인(仁)"으로, 이 인을 최고의 이상적(理想的)인 도덕(道德)으로 여기고, '효제(孝悌)'와 '충서(忠恕)'로써 그 이상을 실현하는 근거로 삼았다. 그가 죽은 뒤에 제자들이 그와 관련된 언행을 기록한 『논어(論語)』가 전한다.

◑ 맹자(孟子)

(119) 孟 子 者 (120) 七 篇 止
맹 자 자 칠 편 지

『맹자』는 모두 일곱편으로

孟 맏,만이,첫,처음,성(姓) 맹	七 일곱,일곱 번	칠
子 아들,자식,사람,당신 자	篇 책,사장(詞章),시문(詩文) 세는 단위	편
者 놈,사람,것,곳 자	止 그칠,금(禁)할,없어질,이를,거동	지

(121) 講 道 德 (122) 說 仁 義
강 도 덕 설 인 의

도덕과 인의를 풀이하여 설명하고 있다.

講 익힐,풀이할,꾀할,연구할,의논할 강	說 말씀,가르침,해설,도리	설
道 도,통할,말할,인도할,가르칠 도	仁 어질,자애(慈愛),사람 마음	인
德 덕,품성,본성,마음,어진 사람 덕	義 옳을,바를,법도,정의,의리	의

※ 맹자(論語) : ①전국시대(戰國時代) 추(鄒)나라 사람으로 이름은 가(軻), 자(字)는 자여(子輿)로 공자의 도를 이어받아 여러 나라를 돌아다니며 왕도정

치(王道政治)와 인의(仁義), 그리고 성선설(性善說)을 부르짖은 사상가이다. ②"사서(四書)"의 하나로 맹자의 제자들이 맹자가 제후(諸侯) 및 제자들과 문답(問答)한 내용이나 언행(言行)을 모아 기록한 책으로, 모두 7편 14권 35,377자로 이뤄져 있으며, 맹자의 사상을 연구하는데 중요한 책이다.

※ 칠편(七篇) : 『맹자(孟子)』7편은 모두 「양혜왕(梁惠王)」, 「공손축(公孫丑)」, 「등문공(滕文公)」, 「이루(離婁)」, 「만장(萬章)」, 「고자(告子)」, 「진심(盡心)」의 7편이 각각 상・하로 구성되어 14권을 이루고 있다. 『맹자(孟子)』도 『논어(論語)』처럼 각기 그 편명(篇名)은 편의 첫 문장에서 취한 것으로, 예를 들면 「양혜왕 상(梁惠王上)」편의 편명은 "孟子見梁惠王 王曰 叟不遠千里而來……(맹자께서 양혜왕을 뵈시니, 왕이 말씀하였다. 노인[어른]께서 천리를 멀다고 여기지 않으시고 오셨으니,……)"에서의 '양혜왕(梁惠王)' 세 글자를 취한 것이다.

※ 도덕(道德) : 사회생활에 있어서, 사람이 사람으로서 반드시 행(行)하여야 하는 바른 도리(道理)와 그것을 자각(自覺)하고 실천(實踐)하는 행위(行爲)로 인륜(人倫) 오상(五常)의 도(道)를 말한다.

※ 인의(仁義) : 사람이 지켜야 할 도리로 어질고 의로움, 또는 박애(博愛)와 정의(正義), 더 넓게는 도덕(道德)을 의미하며, 오상〔五常:인(仁)・의(義)・예(禮)・지(智)・신(信)〕가운데의 두 가지이다.

◐ 중용(中庸)

(123) 作 中 庸
　　　작　중　용

(124) 子 思 筆
　　　자　사　필

『중용』은 자사가 붓으로 써서 지은 것으로

作 지을,일할,처음,작품,행동	작	子 아들,자식,사람,당신	자
中 가운데,마음,찰,맞을,합격할	중	思 생각,바랄,사모(思慕)할	사
庸 쓸,보통,어리석을,떳떳할,법도	용	筆 붓,쓸,글씨,필적(筆跡)	필

(125) 中 不 偏　(126) 庸 不 易
중　불　편　　　　용　불　역

중(中:가운데)은 치우치지 아니하는 것이며,
용(庸:항상 일정하고 떳떳함)은 바뀌거나 변하지 아니함을
의미한다.

中 가운데,마음,찰,맞을,합격할　중　　　庸 쓸,보통,어리석을,떳떳할,법도　용
不 아닐,없을　　　　　　　　　　불　　　不 아닐,없을　　　　　　　　　　불
偏 치우칠,기울,한쪽,불완전할　편　　　易 바꿀,고칠,점칠,주역 [쉬울 이] 역

※ 중용(中庸) : ① 어느 쪽으로나 치우치지 아니하고[중(中)], 떳떳하며 항상
일정하여 변하지 않는 [용(庸)] 바른 상태. ② 유교(儒敎) 경전(經典)의 하나
로 공자의 손자(孫子)인 자사(子思)가 지었다고 한다. 모두 33장 3,568자로 이
루어져 있으며, 원래 『예기(禮記)』의 한 편(篇)이었다. 송(宋)나라 때 주자(朱
子)에 의하여 『대학(大學)』과 함께 독립되어 "사서(四書)"의 하나가 되었다.

※ 자사(子思:B.C.483~B.C.402) : 중국 춘추말(春秋末) 전국초(戰國初)의 사람
으로 성(姓)은 공(孔)이고, 이름은 급(伋)이며, 자사(子思)는 자(字)로 노
(魯)나라 출신이 다. 공자의 손자이며 증자(曾子)의 제자로 『중용(中庸)』33
장을 지었다고 전(傳)하며, "성(誠)"을 천지(天地)와 자연(自然)의 법칙(法
則)으로 삼고, 천인합일(天人合一) 사상(思想)을 부르짖었다.

☞ (124)가 "乃孔伋(내 공급)〔∴ 중용을 지은 사람은 곧 공급(자사)이다.〕"으로
된 판본(版本)도 있다.

♣ 주자(朱子)가 집주(集註)한 『중용장구(中庸章句)』에 보면, 다음과 같
이 말하고 있다.

"가운데란 뜻의 중(中)은 치우치지 않고 기울지 않아 지나침이나
미치지 아니함이 없는 이름이요, 떳떳함이란 뜻의 용(庸)은 평이한 일
상적인 것이다."
中者, 不偏不倚 無過不及之名. 庸, 平常也.

"정이천(程伊川)이 말씀하였다. '치우치지 않는 것을 중(中)이라 이르고, 바뀌지 않는 것을 떳떳함[용(庸)]이라 이르니, **가운데란 천하의 바른 길이요, 떳떳함은 천하의 정해진 이치이다.**' 이 책은 바로 공자(孔子) 문하(門下)에서 전해 준 마음의 법이니, 자사께서 그것이 오래되어 어그러질까 두려워하였다. 그러므로 이것을 책으로 써서 맹자에게 주신 것이다."

子程子曰 不偏之謂中. 不易之謂庸. 中者, 天下之正道. 庸者, 天下之定理. 此篇 乃孔門傳授心法, 子思恐其久而差也. 故 筆之於書, 以授孟子.

● 대학(大學)

(127) 作 大 學　(128) 乃 曾 子
　　　작　대　학　　　　내　증　자

『대학』을 지은 사람은 곧 증자로,

作 지을,일할,처음,작품,행동　작　　乃 이에,곧　　　　　　　내
大 클(≒太),훌륭할,높을,하늘　대　　曾 일찍이,이전에,포갤,더할　증
學 배울,학문,학교,학자　　　학　　子 아들,자식,사람,당신　　　자

(129) 自 修 齊　(130) 至 平 治
　　　자　수　제　　　　지　평　치

그 내용은 수신(修身:몸을 닦아 행실을 바르게 함)·제가(齊家:집안을 바로잡고 가지런하게 함)에서부터
치국(治國:나라를 다스림)·평천하(平天下:천하를 화목하고 바르게 평정함)까지이다.

自 스스로,저절로,~로부터,~보다　자　　至 이를,지극할,힘쓸,~까지　　지
修 닦을,익힐,꾸밀,다스릴,고칠　　수　　平 평평할,평정할,화목할,보통　평
齊 가지런할,갖출,모두,엄숙할　　제　　治 다스릴,정치,병(病)고칠　　치

※ 대학(大學) : 유교(儒敎) 경전(經典)의 하나로 공자의 제자인 증자(曾子)가

132 삼자경(三字經)

지었다고 하지만 확실하지 않다. 원래 『예기(禮記)』의 한 편(篇)이었으나 송(宋)나라 때 주자(朱子)에 의하여 독립되어 『중용(中庸)』과 함께 "사서(四書)"의 하나가 되었다. 주자가 경(經) 1장(章)과 전(傳) 10장(章)으로 나누어 주석(註釋)한 것을 『대학장구(大學章句)』라고 하며, 모두 1,753자로 주자(朱子) 보전(補傳) 1장(章) 134자(字)가 별도로 추가되었다. **삼강령**〔三綱領:명명덕(明明德)·친민(親民)·지어지선(止於至善)〕과 **팔조목**〔八條目:격물(格物)·치지(致知)·성의(誠意)·정심(正心)·수신(修身)·제가(齊家)·치국(治國)·평천하(平天下)〕으로 된 수기(修己)·치인(治人)의 윤리와 정치의 이념을 주요 내용으로 하고 있다.

※ 증자(曾子:B.C.505~B.C.436) : 중국 춘추시대(春秋時代)의 유학자(儒學者)로 이름은 삼(參)이고, 자(字)는 자여(子輿)이며, 노(魯)나라 무성(武城:지금의 산동성山東省 가상현嘉祥縣) 출신으로 증점(曾點)의 아들이다. 효도(孝道)를 역설하여 『효경(孝經)』을 지었다고 하며, 공자의 덕행(德行)과 사상을 정통으로 이어받아 이를 공자의 손자인 자사(子思)에게 전하였다. 이러한 유학(儒學)의 도통(道通)은 후에 맹자(孟子)에게로 이어진다.

※ 삼강령(三綱領)과 팔조목(八條目) : 『대학(大學)』에서는 삼강령을 달성하기 위한 구체적인 조목으로 팔조목을 제시하고 있다.
  • **삼강령**(三綱領) : 명명덕(明明德)·친민(親民)·지어지선(止於至善)
  • **팔조목**(八條目) : 격물(格物)·치지(致知)·성의(誠意)·정심(正心)·수신(修身)·제가(齊家)·치국(治國)·평천하(平天下)

♧ 주자(朱子)가 집주(集註)한 『대학장구(大學章句)』 경문(經文) 1장(章)을 보면, 다음과 같다.

대학의 도는, 밝은 덕을 밝히는 데 있으며, 백성을 가까이(새롭게) 함에 있으며, 지극히 착한 것에 머무름에 있다.
大學之道 在明明德 在親(新)民 在止於至善

옛날에 밝은 덕을 천하에 밝히려고 하는 사람은 먼저 그 나라를 잘 다스리고, 그 나라를 잘 다스리려고 하는 사람은 먼저 그 집을 가지런히하고, 그 집을 가지런히 하려고 하는 사람은 먼저 그 몸을 닦고, 그 몸을 닦으려고 하는 사람은 먼저 그 마음을 바르게 하고, 그 마음을 바르게 하려는 사람은 먼저 그 뜻을 성실하게 하고, 그 뜻을 성실하게 하려는 사람은 먼저 그 앎을 이루어야 할 것이니, 앎을 이루는 것은 사물의 이치가 이르게 하는 데 있다.

古之欲明明德於天下者 先治其國 欲治其國者 先齊其家 欲齊其家者 先修其身 欲修其身者 先正其心 欲正其心者 先誠其意 欲誠其意者 先致其知 致知在格物

♧ 대학(大學)에는 다음의 세가지 의미가 있다.

첫째, 학교(學校)로서의 '소학(小學)'에 대칭되는 고대 중국에서 고등교육을 실시하던 최고(最高) 학부(學府)인 교육기관이다. 소학(小學:8세 또는 13세에 입학)으로는 우대(虞代:순대舜代)에 하상(下庠)·하대(夏代)에 서서(西序)·상대(商代:은대殷代)에 좌학(左學)·주대(周代)에 소학(小學)이 있었고, 대학(大學:태학太學)으로는 우대에 상상(上庠)·하대에 동서(東序)·상대에 우학(右學)·주대에 대학(大學)이 있었다. '대학'에 입학(入學)하는 나이는 15세[『대대례(大戴禮)』, 『백호통(白虎通)』], 또는 20세[『상서대전(尙書大傳)』]라고 기록에 따라 다소 차이가 있으나, 주자(朱子)는 15세 대학 입학설을 따르고 있다. 물론 대학제도가 본격적인 체제를 갖춘 것은 한대(漢代) 이후이다. 그리고 '대학'에서는 이치를 궁리하고 마음을 바르게 하며, 몸을 닦고 사람을 다스리는 방법을 가르쳤다[敎之以窮理正心修己治人之道 『대학장구(大學章句)』서(序)]고 한다. 여기서 우리는 '대학'이 바람직하고 이상적(理想的)인 인격(人格)을 갖춘 지성인(知性人)을 양성(養成)하는 곳이라는 것을 알수 있다.

둘째, 책(册)의 명칭(名稱)[서명(書名)]이다. 주자는 『대학장구(大學章句)』서(序)에서 "『대학』이란 책은 옛날 대학[태학]에서 사람을 가르치던 법을 다룬 것이다.[大學之書, 古之大(太)學 所以敎人之法也.]"라고 하였고, 「독대학법(讀大學法)」에서는 "『대학』은 공자께서 옛사람들이 학문을 하는 큰 방법을 말씀하신 것을 증자가 기술(記述)하고, 그 문인(門人)들이 또 전술(傳述)하여 그 뜻을 밝힌 것이다.[惟大學, 是曾子述孔子

說古人爲學之大方 而門人又傳述以明其旨.]"라고 하였다. 그리고 『대학장구(大學章句)』서(序) 끝부분에서 주자는 "그러나 국가가 백성을 교화시키고 좋은 풍속을 이룩하려는 의도와 학자가 몸을 닦고 사람을 다스리는 방법에 있어서는 다소의 도움이 없지 않을 것이다.[然 於國家化民成俗之意, 學者修己治人之方, 則未必無小補云.]"라고 겸손하게 말하면서 『대학』의 책으로서의 효능(效能)을 언급하였다. 그리고 이보다 앞서 정이(程頤)는 "처음 배우는 사람이 덕에 들어가는 문이다.[大學……而初學入德之門也.]"라고 하였다. 여기서 우리는 『대학』이 유교적(儒敎的)인 실천철학(實踐哲學)의 방법을 제시한 책이며, 덕치주의(德治主義)의 개론서(槪論書)라고 하겠다.

셋째, 학문(學問)의 한 범주(範疇:영역領域)이다. 주자는 『대학장구(大學章句)』경(經) 1장(章) "대학지도(大學之道)"의 주(注)에서 "대학을 대인(大人)의 학문이다.[大學者, 大人之學也.]"라고 하였다. 여기서 '대인'이란 '덕을 갖춘 사람[유덕자(有德者)]'를 말하며, 이는 곧 '군자(君子)'나 '성인(聖人)'과 같은 의미의 사람이다. 『논어(論語)』「계씨(季氏)」편의 "외대인(畏大人)"이란 말의 주(注)에 "대인은 성인이다.[大人卽聖人]"라고 하였다. 여기서의 '대인'도 앞에서와 같이 '덕을 갖춘 사람[유덕자]'를 가리키며, 이 유덕자는 동시에 유위자(有位者)이기도 하다. 이것은 과거 동양의 정치인은 덕이 있는 사람이어야 한다는 것이 모든 사람의 마음속에 깊이 자리잡고 있는 것을 보아도, 위정자(爲政者)가 정치적 수완(手腕)에 앞서서 최우선적으로 갖춰야 할 조건으로 인식되었던 것이다.

결국 대인(大人)은 '군자(君子)나 성인(聖人)과 같이 덕성(德性)을 갖춘 이상적(理想的)인 인간상(人間像)으로 치국위민(治國爲民)의 자리에 나아갈 수 있는 자질을 갖춘 사람'이라고 정의할 수 있다. 그리고 대인(大人)의 학문(學問)은 곧 그러한 '대인(大人)을 양성(養成)하기 위한 학문(學問)'이다. 여기서 학문(學問)이란 단순한 지식(知識)의 탐구(探究)만이 아닌 "궁리(窮理)·정심(正心)·수기(修己)·치인(治人)의 도(道:방법)"를 포괄하는 지덕겸수(知德兼備)·지행합일(知行合一)·실천궁행(實踐躬行)의 양면성를 모두 가리킨다.

(131) **孝 經 通**
효 경 통

(132) **四 書 熟**
사 서 숙

『효경』을 읽어서 그 내용과 이치에 달통하고,
"사서"를 읽어서 그 내용과 이치에 익숙해지면,

孝 효도,부모를 잘 섬기는 일 　　효
經 책,세로,길,지닐,법,떳떳할,다스릴 　경
通 통할,다닐,알릴,깨달을 　　　　　통

四 녁,넷,네,네번 　　　　　　　사
書 글,책,문서,기록할,편지 　　　서
熟 익을,충분할,상세히,익힐 　　숙

(133) **如 六 經**
여 육 경

(134) **始 可 讀**
시 가 독

그 다음 단계는 "육경"으로 나아가 읽기 시작해야 한다.

如 같을,따를,갈,이를,만약(≒若) 　여
六 여섯,여섯 번 　　　　　　　륙
經 책,세로,길,지닐,법,떳떳할 　　경

始 처음,비로소,시작할,근본 　시
可 옳을,가히,허락할 　　　　　가
讀 읽을,설명할 　　　　　　　독

※ 효경(孝經) : 유교(儒敎) 13경(經典)의 하나로 공자(孔子)와 그의 제자 증
자(曾子)가 효도(孝道)에 대하여 논(論)한 것을 증자의 문인(門人)들이 기
록한 책으로 모두 18장(章) 57,746자(字)로 되어 있다. ☞(128) ※증자(曾子)
참고

※ 사서(四書) : 유교(儒敎)의 대표적인 경전(經典)으로 주자(朱子)에 의해서
『논어(論語)』·『맹자(孟子)』·『중용(中庸)』·『대학(大學)』이 통틀어 "사서
(四書)"라고 불리우게 되었다.

※ 육경(六經) : 『시(詩)』·『서(書)』·『역(易)』·『악(樂)』·『예(禮)』·『춘추(春
秋)』의 여섯 가지 경서(經書)인데, 『악경(樂經)』은 진시황(秦始皇)의 분서
갱유(焚書坑儒)로 인하여 불타 없어지고 전하지 않는다. 그래서 그 후에

『악경』대신 『주례(周禮)』를 추가하여 『시경(詩經)』·『서경(書經)』·『역경(易經)』·『주례(周禮)』·『예기(禮記)』·『춘추(春秋)』를 "육경(六經)"이라고도 했는데, 오늘날에는 『주례(周禮)』를 제외한 나머지 다섯 가지를 일반적으로 "오경(五經)"이라고 부른다.

♣ 유교(儒教)의 13가지 기본 경전(經典)의 총칭(總稱)을 "십삼경(十三經)"이라고 하는데, 이는 곧 『주역(周易)』·『서경(書經)』·『시경(詩經)』·『주례(周禮)』·『의례(儀禮)』·『예기(禮記)』〔『삼례(三禮)』〕·『춘추좌씨전(春秋左氏傳)』·『춘추공양전(春秋公羊傳)』·『춘추곡량전(春秋穀梁傳)』〔『삼전(三傳)』〕·『논어(論語)』·『효경(孝經)』·『이아(爾雅)』·『맹자(孟子)』로, 오늘날 중국 경학(經學)을 연구하는데 기본적인 도서가되었다. 13경이란 명칭은 『삼자경(三字經)』을 지은 남송(南宋)의 왕응린(王應麟)이 쓴 『옥해(玉海)』「예문(藝文)」에 처음 보인다. 한편 13경의성립 시기에 대해서는, 청대(淸代) 고염무(顧炎武)의 『일지록(日知錄)』에는 명대(明代)라고 하였으나, 송대(宋代)에 성립되었다는 청말(淸末)피석서(皮錫瑞:1850~1908)의 주장〔『경학역사(經學歷史)』〕이 일반적이다. 그리고 이에 관한 주(注:해석)와 소(疏:설명)가 꾸준히 이루어지고성행(盛行)하여 13경의 권위있는 주석(註釋)을 모아 편집한 "『13경주소(十三經注疏)』"라는 책이 나오게 되었다.

육경(六經)

(135) **詩 書 易**　(136) **禮 春 秋**
　　　시　서　역　　　　　예　춘　추

『시경』·『서경』·『역경』·『주례』·『예기』·『춘추』를,

詩 시,시경,읊을,받들,가질　　　시	禮 예절,예의,예물,인사　　　　례
書 글,책,서경,문서,기록할,편지　서	春 봄,젊음,남녀의 정(늑情)　춘
易 바꿀,점칠,역경(주역)〔쉬울 이〕역	秋 가을,결실,때,세월,나이　　추

(137) **號 六 經**　(138) **當 講 求**
　　　호　육　경　　　　당　강　구

"육경"이라고 일컬으며,
이 "육경"을 읽는 자는 마땅히 그 내용이 지니고 있는
이치를 연구하여 찾아야 한다.

號 부르짖을,부를,일컬을,이름,명령　호	當 당할,마땅히,맡을,이,그　　당
六 여섯,여섯 번　　　　　　　　　록	講 익힐,풀이할,연구할,의논할　강
經 책,세로,길,지낼,법,떳떳할　　경	求 구할,물을,탐낼,모을,취할　구

※ 육경(六經) : ☞ (133)如六經의 ※육경(六經) 참고.

※ 시(詩) : 『시경(詩經)』의 준말. 춘추시대에 만들어진 중국 최고(最古)의 시
가집(詩歌集)으로 전해 내려오는 각 지방의 민요(民謠) 3,000여 편 중에서
공자가 311(305)편을 가려 뽑은 것으로 모두 4언(言) 1구(句)로 39,222자
(字)이다. 내용과 형식은 육의설(六義說)로 설명하고 있는데, 풍(風:여러
나라의 민간구전가요民間口傳歌謠)·아(雅:조정朝廷의 연회宴會 노래)·송
(頌:종묘宗廟의 제례祭禮 음악)은 작품의 성격[시의 음악과 내용]을 논한
분류이고, 부(賦:사실과 감정의 직접 서술)·비(比:비유나 풍자)·흥(興:먼
저 사물·풍경을 묘사하고 감정을 토로吐露하는 방법)은 시의 작법(作法)

과 기교(技巧)에 의한 분류이다. 우리가 잘 알고 있는 "요조숙녀(窈窕淑女: 마음이 착하고 아름다운 여자)"나 "전전반측(輾轉反側:엎치락뒤치락하며 잠을 못 이룸)" 같은 말의 출전이 바로 「국풍(國風)」주남(周南)의 관저(關雎)장(章)이다.

※ 서(書) : 『서경(書經)』 혹은 『상서(尙書)』의 준말. 중국 고대의 요(堯)·순(舜) 시대부터 주대(周代)까지의 정치사(政治事)에 관한 글을 공자가 수집하여 편찬한 책이다. 송대(宋代)에 와서 채침(蔡沈)이 이를 주해(註解)한 것을 『서전(書傳)』이라고 부른다. 한 무제(漢武帝) 때 복생(伏生)이 전(傳)한 29(33)편을 "『금문상서(今文尙書)』"라고 하며, 전한(前漢) 경제(景帝) 때 노공왕(魯恭王)이 공자의 구택(舊宅)을 허물 때 벽(壁)에서 나온 『상서』를 "『고문상서(古文尙書)』"라고 하는데 오늘날 전하지 않는다. 지금 통용되는 『상서』는 『13경주소(十三經注疏)』의 하나로 『금문상서(33편)』와 동진(東晉) 때 매색(梅賾:매이梅頤)이 없어진 『고문상서』를 여러 고적(古籍)에서 다시 모아 엮은 『(위僞)고문상서(25편)』를 합친 것으로, 모두 20권(卷) 58편(篇) 25,700자(字)로 되어 있다.

※ 역(易) : 『역경(易經)』의 준말. 고대 중국의 철학서(哲學書)이며 가장 난해(難解)한 경서(經書)로 길흉(吉凶)을 판단하여 점(占)치는 책이다. 음양(陰陽)의 이원(二元)을 가지고 천지간(天地間)의 만상(萬象)을 설명하는 것이다. 중국 상고(上古) 시대에 복희씨(伏羲氏)가 그린 괘(卦)에 대하여 주(周)의 문왕(文王)이 통틀어 설명하여 괘사(卦辭)라 하고, 주공(周公)이 이것의 육효(六爻)에 대해 자세히 설명하여 효사(爻辭)라 했는데, 공자가 여기에 심오(深奧)한 원리를 가하여 십익(十翼)을 덧붙인 것으로 모두 24,707자로 되어 있다. 음양 이원으로써 천지간의 만상을 설명하고, 이 이원은 태극(太極)에서 생긴다고 하였고, 음양은 사상[四象:태양(太陽)·소양(少陽)·소음(少陰)·태음(太陰)]이 되고, 다시 팔괘[八卦:건(乾)·태(兌)·리(離)·진(震)·손(巽)·감(坎)·간(艮)·곤(坤)]가 되고, 팔괘를 거듭하여 64괘를 만든다고 하고, 이것을 자연현상(自然現象)·가족관계(家族關係)·방위(方位)·덕목(德目) 등에 맞추어서 철학적·윤리적·정치적인 설명과 해석을 가한 것으로 주대(周代)에 크게 성행하였기 때문에 『주역(周易)』이라고 부른다.

※ 예(禮) : 『주례(周禮)』와 『의례(儀禮)』, 그리고 『예기(禮記)』를 가리킨다. 그러나 일반적으로 『예기』의 준말로 사용된다.

☞ 『예기』 : "오경(五經)"의 하나로 주대(周代)의 예(禮)의 이론과 실제를 적은 경서(經書)로 한 무제(漢武帝) 때 하간(河間:지금의 하북성河北省 헌현獻縣 동남방)의 헌왕(獻王:유덕劉德)이 공자와 그의 제자 및 그 이후의 여러 학자들이 지은 131편의 고서(古書)를 수집·정리하였고, 선제(宣帝) 때 유향(劉向)이 보충하고 서술하여 214편으로 만들었다. 그 후에 대대(大戴:대덕戴德)가 이것을 다시 정리하여 85편으로 만든 『대대례(大戴禮)』가 있고, 그의 조카 소대(小戴:대성戴聖)가 다시 줄여 49편으로 만든 『소대례(小戴禮)』가 있는데, 『소대례』는 『소대례기(小戴禮記)』 라고도 하며, 이것이 곧 오늘날의 『예기』로 모두 99,020자(字)로 되어 있다. 『예기』는 『주례』·『의례(儀禮)』와 함께 "삼례(三禮)"라고 부른다. 우리나라에는 고려(高麗) 시대에 안향(安珦)이 들여왔다. 고대(古代)에 있어서 "예(禮)"의 영역은 국가의 통치제도에서부터 사회적인 도의(道義)와 개인적인 수신(修身)에 이르기까지 광범위하였다. 따라서 통치의 수단이며, 동시에 교화(敎化)의 방법이었던 "예(禮)"를 기술(記述)한 이 『예기』는 유교적(儒敎的) 예치주의(禮治主義)를 선양(宣揚)해 주는 것으로서 중요시 되었다.

☞ 『주례(周禮)』 : 주대(周代)의 관제(官制)를 기록한 일종의 행정법전으로 성왕(成王) 때 주공단(周公旦)이 지었다고 하나 후세 사람이 증보(增補)한 것으로 여겨진다. 처음에는 『주관(周官)』이라고도 했으며, 당대(唐代) 이후부터 『주례(周禮)』라고 불렀다. 진시황(秦始皇)의 분서갱유(焚書坑儒)로 없어진 것 6편을 한대(漢代)에 와서 5편〔천관(天官)·지관(地官)·춘관(春官)·하관(夏官)·추관(秋官)〕은 발견하고, 나머지 없어진 1편〔동관(冬官)〕은 대신 『고공기(考工記)』로 보충하여 모두 6편으로 이뤄져 있다. 그리하여 『고공기』를 『동관고공기(冬官考工記)』라고도 한다.

☞ 『의례(儀禮)』 : 주대(周代)의 예법(禮法)인 송(送)·영(迎)·승(升)·강(降)·배(拜)·전(奠)·가(歌)·곡(哭)의 의식(儀式)을 기록한 책으로, 오례〔五禮:길례(吉禮:국가 행사로 종묘·사직에 대한 제사 및 기우제·석

전대제 등)·가례(嘉禮:왕실 중심의 의식)·빈례(賓禮:외국 사신 접대 의식)·군례(軍禮:군사 훈련)·흉례(凶禮:국장國葬 및 장례葬禮)〕를 총망라 하고 있는데, 현존하는 한초(漢初)에 고당생(高堂生)이 전(傳)한 것을 근거로 한 유향(劉向)의 별록본(別錄本) 17편에는 "군례"가 없는 것으로 보아 진시황의 분서갱유로 인하여 온전하지 못한 것 같다. 내용은 관혼례(冠婚禮)·상제례(喪祭禮)·향사례(鄕射禮)·조빙례(朝聘禮)의 넷으로 나누어 볼 수 있다. 주공이 지었고, 공자(孔子)가 수정(修訂)했다고 하지만 춘추전국 시대에 이루어진 것으로 본다.

※ 춘추(春秋) : "오경(五經)"의 하나로 춘추시대(春秋時代) 노(魯)나라 은공(隱公)에서부터 애공(哀公)까지〔B.C.722~B.C.481〕의 12대(代) 242년(年)간(間)의 사적(事跡)을 노나라의 사관(史官)이 편년체(編年體:연대年代 순서順序에 따라 엮은 역사歷史 편찬編纂의 한 체재體裁)로 기록한 궁정연대기(宮廷年代記)를 공자(孔子)가 '난세를 다스려 바른 세상으로 돌아가게 한다〔撥亂世 反之正〕'는 독자적인 역사의식과 가치관을 가지고 필삭(筆削)한 최초의 편년체 역사서(歷史書)로 모두 18,000자(字)로 되어 있다. 이러한 『춘추(春秋)』에는 "삼전(三傳)"이라고 하는 『좌씨전(左氏傳)』·『공양전(公羊傳)』·『곡량전(穀梁傳)』 등의 주석서(註釋書)가 있다.

☞ 『춘추좌씨전(春秋左氏傳)』 : 중국 춘추시대 노(魯)나라의 좌구명(左丘明·左邱明)이 공자가 지은 『춘추』를 해설한 주석서로 원래의 명칭은 『좌씨춘추(左氏春秋)』인데 『좌씨전(左氏傳)』 또는 『좌전(左傳)』이라고도 부른다. 우리나라에 『좌전』이 전해진 시기는 분명하지 않으나 고구려(高句麗)의 태학(太學:372년 소수림왕小獸林王 2년 설치)에서 "오경(五經)"을 가르쳤고, 백제(百濟)에서도 오경박사(五經博士) 제도(制度)가 있었음을 볼 때, 삼국시대(三國時代)에 이미 『좌전』이 들어와 읽히고 있었음을 알수 있다. 특히, 통일신라(統一新羅)는 신문왕(神文王) 2년(682년)에 "국학(國學)"을 설립하였는데, 원성왕(元聖王) 4년(788년)에는 국학에서 '독서삼품과(讀書三品科)'라는 관리임용시험을 실시하였는데, 시험과목에 『춘추좌씨전』이 포함되어 있다.

☞ 『춘추공양전(春秋公羊傳)』 : 공자가 지은 『춘추』를 해설한 주석서로 제

(齊)나라 사람 공양자(公羊子)・공양고(公羊高)가 전술(傳述)한 것을 한 (漢)의 경제(景帝:재위在位 B.C.156~B.C.141) 때 그의 현손(玄孫)인 공양수(公羊壽)와 그의 제자 호모자(胡母子)가 함께 편찬한 것으로, 여기에 나타난 가장 중요한 사상(思想)은 천하(天下)가 하나의 정치권력 아래 통일되어야 한다는 '대통일사상(大統一思想)'이다. 그리고 『공양전』에서 청대(淸代)의 공양학파(公羊學派:『공양전』에 근거를 두고 공자의 사상을 탐구하려는 학파)가 생겼으며, 이는 강유위(康有爲)・양계초(梁啓超) 등에 의한 청말(淸末)의 변법자강운동(變法自強運動)에 영향[무술정변(戊戌政變)]을 끼쳤다.

☞ 『춘추곡량전(春秋穀梁傳)』 : 공자가 지은 『춘추』를 해설한 주석서로 공양고(公羊高)와 함께 공자의 문인인 자하(子夏)에게서 가르침을 받은 공량적(穀梁赤)이 지은 것으로, 『공양전』보다 조금 늦게 한초(漢初)에 편찬되었으며, 그 내용은 질서의 원리가 도덕(道德)을 떠나 법(法)으로 옮아가고 있어서 법가적(法家的) 경향이 강하게 드러나고 있다. 그래서 진한(秦漢) 교체기와 한초(漢初)의 유가사상(儒家思想)을 연구하는데 중요한 자료가 된다.

◐ 역(易)

(139) 有 連 山
　　유　연　산

(140) 有 歸 藏
　　유　귀　장

『연산』이라고 하는 "역(易)"이 있고,
『귀장』이라고 하는 "역(易)"이 있으며,

有 있을,또(≒우又),많을 　　유
連 잇닿을,이을,늘어설,계속할 련
山 산,메,산신,무덤 　　　　산

有 있을,또(≒우又),많을 　　유
歸 돌아올,맡길,돌릴,시집갈,따를 귀
藏 감출,저장할,깊을,묻을,곳집 　장

(141) 有 周 易
　　유　주　역

(142) 三 易 詳
　　삼　역　상

『주역』이라고 하는 "역"이 있는데,
이 세가지 "역"은 상세(詳細)히 연구를 해야 그 내용이
지닌 의미를 알 수 있다.

有 있을,또(≒우又),많을   유   三 석,셋,세,세 번,자주,여러 번,거듭 삼
周 두루,널리,돌,나라 이름   주   易 바꿀,점칠,책〔역경易經(주역)〕   역
易 바꿀,점칠,책〔역경(주역)〕 역   詳 자세할,다할,상서(祥瑞)로울   상

※ 연산(連山) : 우리가 오늘날 『역경(易經)』이라고 하는 책(册)은 원래 『주역
(周易)』 또는 『역(易)』이라는 명칭으로 불렀으며 세가지가 있었다. 그 중 의
하나가 바로 이 『연산역(連山易)』이다. 하대(夏代)에 복희씨(伏羲氏)·신농
씨(神農氏)·황제(黃帝)의 책이라고 하지만 전하지 않는 『삼분(三墳)』을 바
탕으로 하여 지은 것으로, 복희씨(伏羲氏) 또는 신농씨(神農氏)의 『역(易)』
이라고 하며, 간(艮)을 수(首:처음·으뜸)로 하고, 산(山)을 상징한다. 여기서
"연산(連山)"이란 의미를 후한(後漢)의 정현(鄭玄:127~200)은 '산[산(山)]에
서 나온 구름이 연결[연(連)]되어 끊어지지 않는 모양'이라고 하였다.

※ 귀장(歸藏) : 우리가 오늘날 『역경(易經)』이라고 하는 책(册)은 원래 『주역
(周易)』 또는 『역(易)』이라는 명칭으로 불렀으며 세가지가 있었다. 그 중
의 하나가 바로 이 『귀장역(歸藏易)』이다. 하대(夏代)에 복희씨(伏羲氏)·
신농씨(神農氏)·황제(黃帝)의 책이라고 하지만 전하지 않는 『삼분(三墳)』
을 바탕으로 하여 지은 것으로, 염제[炎帝≒황제(黃帝)]의 『역(易)』이라고
하며, 곤(坤)을 수(首:처음·으뜸)로 하고, 땅[지(地)]을 상징한다. 여기서
"귀장(歸藏)"이란 의미를 정현은 '만물이 모두 맡겨져[귀(歸)] 그 속에 감
춰져[장(藏)] 있다'라고 하였다.

※ 주역(周易) : 우리가 오늘날 『역경(易經)』이라고 하는 책(册)은 원래 『주역
(周易)』 또는 『역(易)』이라는 명칭으로 불렀으며 세가지가 있었다. 그 중
의 하나가 바로 이 『주역(周易)』이다. 하대(夏代)에 복희씨(伏羲氏)·신농
씨(神農氏)·황제(黃帝)의 책이라고 하지만 전하지 않는 『삼분(三墳)』을 바
탕으로 하여 지은 것으로, 주대(周代) 문왕(文王)의 『역(易)』이라고 해서
『주역(周易)』이라고 부르게 되었으며, 건(乾)을 수(首:처음·으뜸)로 하고,
하늘[천(天)]을 상징한다.

※ 삼역(三易) : 『주례(周禮)』「춘관(春官)」태복(太卜)에 보면, "삼역(三易)"이
　라고 하여 "연산"·"귀장"·"주역"을 지칭하고 있다.〔掌三易之法 一曰連山
　二曰歸藏 三曰周易〕 그리고 환담(桓譚)의 『신론(新論)』에도 "연산 팔만언,
　귀장 사천삼백언(連山八萬言 歸藏四千三百言)"이란 말이 있다.

♣『주역(周易)』의 기본사상은 천도(天道)를 미루어 인도(人道)를 밝히
는 것이다. 고대 중국에서는 자연(自然)과 인간(人間)의 법칙(法則)을
구분하지 않았다. 이는 곧 인간사(人間事)의 법칙은 자연(自然)의 법칙
에서 오는 것이므로, 인간이 자연의 법칙에 순응하는 것을 '길(吉)'이
라 하고, 거역하는 것을 '흉(凶)'이라고 하였다. 한편 그리고 "중정(中
正)"이 『주역(周易)』의 64괘의 각 효사(爻辭)에서 가장 중요시 되고 있
다. 효사에서 길(吉)이라고 하는 것은 효(爻)가 중정(中正)을 얻은 경우
이고, 흉(凶)이라고 하는 것은 효가 중정(中正)을 얻지 못한 경우이다.
이것은 사람이 아무리 흉(凶)하고 험(險)한 상황에 처하더라도 중도(中
道)를 이행하면 화(禍)를 면하고 길(吉)하게 될 수 있다는 것을 시사
(示唆)하는 것이다. 요컨대 '역(易)'은 자연(自然)의 법칙으로 천도(天
道)를 상징적(象徵的)으로 설명하고 있으며, 인간이 이에 순응(順應)하
는 것을 인도(人道)라고 규정하고 있다. 그리고 중정(中正)한 것을 길
(吉)이라고 하여 가장 선(善)한 것으로 보고 있다.

　『주역』의 구성은 경문(經文)에 해당하는 괘사(卦辭)인 단사(彖辭)와 효
사(爻辭), 그리고 십익(十翼)으로 이뤄져 있다. 여기서 "괘사[단사]"는 문
왕(文王)이 지었다고 하며, "효사"는 문왕의 아들 주공(周公)이 지었다고
하지만 의아한 점이 많다. 이러한 괘사와 효사가 『주역』의 원형 [원래의
글]이다. 『주역』의 원문에 대하여 그 뜻을 해석하고, 『주역』의 이치를 찬
양하여 밝힌 것이 '새의 날개처럼 돕고[익(翼)] 있는 열 가지 문헌'이라
는 의미의 "십익(十翼)"이다. 십익은 단전(彖傳)의 상·하, 상전(象傳)의
상·하, 계사전(繫辭傳)의 상·하, 문언전(文言傳), 설괘전(說卦傳), 서괘
전(序卦傳), 잡괘전(雜卦傳)의 열 가지로 공자(孔子)가 지었다고 한다.

◐ 서(書)

(143) 有 典 謨
유 전 모

(144) 有 訓 誥
유 훈 고

'전'과 '모'가 있고, '훈'과 '고'가 있으며,

有 있을,또(≒우又),많을　유
典 법,규정,책,법도에 맞을　전
謨 꾀할,계책,계획할,속일,없을　모

有 있을,또(≒우又),많을　유
訓 가르칠,해석할,경계할,따를　훈
誥 알릴,훈계(訓戒)할,사령(辭令)　고

(145) 有 誓 命
유 서 명

(146) 書 之 奧
서 지 오

'서'와 '명'이 있는데, 이것은 『서경』의 여섯가지 문체로 편명에 사용되며, 『서경』은 요순 시대부터 주나라 때까지의 정치에 관한 일을 기록한 심오한 내용의 역사책이다.

有 있을,또(≒우又),많을　유
誓 맹세할,훈계할,알릴,조심할,약속　서
命 목숨,명령,정령(政令),규칙,가르침　명

書 글,책,서경,기록할,편지 서
之 갈,~의,이것　지
奧 깊숙할,속,안,따뜻할　오

※ 서(書) : 『서(書)』, 『서경(書經)』, 『상서(尙書)』라는 세 가지 명칭으로 달리 불리는데, 모두 같은 책을 가리킴. ☞ (135) 詩書易의 ※서(書) 참고.

♣ 『서경(書經)』의 내용을 공안국(孔安國)은 육체〔六體:전(典), 모(謨), 훈(訓), 고(誥), 서(誓), 명(命)〕로 나누었고, 공영달(孔穎達)은 십례〔十例:공안국의 육체(六體)＋공(貢), 정(征), 가(歌), 범(範)〕로 나누었다. 이를 설명하면 다음과 같다.

① 전(典) : 상(常:항상)·상법(常法)·헌법(憲法)의 뜻으로 고칠 수 없는 것이며, '제왕(帝王)의 명(命)을 받은 책(册)이다'는 의미가

내포되어 있다. 요·순(堯·舜)이 관직을 임명하고 궁정(宮廷)을 찬양한 일 등 요순 시대의 사적(事蹟)을 기록한 「우서(虞書)」의 요전(堯典)·순전(舜典)편이 이에 해당한다.

② 모(謨) : 모(謀)라고도 하며, 계획 및 시정(施政)의 방침을 말하는 것으로 순(舜)임금이 신하들과 국가의 대계(大計)를 모의(謀議:논의論議)한 내용이 실려 있다. 「우서(虞書)」의 대우모(大禹謨)·고요모(皐陶謨)·익직모(益稷謨)편이 이에 해당한다.

③ 훈(訓) : 회(誨:일깨움)의 뜻이며, 후왕(後王)에게 모범이 될 가르침과 깨우침으로 신하가 군주에게 경계(警戒)하라고 아뢰는 오늘날의 건의서(建議書)와 같은 성격의 글이다. 「상서(商書)」의 이훈(伊訓)편이 있다.

④ 고(誥) : 소(召:부름)의 뜻으로 군주가 신하나 백성에게 새로운 정치의 시행을 알리는 것으로 오늘날의 유시(諭示)와 같은 성격의 글이다. 「상서(商書)」의 탕고(湯誥)·반경(盤庚), 「주서(周書)」의 대고(大誥)·강고(康誥)·주고(酒誥)·소고(召誥)·다사(多士)편 등이 이에 해당한다.

⑤ 서(誓) : 신(信:믿음,약속)의 뜻으로 군주가 신하나 군사들에게 맹세한 신상필벌(信賞必罰:공功을 세운 자는 반드시 상을 주고, 죄罪가 있는 자는 반드시 벌을 줌)의 말로 오늘날의 약속 및 조약(條約)의 서문(誓文)과 같은 것이다. 「상서(商書)」의 탕서(湯誓), 「주서(周書)」의 목서(牧誓)·비서(費誓)·진서(秦誓)편이 이에 해당한다.

⑥ 명(命) : 령(令:명령)의 뜻으로 군주가 신하나 백성들에게 내리는 정무(政務)와 관련된 명령(命令)으로 오늘날의 하달공문(下達公文)과 같은 것이다. 「상서(商書)」의 설명(說命), 「주서(周書)」의 고명(顧命)·문후지명(文侯之命)편 등이 이에 해당한다.

⑦ 공(貢) : 토론을 벌여 정책을 결정하는 것을 말하며, 우(禹)임금의 치수(治水)사업으로 백성의 삶이 안정됨에 따라서 조세제도(租稅制度)도 정하였다는 「하서(夏書)」의 우공(禹貢)편이 이에 해당한다.

⑧ 정(征) : 왕명을 받들어 정벌하는 것을 말하며, 하왕(夏王) 중강(仲康) 때 희화(羲和)라는 바르지 못한 제후가 있어서 중강이 윤후(胤侯)에게 명령하여 희화를 치게 하니, 윤후가 정벌에 앞서 군사들 앞에서 전쟁을 하게 된 취지를 말한 「하서(夏書)」의 윤정(胤

征)편이 이에 해당한다.

⑨ 가(歌) : 계(啓)의 큰아들 태강(太康)이 정치를 잘못하여 제위(帝位)를 잃게 되자 다섯 명의 아우가 한탄하는 노래를 만들어 부르며 자기들의 어리석고 못남을 말하고, 조부(祖父)인 우(禹)임금이 남겨 주신 교훈을 생각하면서 임금된 자의 마음가짐을 말했다고 하는「하서(夏書)」의 오자지가(五子之歌)편이 이에 해당한다.

⑩ 범(範) : 법(法)의 뜻이며, 은(殷)나라 때의 현자(賢者)인 기자(箕子)가 주(周)의 무왕(武王)을 위해 말했다고 하는 천지(天地 : 천하 天下)를 다스리는 큰 법이라고 하는「주서(周書)」의 홍범(洪範)편이 이에 해당한다.

☞ 공안국(孔安國 : ?~?) : 전한(前漢)의 경학자(經學者)로 자(字)는 자국(子國)이며, 공자(孔子)의 11세 손(世孫)으로 산동성(山東省) 곡부현(曲阜縣) 출신으로 한 무제(漢武帝) 때 박사(博士)를 거쳐 간의대부(諫議大夫)를 역임하였으며, 임회(臨淮 : 지금의 강소성江蘇省 사홍현泗洪縣 동남방東南方)의 태수(太守 : 지방 장관)에 이르렀으나 그 이후의 행적은 알 수가 없다. 무제 때 공자가 살던 옛집을 뜯을 때, 벽에서 나온『고문상서』·『예기』·『논어』·『효경』등의 책이 **과두문자**(蝌蚪文字)로 쓰인 것을, 당시에 쓰이던 문자와 대조(對照)·고증(考證)하고 해독(解讀)하면서 주석(註釋)을 붙였다. 이때부터 고문학파(古文學派)가 나오기 시작하여 훗날 금문학파(今文學派)와의 유교경전에 대한 금고문논쟁(今古文論爭)이 싹트기 시작한 것이다. 그러나 고문학파가 해독한 유교의 경전은 명·청대(明淸代)를 거치면서 학자들의 고증(考證)에 의하여 후세 사람들의 조작(造作)에 의한 위서(僞書)로 의심받거나 판정되기도 하였다.

• 과두문자(堵施文字) : 전하는 바에 의하면, 공자의 고택(古宅)에서 나온 유교의 고문 경전들이 과두문자(堵施文字)로 쓰여 있었다고 한다. 그래서 고문(古文)을 일명 과두문(堵施文)이라고도 한다. 과두문(堵施文)은 본래 춘추시대 진국(晋國)에서 쓰던 특수서체로 필획 위는 굵고, 끝은 가늘거나 또는 뾰족하고, 중간이 통통하여 올챙이 모양처럼 생겨서 붙은 이름이다. 과두문이란 아마도 춘추전국 시대에 중국 북방지역에서 유행하던 문자(文字)의 서체(書體 : 글자 모양)였을 것이다.

☞ 공영달(孔穎達 : 574~648) : 당대(唐代)의 경학자(經學者)로 자(字)는 중

달(仲達)이며, 공자(孔子)의 32세 손(世孫)으로 하북성(河北省) 익주(冀州) 형수(衡水) 출신으로 위·진·남북조(魏晋南北朝) 시대의 북조(北朝) 때 태어나서 어렸을 때에는 수(隋:581~618)의 유작(劉焯:544~610)에 게 학문을 배웠으며, 수 양제(隋煬帝:재위 605~616) 때 과거(科擧:명경과明經科)에 급제하고 관계(官界)에 진출하여 박사(博士)가 되었다. 당 태종(唐太宗:재위 627~649) 때에는 국자박사(國子博士)·국자좨주(國子祭酒)·동궁시강(東宮侍講)등을 역임하였다. 당 태종의 명(命)을 받들어 안사고(顔師古:581~645) 등과 함께 유작의 『오경술의(五經述議)』를 모방하고, 후한(後漢:25~219)의 정현(鄭玄:127~200)이 『오경』에 주(注) 단 것을 가지고, 『오경』의 주석서(註釋書)인 『오경정의(五經正義)』의 편찬을 주관하였는데, 『오경정의』의 서(序)는 그가 직접 지었다. 이 『오경정의』는 당대(唐代)에 과거과목(科擧科目)의 하나인 명경과(明經科)의 필수교재였다.

◐ 주례(周禮)

(147) **我 周 公** (148) **作 周 禮**
　　　아　　주　　공　　　　작　　주　　례

우리 주공께서는 『주례』를 지으셨는데,

我 나,나의 　　　　　　　　　아　　作 지을,일할,처음,작품,행동 작
周 두루,널리,돌,나라 이름 　주　　周 두루,널리,돌,나라 이름 　주
公 공평할,임금,존칭〔그대,당신〕 공　禮 예절,예의,예물,인사 　　　례

(149) **著 六 官** (150) **存 治 體**
　　　저　　육　　관　　　　존　　치　　체

'육관'의 임무를 정한 여섯 편으로 되어 있으며,
통치의 체제를 세우시고 보존하셨다.

著 나타날,지을,정할〔붙을,입을 착〕 저　存 있을,존재할 　　　　　　존
六 여섯,여섯 번,죽일(늑륙戮) 　　　록　治 다스릴,정치,병(病) 고칠 치
官 벼슬,벼슬아치,관청,일,맡을 　관　體 몸,근본,법,본받을 　　　　체

※ 주공(周公) : 주(周)나라 초기의 정치가. 문왕(文王)의 넷째아들이며, 무왕(武王)의 아우로 성(姓)은 희(嬉), 이름은 단(旦) 또는 숙단(叔旦)이고, 시호(諡號)는 원(元)이며, 봉지(封地)가 주(周:지금의 섬서성陝西省 기산岐山)의 북쪽에 있었기 때문에 주공(周公)이라고 높여 부른 것[존칭尊稱]이다. 무왕을 도와 주(紂)를 치고, 조카인 어린 성왕(成王)을 도와 주(周) 왕실의 기초를 세우고 제도(制度)와 예악(禮樂)을 정비하여 정전법(井田法)·주례(周禮)·종법제도(宗法制度) 등을 제정하였으니, 이는 주나라의 문화발전에 크게 이바지한 것이며, 제후(諸侯)의 직분을 밝혀서 가장 완비된 봉건제도(封建制度)를 제정하였다. 그는 중국 고대의 정치·사상·문화 등 다방면에 걸쳐서 큰 공을 세운 위대한 인물로 정치가이며, 동시에 훌륭한 스승이었다. 주공(周公)은 유가(儒家)의 이상적(理想的)인 인물(人物)로 공자(孔子)도 자신의 도(道)는 주공을 계승하였다고 했다. 그래서 공자는 '꿈에 주공을 자주 뵈었는데, 이제 늙고 쇠약해지니 뵙지 못하게 되었다'고 안타까워하면서 한탄했다고 『논어(論語)』「술이(述而)」편에 전한다. 이것은 공자가 주공을 얼마나 공경(恭敬)하고 사모(思慕)하였는지를 잘 보여 주는 것이다. 주공의 정치는 덕치(德治)로서 예치(禮治)라고 일컬어지며, 주대(周代)는 예교제도(禮敎制度)가 완비되었고, 정교(正敎:올바른 가르침, 교육)를 시행하여 문물제도(文物制度)가 정비되었으므로, 예(禮)와 덕(德)을 중요시하는 유가(儒家)의 학설(學說)은 여기에서 시작되었다고 말한다.

※ 주례(周禮) : ☞ (137) 號六經의 ※예(禮) → ☞『주례(周禮)』참고.

※ 육관(六官) : 『주례(周禮)』 6편의 명칭을 보면, 이 책은 원래 천(天)·지(地)·춘(春)·하(夏)·추(秋)·동(冬)에 관(官)자를 붙였다. 그래서 이 6편을 "육관(六官)[천관(天官)·지관(地官)·춘관(春官)·하관(夏官)·추관(秋官)·동관(冬官)]" 또는 "육전(六典)"이라고도 한다. 그러나 현존하는 6편은 진시황(秦始皇)의 분서갱유(焚書坑儒)로 「동관(冬官)」이 없어져서 대신 『고공기(考工記)』로 보충한 『주례(周禮)』이다. ☞ (137) 號六經의 ※예(禮) →☞『주례』참고.

☞ (147)~(150)이 장병린(章炳麟)의 증정본(增訂本)에는 "(147)周禮者 (148)著六官 (149)儀禮者 (150)十七篇"[『주례』는 주대(周代) 6관의 임무

를 정한 것으로 6편으로 되어 있으며, 『의례』는 주대의 예법(禮法)을 적은 것으로 17편으로 되어 있다.]으로 되어 있다.

이러한 『주례(周禮)』의 내용을 보면, 다음의 몇 가지로 나눌 수 있다.

① 총서(總序) : 육관 각 편의 맨 앞에 행정의 목표를 설정해 놓고 있다.

② 총직(總職) : 각 편의 총서(總序)아래에 6관의 총괄 임무를 적었다. 중앙 정부를 6부로 나누어 담당하게 한 여섯 사람의 장관(長官)을 말한 것으로 "육경(六卿)"이라고도 한다.

- 천관(天官)은 직무상 통솔하는 치관(治官)으로 그 장(長)은 총재(冢宰)이고, 모든 관료[관리]를 통솔한다.
- 지관(地官)은 직무상 가르치는 교관(敎官)으로 그 장(長)은 사도(司徒)이고, 교육(敎育)·재정(財政) 및 지방 행정(地方行政)을 담당한다.
- 춘관(春官)은 직무상 예(禮)를 갖추는 예관(禮官)으로 그 장(長)은 종백(宗伯)이고, 국가의 의례(儀禮)와 제사(祭祀)를 담당한다.
- 하관(夏官)은 직무상 병관(兵官)으로 그 장(長)은 사마(司馬)이고, 병마(兵馬)와 군대(軍隊) 등 국군(國軍)의 통솔을 담당한다.
- 추관(秋官)은 직무상 형관(刑官)으로 그 장(長)은 사구(司寇)이고, 국가 업무의 일반(一般)[전반(全般)]을 담당한다.
- 동관(冬官)은 직무상 사관(事官)으로 그 장(長)은 사공(司空)이고, 토목(土木)과 공예(工藝)를 담당한다.

「동관(冬官)」 대신 보충한 『고공기(考工記)』의 내용도 이에 준하고 있다.

☞ 『고공기(考工記)』 : 작자 미상의 공예 기술서로 백공(百工)에 관계된 사항을 기록한 것이다. 『주례』에는 '동관'이 빠져 있었는데, 한(漢)나라 무제(武帝) 때 "고공기"로 이를 보충하였기 때문에 『동관고공기』라고도 불렀다. 참고서는 송나라 때 왕안석(王安石)의 『고공기해(考工記解)』, 청나라 때 대진(戴震)의 『고공기도(考工記圖)』등이 있다.

③ 직등(職等) : 관직의 직등[종류]은 명관(命官:왕명王命으로 임명된 신하)·집사(執事:서인庶人 중에서 뽑아 관청에 근무케 한 자)·역예(役隸:

노비[노예]의 신분으로 노역勞役을 하는 자)의 세 가지로 나누고 있다.

④ 건제(建制) : 「천관(天官)」의 직(職) 가운데 각급관부(各級官府)의 등급을 정하였는데, 다음의 다섯 등급이 있다.

- 정(正) : 단위 기구의 수장(首長)으로 대재(大宰)·사도(司徒)·종백(宗伯) 등이 있다.
- 이(貳) : 각 기구의 부수장(副首長)으로 소재(小宰)·소사도(小司徒)·소종백(小宗伯) 등이 있다.
- 고(考) : 정(正)·이(貳)를 보좌하여 중요한 사무를 처리하는 관원으로 재부(宰夫)·향사(鄕師)·사사(肆師) 등이 있다.
- 은(殷) : 여러 사(士)로 상사(上士)·중사(中士)·하사(下士) 등이 있다.
- 보(輔) : 서민 출신 관원[관리]으로 집사(執事)에 해당하는 부(府)·사(史)·가(賈) 등이 있다.

⑤ 직장(職掌) : 6관 아래에 각 속관(屬官)의 전문적인 관장 엄무를 적어놓은 것으로 국가의 체제·정치·경제에서부터 시장(市場) 교역(交易)·사민(士 民)의 혼취(婚娶) 등까지를 자세히 적고 있다.

◑ 예기(禮記)

(151) 大 小 戴   (152) 注 禮 記
　　　대 소 대　　　　　주 예 기

숙부와 조카 관계인 대대(대덕)와 소대(대성)는
『예기』를 정리하여,

大 클(늑태太),훌륭할,높을,하늘　　대　　注 물댈,뜻둘,주석(注釋)할　주
小 작을,적을,젊을,낮을,짧을,소인　소　　禮 예절,예의,예물,인사　　　례
戴 머리 위에 일,받들,준 것을 받을 대　　記 기록할,욀,문서　　　　　기

(153) 述 聖 言   (154) 禮 樂 備
　　　슐 성 언　　　　　예 악 비

옛 성인의 말씀을 기술하고, 예의범절과 음악을 갖추었다.

述 지을,책 쓸,펼,말할,설명할 술 　　禮 예절,예의,예물,인사 　　　　　례
聖 성인,성스러울,슬기로울 　　　성 　　樂 풍류,음악〔즐길 락,좋아할 요〕 악
言 말씀,말할,말씨,언어,문자 　　언 　　備 갖출,준비할 　　　　　　　비

※ 대소대(大小戴) : 대대(大戴)와 소대(小戴)의 준말.
　① 대대(大戴:대덕戴德) : 중국 전한(前漢)의 경학자(經學者)로 금문예학
　　(今文禮學)인 대대학(大戴學)의 창시자이다. 자(字)는 연군(延君)이며,
　　대성(戴聖)을 소대(小戴)라고 부르는 데 비하여 대덕(戴德)을 대대(大
　　戴)라고 부른다.
　② 소대(小戴:대성戴聖) : 중국 전한(前漢)의 경학자(經學者)로 금문예학
　　(今文禮學)인 소대학(小戴學)의 창시자이다. 자(字)는 차군(次君)이며,
　　대덕(戴德)의 조카로 고대의 각종 예의(禮義)와 관련 있는 논술(論述)을
　　선집(選集)하여 『소대예기(小戴禮記)』를 편찬하였는데, 이것이 곧 오늘
　　날의 『예기(禮記)』이다. ☞ (136) 禮春秋의 ※예(禮) → ☞『예기(禮記)』참고.

※ 예기(禮記) : ☞ (136) 禮春秋의 ※예(禮) → ☞『예기(禮記)』참고.

　　☞(152)의 "注禮記(주예기)"가 "註禮記(주예기)"로 된 판본(版本)도 있다.
　　〔＊註(늑注):뜻을 풀어 밝힐,주해(註解)할,적을,기술(記述)할 주〕

※ 예악(禮樂) : 예의범절(禮義凡節)과 음악(音樂)으로, 고대 중국에서는 "예
　(禮)"는 사회(社會)의 질서(秩序)를 바로잡고 유지(維持)하기 위한 유교(儒
　敎)의 윤리규범(倫理規範)이었으며, "악(樂)"은 인심(人心)을 화합(和合)하
　게 한다고 하여 사회(社會) 교화(敎化:교육敎育)와 국가통치(國家統治)에
　중요시 되었다.

　　☞ (154)의 "禮樂備(예악 비)"가 "禮法備(예법 비)"〔예의(禮儀)의 규범(規範)을
　　갖추었다.〕로 된 판본(版本)도 있다.〔＊法:법,방법,본받을,불교의 진리 법〕

♣ 공자(孔子)는 도덕적(道德的)인 인간성(人間性)의 회복(回復)에 중
점을 두어 "자기의 욕망(慾望)을 극복(克服)하고 예(禮)를 따르면 어질

게 된다"〔克己復禮, 爲仁. 『論語』「顏淵」〕고 하여, 위인(爲人)의 방법으로 극기복례(克己復禮)할 것을 강조하였다. 인간(人間)의 아름다움이 인(仁)에 있다고 한다면, 예(禮)는 인(仁)으로 나아가기 위한 실천적인 의미를 지니고 있는 것이며, 여기서 예(禮)는 비로소 철학적(哲學的)인 기반을 구축하게 되는 것이다. 그래서 극기(克己)의 구체적인 방법으로 공자는 "예(禮)가 아니면 보지 말고, 듣지 말고, 말하지 말고, 행(行)하지 말라"〔非禮勿視, 非禮勿聽, 非禮勿言, 非禮勿動. 『論語』「顏淵」〕고 하였다. 이러한 예(禮)는 본래 종교적(宗敎的) 의례(儀禮)의 형식에서 정치적(政治的) 법제(法制) → 사회적(社會的) 전례(典禮) → 윤리적(倫理的) 예의(禮儀)로 확장되어 갔다.

그리고 악(樂)은 군(君)·신(臣)·민(民)·사(事)·물(物) 등의 각각의 도리(道理)에 통한다고 하여, 악(樂)을 모든 윤리(倫理)의 기본으로 하고 있다. 중국의 고대사회에서 악(樂)은 항상 예(禮)와 밀접한 관계를 가지고 있다.

국가(國家)의 대사(大事)라고 할 수 있는 제례(祭禮)에서 특히 예(禮)와 악(樂)은 강조되면서 병칭되어, "사람으로서 어질지 못하면 악(樂)이 무슨 소용이 있으랴? 사람이 어질지 못하면 예(禮)는 무슨 소용이 있으랴?"라고 하여, 예(禮)와 악(樂)의 이상적(理想的)인 모습으로 인(仁)을 결부(結付)시켜 말하였다. 이처럼 유가(儒家)에서 예·악을 중요시한 것은, 예(禮)와 악(樂)을 인(仁)의 표상(表象)으로 인식(認識)하였고, 예(禮)·악(樂)이 개인(個人)의 수양(修養)이나 사회(社會)의 안녕(安寧)과 질서유지(秩序維持)에 지대(至大)한 영향(影響)을 끼칠 수 있다는 것을 인식하고 있었기 때문이다.

◑ 시경(詩經)

(155) 曰 國 風 (156) 曰 雅 頌
　　 왈 　국 　풍 　　　 왈 　아 　송

'국풍'·'소아'·'대아'·'송'이라고 하는 것을

曰 말할,가로되,일컬을　왈　　　曰 말할,가로되,일컬을　　　왈
國 나라,국가,도읍,나라를 세울 국　　雅 우아할,바른 음악[정악(正樂)] 아
風 바람,민요,풍악,충고할　풍　　　頌 기릴,칭송할　　　　　　송

(157) **號 四 詩**　(158) **當 諷 詠**
　　　호　사　시　　　　　당　풍　영

사시(四詩)라고 부르며, 마땅히 잘 외우고 읊조려야 한다.

號 부를,일컬을,이름　호　　當 당할,마땅히,맡을,이,그　　　당
四 넉,넷,네,네번　　사　　諷 욀,안 보고 읽을,알릴,풍자(諷刺)할 풍
詩 시,시경,읊을　　시　　詠 읊을,노래할,사물에 빗대어 노래할 영

※ 국풍(國風) :『시경』의 내용을 분류한 것으로 '풍(風)', '아(雅)', '송(頌)'
　의 세가지가 있는데, 그 중에서 '국풍'이라고도 하는 "풍"은 '넌지시 말하
　여 깨우치다 · 사물에 비유하여 간(諫)하다'라는 자의(字義)를 가지고 있으
　며, 당시 각 제후국(諸侯國)과 각 지역의 지방(地方) 악곡(樂曲)으로 대부
　분 민간의 노래[민가(民歌)]로, 개인의 사사로운 연가(戀歌)이며, 따라서 천
　박(淺薄)한 언어(言語)로 쓰여진 소인(小人)과 여자(女子)의 작품들이다.
　그러므로 민요적(民謠的)인 특성이 강하고, 지방색(地方色)을 띤 풍자(諷
　刺)를 주요 내용으로 하고 있다. 주남(周南) · 소남(召南) · 패(邶) · 용
　(鄘) · 위(衛) · 왕(王) · 정(鄭) · 제(齊) · 위(魏) · 당(唐) · 진(秦) · 진(陳) ·
　회(檜) · 조(曹) · 빈(豳)의 15국풍 총 160편이다. ☞ (135)의 ※시(詩) 참고.
※ 아송(雅頌) : '아(雅)'와 '송(頌)'으로 나뉜다.

　☞ 아(雅) : 주(周)나라 천자(天子)가 직접 통치하던 지역의 악곡(樂曲)으
　　　로 '정악(正樂)'이라고도 부르고, 주로 조정(朝廷)의 일을 노래한 것으
　　　로 정치성(政治性)을 띠고 있으며, 공(公) · 경(卿) · 대부(大夫) 등 귀족
　　　층의 연가(宴歌)가 대부분이다. '대아(大雅)'와 '소아(小雅)'로 나뉘며,
　　　총 105편이다. 그 가운데 소아에는 부분적으로 민가(民歌)가 들어 있다.

　☞ 송(頌) : '천자(天子)의 성덕(盛德)을 칭송하는 글'이라는 자의(字義)를

가지고 있으며, 귀족 계층인 통치자가 천지신명(天地神明)과 조상(祖上)께 제사 지낼 때 사용한 가무극(歌舞劇)으로 '주송(周頌)'·'노송(魯頌)'·'상송(商頌)'으로 나뉘며, 주로 종묘(宗廟)에 관한 일을 노래한 것으로 종교성(宗敎性)을 띤 제시(祭詩) 및 송가(頌歌)의 성격을 지니고 있다. 따라서 천자(天子)의 제례악(祭禮樂)으로 덕(德)을 선양(宣揚)하고, 공(功)을 알리는 것을 그 목적으로 하고 있으며, 총 40편이 있다.

※ 사시(四詩) : "사시(四始)"라고도 하며, '국풍'·'대아'·'소아'·'송'의 네 부분으로 사시(四始)란 용어가 정식으로 처음 사용된 것은 모형(毛亨)이 지은 『시경(詩經)』의 서(序)이다. 이러한 사시설(四始說)은 견해(見解)를 달리하는 주장이 있어서, 고염무(顧炎武)는 '남(南)'·'빈(豳)'·'아(雅)'·'송(頌)'으로, 양계초(梁啓超)는 '남(南)'·'풍(風)'·'아(雅)'·'송(頌)' 등으로 분류하기도 했다.

☞ (157)의 "當諷詠(당풍영)"이 "當諷咏(당풍영)"으로 된 판본(版本)도 있다.
〔＊咏(≒詠):읊을, 노래할, 사물에 빗대어 노래할, 시가(詩歌)를 지을, 노래의 가사(歌詞) 영〕

● 춘추(春秋)

(159) 詩 旣 亡　(160) 春 秋 作
시　기　망　　　춘　추　작

『시경』이 이미 완성되고 채시제도(採詩制度)가 없어진 뒤에 공자가 『춘추』를 지어 정치를 바로잡았는데,

詩 시,시경,읊을	시	春 봄,젊음,남녀의 정(≒情)	춘	
旣 이미,벌써,이윽고,없어질,끝날	기	秋 가을,결실,때,세월,나이	추	
亡 망할,도망칠,죽을,잃을,없을,잊을	망	作 지을,일할,처음,작품,행동	작	

(161) 寓 褒 貶   (162) 別 善 惡
우 포 폄   별 선 악

춘추필법에는 칭찬과 나무람이 포함되어 있고,
선과 악이 분명하게 구별되어 있다.

寓 머무를,숙소,붙어살,부칠,맡길 우   別 나눌,헤어질,갈래,이별,따로   별
褒 기릴,칭찬할,클,넓고 큰 옷자락 포   善 착할,잘,훌륭할,친할,닦을   선
貶 덜,물리칠,벌줄,귀양보낼   폄   惡 악할,더러울,추할〔미워할 오〕 악

※ 춘추(春秋) : ☞ (136)의 ※춘추(春秋) 참고.

☞ 채시제도(採詩制度) : 중국의 서주(西周) 시대에는 나라에서 채시관(採詩
官)을 두어 민간(民間)의 시가(詩歌)를 수집하였는데, 서주 시대(B.C.1134 무
왕武王~B.C.771 유왕幽王)부터 동주(東周) 시대(B.C.770 평왕平王~B.C.250
혜공惠公) 초기에 이르기까지 수집(蒐集)한 시가(詩歌)가 가장 많았다.

※ 포폄(褒貶) : ① 칭찬과 나무람. ② 시비선악(是非善惡)을 판단하여 결정함.

☞ 춘추필법(春秋筆法) : 역사서(歷史書)인 『춘추(春秋)』와 같이 비판의 태
도가 매우 엄정(嚴正)함을 이르는 말로 대의명분(大義名分)을 밝혀 세우
는 역사를 기술(記述)하고 논(論)하는 방법이다.

(163) 三 傳 者   (164) 有 公 羊
삼 전 자   유 공 양

『춘추』를 해석한 삼전으로는 『공양전』이 있고,

三 석,셋,세번,자주,여러번,거듭   삼   有 있을,또(≒우又),많을   유
傳 전할,펼,전기(傳記),경서의 주해 전   公 공평할,임금,존칭[그대·당신] 공
者 놈,사람,것,곳   자   羊 양,상서(祥瑞)로울,배회할   양

(165) **有 左 氏**
　　유　좌　씨

(166) **有 穀 梁**
　　유　곡　량

『좌씨전』이 있으며,『곡량전』이 있다.

有 있을,또(≒우又),많을　　　　　유　　　有 있을,또(≒우又),많을　　　　　유

左 왼쪽,낮을,내칠,도울(≒좌佐)　좌　　　穀 곡식,양식,기를,녹(≒록祿)　　곡

氏 각시,성(姓),씨〔나라이름 지〕씨　　　梁 들보,기장,수수,나라 이름　　량

※ 삼전(三傳) : "춘추(春秋)삼전(三傳)"을 가리킨다.『춘추』는 글이 매우 간결
　 하여 경문(經文)이 어떤 의미를 지니고 있는지 쉽게 이해하기가 어렵다. 따
　 라서 경문에 대한 주석(註釋)을 한 것이 오늘날 전하는 삼전으로『좌씨전』
　 30권 ·『공양전』11권 ·『곡량전』11권이 있다.
　 ☞ (136)의 ※춘추(春秋) 참고.

※ 공양(公羊) : ☞ (136)의 ※춘추공양전(春秋公羊傳) 참고.

※ 좌씨(左氏) : ☞ (136)의 ※춘추좌씨전(春秋左氏傳) 참고.

※ 곡량(穀梁) : ☞ (136)의 ※춘추곡량전(春秋穀梁傳) 참고.

제자 백가(諸子百家)

(167) **經 旣 明**
경 기 명

(168) **方 讀 子**
방 독 자

경서(經書)를 분명하게 이해하고 나면,
바야흐로 제자(諸子)의 책[서書]을 읽어야 하는데,

經 책,세로,길,지낼,법,떳떳할   경
旣 이미,벌써,이윽고,없어질,끝날   기
明 밝을,밝힐,낮,빛,해,달,별   명

方 네모,방향,곳,방법,견줄처방   방
讀 읽을,설명할〔구두,구두점 두〕   독
子 아들,자식,사람,당신,열매   자

(169) **撮 其 要**
촬 기 요

(170) **記 其 事**
기 기 사

각각의 책에서 그 요점(대체적인 줄거리)을 뽑아서
그 책 내용의 모든 사실을 기록해 놓아야 한다.

撮 취(取)할,모을,사진(寫眞)찍을   촬
其 그,키(늑기箕)   기
要 중요할,구할,허리(늑요腰),근본   요

記 기록할,외울,문서   기
其 그,키(늑기箕)   기
事 일,섬길,부릴,종사할   사

※ 경(經) : 유가(儒家)의 사서(四書)와 육경(六經)을 가리킨다.

☞ 경서(經書) : 유교(儒敎)의 교리(敎理)를 기록(記錄)한 책(册)으로, 공자(孔子)와 같은 유가(儒家)의 성인(聖人)·현인(賢人)들이 지은 책(册)이나 글[문(文)].

☞ 사서 육경(四書 六經):『논어』·『맹자』·『중용』·『대학』과 『시경』·『서경』·『주역』·『예기』·『춘추』·『악기(樂記)』또는『주례(周禮)』.

※ 명(明) : 경서(經書)의 이치(理致)와 의미(意味)에 통달(通達)함을 말한다.

※ 자(子) : 제자(諸子)로, 이는 '제자백가(諸子百家)'의 서(書:책册)를 가리킨다.

☞ 제자서(諸子書) : 제자백가(諸子百家)의 서(書)를 가리키며, '제자백가'
는 중국의 춘추전국(春秋戰國) 시대인 선진(先秦) 시대부터 한(漢)나라
초기까지 일가(一家)의 학설(學說)을 이룬 사람들의 학설 및 학파.
① 유가(儒家) : 공자(孔子), 자사(子思), 맹자(孟子), 순자(荀子) 등
② 도가(道家) : 노자(老子), 열자(列子), 장자(莊子), 양자(楊子) 등
③ 음양가(陰陽家) : 기자(箕子), 추연(騶衍) 등
④ 법가(法家) : 관중(管仲), 신불해(申不害), 상앙(商鞅), 한비자(韓非
子) 등
⑤ 명가(名家) : 혜시(惠施), 공손룡(公孫龍) 등
⑥ 묵가(墨家) : 묵자(墨子), 전구(田鳩) 등
⑦ 종횡가(縱橫家) : 귀곡자(鬼谷子), 소진(蘇秦), 장의(張儀) 등
⑧ 잡가(雜家) : 여불위(呂不韋), 유안(留安) 등
⑨ 농가(農家) : 허행(許行) 등의 9개 학파를 통틀어 '구류(九流)'라고 하며
⑩ 소설가(小說家) : 유향(劉向) 등을 덧붙여 '십가(十家)'라고 일컫는다.

(171) **五 子 者**
　　　오　　자　　자

(172) **有 荀 楊**
　　　유　　순　　양

제자백가 가운데 다섯 분의 훌륭한 철학자로는 순자와
양웅,

五 다섯,다섯 번,다섯째　　　오　　有 있을,또(늑우又),많을　　　　유
子 아들,자식,사람,당신,열매　자　　荀 풀 이름,주대(周代)제후(諸侯) 이름 순
者 놈,사람,것,곳　　　　　　자　　楊 버들,버드나무,성(姓)　　　　양

(173) **文 中 子**
　　　문　　중　　자

(174) **及 老 莊**
　　　급　　노　　장

왕통, 그리고 노자와 장자가 있다.
〔그러므로 다섯 분의 책의 가치를 잘 알고 읽어야 한다.〕

文 글,책,문채,결,법,빛날,꾸밀 문   及 미칠,닿을,및,함께,급제(及第)할 급
中 가운데,마음,찰,맞을 중   老 늙을,늙은이,익숙할,노자(老子) 노
子 아들,자식,사람,당신,열매 자   莊 장엄할,씩씩할,꾸밀,별장,장자 장

※ 순(荀) : 순자(荀子)를 가리킨다. 성(姓)이 순(荀)이고, 명(名)은 황(況)이
  며, 전국시대(戰國時代) 칠웅[七雄:연(燕)·위(魏)·제(齊)·조(趙)·진
  (秦)·초(楚)·한(韓)]의 하나인 초나라 난릉(蘭陵:오늘날의 산동성山東省
  창산현蒼山縣 서남의 난릉진蘭陵鎭)사람으로 순경(荀卿)이라고도 불리운다.
  여기서 경(卿)은 당시의 사람들 이 성(姓)에 붙여서 부르는 존칭이며, 순자
  를 지칭한 것이다. 그는 예의(禮義)로써 사람의 성질을 바로잡을 것을 주장
  하고, 맹자(孟子)의 성선설(性善說)에 대하여 성악설(性惡說)을 제창하였으
  며, 저서로는『순자(荀子)』20권이 있고, 한비자(韓非子)는 그의 문하생(門
  下生)이다.

※ 양(楊) : 양웅(楊雄)을 가리킨다. 전한(前漢)의 유학자(儒學者)로 자(字)는
  자운(子雲)이고, 촉군(蜀郡:오늘날의 사천성四川省) 성도(成都) 사람이다.
  사부(詞賦)에 능하다고 알려졌으며, 만년(晩年)에는 사상적(思想的)인 글을
  주로 썼다. 양웅의 사상은 한(漢)나라 때의 관념적(觀念的)·객관주의적(客
  觀主義的) 경향을 대표하고 있으며, 저서로는『법언(法言)』·『태현경(太玄
  經)』이 있다.

  ☞ 제자백가(諸子百家) : ☞ (168)의 ※제자서(諸子書) 참고.

※ 문중자(文中子) : 수(隋)나라 때의 사람인 왕통(王通)의 시호(諡號:죽은 뒤
  에 나라에서 내린 호)이며, 왕통이『논어(論語)』를 본떠 지은 책(冊)의 명
  칭이기도 하다. 이『문중자』는 일명『중설(中說)』이라고도 부른다. 왕통은
  자(字)가 중엄(仲淹)이며, 저서로는『원경(元經)』·『중설(中說)』이 있다.

※ 노장(老莊) : 노자(老子)와 장자(莊子)를 가리킨다.

  ☞ 노자(老子) : 주(周)나라 때의 철학자(哲學者)로 성(姓)은 이(李)이고,
    명(名)은 이(耳)이며, 자(字)는 백양(伯陽)이고, 시호(諡號)는 담(聃)이

다. 도가(道家)의 시조(始祖)로서 자연법칙에 기초를 둔 도덕의 절대성을 역설하였다. 저서에 대도무위(大道無爲)의 사상(思想)을 설(說)한 5,000언(言)의 전편(前篇) 도경(道經)과 후편(後篇) 덕경(德經)으로 구성된 『도덕경(道德經)』이 있는데, 이를 『도덕진경(道德眞經)』 또는 『노자(老子)』라고도 한다.

☞ **장자(莊子)** : 전국시대(戰國時代)의 학자로 명(名)은 주(周)이고, 자(字)는 자휴(子休)이며, 호(號)는 남화진인(南華眞人)이다. 맹자(孟子)와 같은 시대의 사람으로 평생을 벼슬하지 않고 은둔생활을 한 군자(君子)로 도(道)의 일원론(一元論)을 주창(主唱)하여 노자(老子)의 설(說)을 조술(祖述)하고, 유가(儒家)의 사상을 반박하였다. 저서로는 『장자(莊子)』가 있는데, 이를 『남화진경(南華眞經)』이라고도 한다. 노자의 『도덕경』과 함께 대표적인 도가(道家)의 저작으로 내편(內篇)·외편(外篇)·잡편(雜篇)으로 구성되어 있으며, 원래 52편이었던 것이 지금은 33편만이 전한다.

Ⅳ. 흥망성쇠(興亡盛衰)

(175) 經 子 通 (176) 讀 諸 史
경　　자　　통　　　　독　　제　　사

경서와 제자서를 읽어서 그 이치와 내용에 능통하고,
여러 역사책을 읽으면,

經 책,세로,길,지낼,법,떳떳할 경　　讀 읽을,설명할　　　　　　독
子 아들,자식,사람,당신,열매 자　　諸 모든,여러(늑서庶),무릇(늑서庶)　제
通 통할,다닐,알릴,깨달을　 통　　史 역사,사관(史官),기록된 문서,문인 사

(177) 考 世 系 (178) 知 終 始
고　　세　　계　　　　지　　종　　시

왕조(王朝)의 계보(系譜)를 살피면,
한 왕조의 종말과 다음 왕조의 시작을 알게 된다.

考 상고할,헤아릴,살필,죽은아버지　고　　知 알,앎,지식,슬기,분별할　지
世 대(代),대대로,세상,때,시대,한평생 세　　終 마칠,끝낼,끝,종말,마침내 종
系 이을,계통(系統),혈통(血統)　　계　　始 처음,비로소,시작할,근본 시

※ 경자(經子) : 경(經)·사(史)·자(子)·집(集)에서의 경(經)과 자(子)를 가
리킨다. 『수서(隋書)』「경적지(經籍志)」에서 시작된 서적(書籍)의 분류 법
(分類法)으로 경서(經書)·역사서(歷史書)·제자류(諸子類)·시문집(詩文
集)의 네 가지가 있다.

• 경서에는 『주역(周易:역경易經)』·『상서(尙書:서경書經)』·『모시(毛詩:시
경詩經)』·『예기(禮記)』·『춘추좌씨전(春秋左氏傳)』과 『주례(周禮)』 또는
『악기(樂記)』의 "육경(六經)"과 여기에 『춘추곡량전(春秋穀梁傳)』·『춘추
공양전(春秋公羊傳)』·『의례(儀禮)』·『논어(論語)』·『효경(孝經)』·『이아
(爾雅)』·『맹자(孟子)』를 더한 "십삼경(十三經)"이 있다. 『대학(大學)』과
『중용(中庸)』은 『예기』속에 포함되어 있다.

- 역사서에는 『사기(史記)』·『한서(漢書)』·『후한서(後漢書)』·『삼국지(三國志)』·『진서(晉書)』·『송서(宋書)』·『남제서(南齊書)』·『양서(梁書)』·『진서(陳書)』·『위서(魏書)』·『북제서(北齊書)』·『주서(周書)』·『남사(南史)』·『북사(北史)』·『수서(隋書)』·『구당서(舊唐書)』·『신당서(新唐書)』·『구오대사(舊五代史)』·『신오대사(新五代史)』·『송사(宋史)』·『요사(遼史)』·『금사(金史)』·『원사(元史)』·『신원사(新元史)』·『명사(明史)』의 "이십오사(二十五史)"에 『청사고(淸史稿)』를 더한 "이십육사(二十六史)"가 있다.
- 제자류의 책으로는 『노자(老子)』·『장자(莊子)』·『순자(荀子)』·『한비자(韓非子)』·『관자(管子)』·『열자(列子)』·『묵자(墨子)』·『여씨 춘추(呂氏春秋)』·『회남자(淮南子)』등의 제자백가(諸子百家)의 책(冊)들이 있다.
- 시문집으로는 『천가시(千家詩)』·『당시삼백수(唐詩三百首)』·『고문진보(古文眞寶)』·『당송팔대가문(唐宋八大家文)』·『문심조룡(文心彫龍)』·『문선(文選)』등의 수많은 책들이 있다.

※ 사(史) : 역사(歷史)에 관한 책(冊:서書)을 가리킨다. 이 사서(史書)는 한 나라의 태평성대(太平聖代)와 난세(亂世)인 치란(治亂)과 흥망(興亡)에 관한 일과 사건을 기록한 것으로, 여기에는 국사(國史)와 통사(通史)의 두 종류가 있다. '국사'는 한 왕조(王朝:나라)의 일을 기록한 것으로 『사기』·『한서』와 같은 것이 있고, '통사'는 고금(古今)의 일을 기록한 것으로 주자(朱子:주희朱熹)가 엮은 것으로 역대 중국 왕조의 정통(正統)·비정통(非正統)을 분별하고, 대요(大要)[강(綱)]와 세목(細目)[목(目)]으로 나누어 기술(記述)한 『자치통감강목(資治通鑑綱目)』같은 것이 있다.

※ 세계(世系) : 세(世)는 '이어 내려오는 가계(家計), 왕조의 임금 차례, 30년'이라는 의미를 가지고 있으며, 대대(代代)의 혈통(血統)으로 왕조(王朝)의 계보(系譜)를 가리킴.

삼황(三皇)과 이제(二帝)

(179) **自 義 農**
　　자　희　농

(180) **至 黃 帝**
　　지　황　제

복희씨와 신농씨에서부터 황제에 이르기까지

自 스스로,저절로,~로부터,~보다　　　　자
義 내 쉬는 숨,복희씨의 약칭(略稱)　　　희
農 농사,농부,힘쓸,신농씨의 약칭　　　　농

至 이를,올,지극할,힘쓸,이룰　　지
黃 누를,누른 빛,황금　　　　　　황
帝 임금,천자(天子),하느님　　　제

(181) **號 三 皇**
　　호　삼　황

(182) **居 上 世**
　　거　상　세

고대 중국의 전설에 나오는 세 임금은 삼황이라고 불리
우며, 이들은 상고시대(上古時代)에 살았다.

號 부르짖을,부를,일컬을,이름,명령　　호
三 석,셋,세,세번,자주,여러번,거듭　　삼
皇 임금,황제,천자,클,훌륭할,바를　　황

居 살,있을,앉을,곳,자리,무덤　　　거
上 위,웃,하늘,임금,숭상(崇尙)할　　상
世 대(代),대대로,세상,때,시대　　　세

♧ 여기서부터는 중국(中國)의 역사(歷史)를 언급(言及)하고 있다.

※ 희농(義農) : 복희씨(伏羲氏)와 신농씨(神農氏)를 가리킨다.
　　☞ (181)의 ※삼황(三皇) 참고.

※ 황제(黃帝) : ☞ (181)의 ※삼황(三皇) 참고.

※ 삼황(三皇) : 고대 중국의 전설(傳說)에 나오는 세 임금으로 복희씨(伏羲
　　氏)・신농씨(神農氏)・황제(黃帝)나 수인씨(燧人氏), 또는 천황씨(天皇
　　氏)・지황씨(地皇氏)・인황씨(人皇氏)를 가리킨다.
　　• 복희씨는 팔괘(八卦)를 처음으로 만들고, 그물[망(网)]을 발명(發明)하여

고기 잡는 방법을 가르쳤다고 한다. 포희(包犧)라고도 하며, 창조(創造)의 신(神)으로 알려져 있다.

- 신농씨는 성(姓)이 강(姜)이고, 사람의 몸에 소의 머리를 한 인신우수(人身牛首)이며, 화덕(火德)으로 임금이 되었기 때문에 염제(炎帝)라고도 한다. 백성에게 농사(農事)짓는 법을 가르쳤으며, 의료(醫療)와 음악(音樂)의 신(神)이며, 64괘(卦)를 만들었기 때문에 역(易)의 신(神)이기도 하다. 또한 주조(鑄造)의 신(神), 양조(釀造)의 신(神), 교역(交易)의 방법을 가르쳐 준 상업(商業)의 신(神)으로도 알려져 있다.

- 황제는 고대 중국의 전설적(傳說的)인 제왕(帝王)으로 성(姓)은 공손(公孫)이고, 이름은 헌원(軒轅)이며, 처음으로 곡물(穀物) 재배(栽培) 방법을 가르쳤고, 문자(文字)와 음악(音樂), 그리고 도량형(度量衡)을 정하였다고 한다.

- 수인씨는 전설적인 인물로 복희씨 이전의 사람인데, 불[화(火)]을 사용하는 법과 식물(植物)의 조리법(調理法)을 전하였다고 한다.

※ 상세(上世) : ① 상고(上古:아주 오랜 옛날), 태고(太古)라고도 하며, 역사상(歷史上) 시대(時代) 구분(區分)의 하나로 선사(先史) 시대의 다음인 고대(古代)로 문헌(文獻)에 의존(依存)할 수 있는 한(限)에서의 가장 옛날을 가리킨다. 대개 우리나라의 국사(國史)에서는 단군(檀君) 시대로부터 삼한(三韓) 시대까지를 '상고(上古) 시대(時代)'라고 하며, 동양사(東洋史) 가운데 중국사(中國史)에서는 선진(先秦) 시대까지를 '상고 시대'라고 한다.

☞ 선진(先秦) : 주(周)나라 초(初)부터 춘추전국시대(春秋戰國時代)까지로 진(秦) 나라가 중국 최초(最初)의 통일 국가(統一國家)를 형성(形成)[B.C.221년] 하기 이전(以前)의 시기(時期)를 "선진(先秦)"이라고 부른다.

② 윗대(代) : 자기보다 하나 위의 세대(世代)인 '아버지의 세대', 또는 '기성(旣成) 세대'를 의미한다. 이럴 때 대체로 1세대는 30년이라고 말하는데, 세(世)자(字)가 십(十) + 십(十) + 십(十)의 삼십(三十:卅)으로 자형(字形)에 그 의미가 내포되어 있는 것이다. 그러나 오늘날의 청소년(靑少年)들은 극단적(極端的)인 표현(表現)으로 시간(時間:hour)을 기준(基準)으로 세대 차이(世代差異)를 느낀다고 말하기도 한다.

☞ 오제(五帝) : 고대(古代) 중국(中國)의 다섯 성군(聖君:어질고 덕德을

고루 갖춘 훌륭한 임금)으로 삼황(三皇)과 더불어 "삼황오제(三皇五帝)"라는 성어(成語)로 많이 사용된다. 이 '오제(五帝)'에 대해서는 다음과 같은 여러 가지 설(說)이 있다.

① 태호(太昊) · 염제(炎帝) · 황제(黃帝) · 소호(少昊) · 전욱(顓頊)

② 소호(少昊) · 전욱(顓頊) · 제곡(帝嚳) · 요(堯) · 순(舜)

③ 황제(黃帝) · 전욱(顓頊) · 제곡(帝嚳) · 요(堯) · 순(舜)

④ 복희씨(伏羲氏) · 신농씨(神農氏) · 황제(黃帝) · 요(堯) · 순(舜)

위에서 ②는 그 출전(出典)이 전한(前漢)의 사학자(史學者)인 사마천(司馬遷 : B.C.135?~93?)이 지은 『사기(史記)』이다.

- 태호(太昊) : 태호(太皞 : 太皡), 또는 태을(太乙)이라고도 하며, 옛 황제(皇帝)의 이름으로 복희씨(伏羲氏), 또는 목덕(木德)이라고도 부른다. 수인씨(燧人氏)의 뒤를 이어 황제(皇帝)가 되었다. 팔괘(八卦) · 서계(書契) · 혼인(婚姻) 제도를 만들고, 그물을 얽었고, 희생(犧牲)[가축(家畜)]을 기르고, 금슬(琴瑟)을 만들었다.

- 염제(炎帝) : 중국 고대 제왕(帝王)의 한사람인 신농씨(神農氏)를 가리키며, 화덕(火德)으로 왕이 되었기 때문에 "염제"라고 부르게 된 것이다. 염제는 사람의 몸에 소의 머리[인신우수(人身牛首)]를 하였으며, 농업(農業)의 시조(始祖)인데, 고대 중국에서는 화전(火田) 농업을 하였기 때문에 화신(火神)이 곧 농신(農神)이 된 것이다. 그는 뇌사(耒耜)라는 농기구를 만들어 백성에게 농경(農耕)을 가르쳤으며, 저자[시장(市場)]를 세워 교역(交易)과 물물교환(物物交換)을 할 수 있도록 하였다.

- 소호(少昊) : 중국 고대의 제왕으로 이름은 얼(孼)이며, 황제(黃帝)의 아들이다. 태호(太昊)의 법(法 : 가르침)을 닦았기 때문에 "소호(少昊)"라고 부르게 된 것이다. 달리 금천씨(金天氏) 또는 금궁씨(金窮氏)라고도 일컫는다.

- 전욱(顓頊) : 중국 고대의 제왕으로 황제(黃帝)의 손자이며, 창의(昌意)의 아들로 소호가 숙부(叔父)이다. 달리 고양씨(高陽氏)라고도 한

다. 여기서 "전욱"의 자의(字意)를 살펴보자. 전(顓)은 전(專)으로 '담당한다'는 뜻이고, 욱(頊)은 정(正)으로 '바르게 한다'는 뜻이다. 그러므로 "전욱"이란 '천(天)과 인(人)의 도(道)를 능히 바르게 하였다'는 뜻의 명칭이다.

• 제곡(帝嚳) : 중국 고대의 제왕으로 황제(黃帝)의 증손(曾孫)이며, 고신씨(高辛氏)라고도 한다. 이름은 준(夋)이며, 용(龍)과 말[마(馬)]을 즐겨 탔으며, 노래를 짓고, 악기(樂器)도 만들었다고 전한다. 전국 시대(戰國時代)에 찬(撰)한 것으로 전하는 『세본(世本)』에 의하면, 아들로는 후직(后吊), 설(契), 요(堯), 제지(帝摯)가 있다.

☞ (181)의 "號三皇(호삼황)"이 "幷頊嚳(병욱곡)"로 된 판본(版本)도 있다.
⇨∴ 해석 : 복희씨와 신농씨에서부터 황제에 이르기까지의 삼황과 "아울러 전욱(顓頊), 그리고 제곡(帝嚳)은" 중국의 상고시대에 살았다.

```
幷 : 아우를,합할,겸할                                          병
頊 : 삼갈,명할,인명(人名:중국 고대의 황제=전욱顓頊)            욱
嚳 : 급히 아뢸,제왕(帝王) 이름[중국 고대 오제(五帝)의 한 분]   곡
```

♣ (179)의 "自羲農(자희농)"부터는 중국(中國)의 역사(歷史)를 언급(言及)하고 있다.

(183) **唐 有 虞**　(184) **號 二 帝**
　　　당　유　우　　　　　호　이　제

당과 유우는 요임금과 순임금으로 이 두 임금님은
두 분의 제왕이라는 뜻의 '이제'라고 불리우며,

唐 도당(陶唐),당우(唐虞),나라 이름	당	號 부를,일컬을,이름,명령	호
有 있을,또(늑우又),많을	유	二 두,두 번,둘로 나눌,버금	이
虞 염려할	우	帝 임금,천자(天子),하느님	제

(185) 相 揖 遜 (186) 稱 盛 世
상 읍 손 칭 성 세

이 두 분은 서로 각각 왕위를 사양하면서 겸손하게 양
보하여, 후세에 두 분이 다스리던 시기를 살기좋은 태
평성세(太平盛世)라고 일컬으며 칭송(稱頌)하였다.

相 서로,볼,도울,정승(政丞) 상	稱 일컬을,칭찬할,명성,명예	칭
揖 읍할,사양할 읍	盛 담을,넘칠,번성할,절정,대업(大業)	성
遜 겸손할,양보할,순종할 손	世 대(代),대대로,세상,때,시대,평생	세

※ 당(唐) : 도당(陶唐)의 준말이며, 요(堯)임금의 호(號)이다. 중국 고대의 성
군(聖君)으로 성(姓)은 이기(伊祁), 이름은 방훈(放勳)이라고 한다. 제곡(帝
嚳) 고신씨(高辛氏)의 아들로 재위(在位) 기간은 대략 백여 년[B.C.2350경~
B.C.2250경]이었다고 한다. "요(堯)"의 자의(字意)는 '높다[고(高)]·풍요롭
다[요(饒)]'로서, 도당씨(陶唐氏)의 말이 지극히 높기 때문에 그것으로 호
(號)를 삼았다고 한다. 공자(孔子)는 유가(儒家)의 이상적인(理想的)인 성군
(聖君)으로 요(堯)임금의 성덕(盛德)을 높이 칭송(稱頌)하였다. 요(堯)는 덕
(德)으로 백성(百姓)을 교화(敎化)시켜 무위(無爲)의 정치(政治)를 하였으
며, 덕치주의(德治主義)에 성공한 이상적인 군주(君主)로 평가된다.
여기서 서진(西晉) 때 황보밀(皇甫謐)이 지은 『제왕세기(帝王世紀)』에 실려
있는 "격양가(擊壤歌)"를 소개한다. 이 격양가는 요(堯)임금 때에 천하가 태
평(太平)하고 평안(平安)하여, 한 노인이 지팡이로 흙을 치며 안락(安樂)한
날을 보낼 수 있음을 즐거이 소리 높여 불렀던 것이라고 전한다.

해 뜨면 일 하고,	日出而作
해 지면 쉬네.	日入而息
우물 파 물 마시고,	鑿井而飮
밭 갈아 밥 먹 는데,	耕田而食
임금의 힘이 나에게 무슨 소용 있 으리?	帝力於我何有哉

※ 유우(有虞) : 줄여서 우(虞)라고 하며, 순(舜)임금의 호(號)이다. 중국 고대
의 성군(聖君)으로 성(姓)은 요(姚), 이름은 중화(重華)라고 한다. 전욱(顓
頊)의 후손이며, 고수(瞽瞍)의 아들이다. 요(堯)로부터 제위(帝位)를 물려받

아 48년(B.C.2255~B.C.2208) 동안 재위(在位)에 있었으며, 국호(國號)를 우(虞)라고 하였다. 원(元)나라 때 곽거경(郭居敬)이 지은 『이십사효(二十四孝)』의 맨 앞에 "효감동천(孝感動天)"이라는 제목으로 순(舜)임금의 효행(孝行)이 전한다.

그는 성품이 착하고 매우 효성스러웠다. 그러나 아버지는 예의를 모르는 무식한 사람이었으며, 어머니 [계모] 또한 충성이나 신의와 같은 도덕적인 말은 전혀 모르는 어리석은 아낙네였다. 이복동생 상(象)은 성격이 오만하고 윗사람을 공경할 줄 모르는 무례한 아이였다. 그는 이렇게 썩 좋지 않은 가정에서 자라면서도 조금도 이를 원망하는 마음이 없이, 여전히 부모님에게 효도하고 윗어른을 공경하였다. 그리고 형제간에도 우의가 돈독하여 그를 죽이려고까지 하는 등 괴롭히는 가족들 사이에서 슬기롭게 위기를 잘 넘기곤 하였다.

순이 역산(歷山:산동성 소재)에서 밭을 갈 때에는 코끼리가 긴 코로 도와 밭을 갈고, 새가 부리와 발톱으로 김매는 것을 도왔으니, 그의 효심이 금수(禽獸)까지도 감동시킨 것이다.

뇌택(雷澤:하남성河南省과 산동성山東省에 접하고 있는 연못)에서 고기를 잡을 때에는 번개를 동반한 매서운 비바람이 몰아쳐도 당황하여 갈피를 잡지 못하거나 길을 잃고 헤매는 일이 없었다. 비록 힘이 다하여 여위고 병이 들어도 원망하는 마음이 없었다.

요임금이 순의 이러한 이야기를 듣고 불러들여, 9명의 아들로 하여금 그를 받들고 섬기게 하였으며, 두 딸 아황(娥皇)과 여영(女英)을 순에게 시집보냈다. 그리고 모든 관원을 거느리고 정치적인 일을 관장하는 백규(百揆)에 임명하였으며, 훗날 요임금은 왕위도 순에게 물려 주었다.

순(舜)은 학교(學校)를 세워 예(禮)를 밝히고, 악(樂)을 선양(宣揚)하였다. 그의 치덕(治德)의 요점은 요(堯)를 계승하여 하늘을 본받고 민의(民意)를 따랐으며[법천순민(法天順民)], '중(中)'으로써 정치도덕(政治道德)의 근본을 삼았다. 그리고 이를 다시 우(禹)임금에게 전하였다.

순(舜)은 유가(儒家)의 이상적(理想的)인 성군(聖君)으로 요(堯)·순(舜)으로 병칭되며, 유덕(有德)함과 아울러 임금이 생존 중에 세습(世襲)이 아닌 유덕한 자에게 왕위를 물려 준 선양(禪讓)의 대표적인 인물로 불리워진다. 요

(堯)·순(舜)·우(禹)·탕(湯)·문(文)·무(武)로 이어지는 성군(聖君)의 계
보(系譜)에 있어서, 그가 다스린 세상[시대]을 순(舜)의 치세(治世)와 더불어
"요순 시대", 또는 "당우 시대"라고 하여 가장 이상적인 세상으로 일컬어졌고,
유교사상(儒敎思想)이 구현(具現)하는 지향처(指向處)[이상향(理想鄕)]로 삼게
되었다.

※ 읍(揖) : 상대방에게 공경(恭敬)의 뜻을 나타내는 예의(禮義)로 두손을 마
　　주잡고 상체를 앞으로 구부리며 인사하는 것.

※ 성세(盛世) : ① 번성(繁盛)하고 태평(太平)한 세상(世上).
　　　　　　　 ② 국운(國運)이 강성(强盛)한 시대(時代). 다른 말로는 성대
　　　　　　　　　 (盛代), 또는 성시(盛時)라고도 한다.

(187) 夏 有 禹
하 유 우

(188) 商 有 湯
상 유 탕

하나라의 우임금과 상(은)나라의 탕임금,

夏 중국,왕조 이름,여름	하	商 상나라,헤아릴,장사할	상
有 있을,또(늑우又),많을	유	有 있을,또(늑우又),많을	유
禹 사람 이름,하의 시조,우왕	우	湯 임금,성(姓),은의 시조	탕

(189) 周 文 武
주 문 무

(190) 稱 三 王
칭 삼 왕

그리고 주나라의 문왕이나 무왕을
하·은·주 삼대(三代)의 성왕(聖王)이라고 일컫는다.

周 두루,널리,돌,나라이름	주	稱 일컬을,칭찬할,명성,명예	칭
文 글,책,문채,결,법,빛날,꾸밀	문	三 석,셋,세 번,자주,여러 번,거듭	삼
武 굳셀,군인,군대의 위세,무기	무	王 임금,제후,왕으로 섬길,성(姓)	왕

※ 하(夏) : 고대 중국의 우왕(禹王)에서부터 걸왕(桀王)에 이르는 17대 471년
간의 왕조(王朝)로 상(商)나라의 탕왕(湯王)에게 멸망(滅亡)당했다.

※ 우(禹) : 하왕조(夏王朝)의 개국(開國) 임금으로 황제(黃帝)의 증손(曾孫)
이며, 성(姓)은 사씨(姒氏)이며, 이름은 문명(文命), 호(號)는 우(禹)로 순
(舜)임금이 왕위를 물려 주어[선양(禪讓)]임금이 되었다.

※ 상(商) : 탕(湯)이 하(夏)를 멸하고 세운 나라로 28대 644년 동안 다섯 번
흥(興)하고 다섯 번 쇠(衰)하다가 주왕(紂王) 때에 주(周)나라의 무왕(武
王)에게 나라를 빼앗겼다.

☞ 은(殷:B.C.1766？～B.C.1122？) : 하은주(夏殷周) 삼대(三代)의 하나로 시조(始祖)인 성탕(成湯)이 이윤(伊尹)을 등용(登用)하여 하(夏)의 걸왕(桀王)을 쳐서 천하를 얻은 이후 주(紂)에 이르러 주(周)나라의 무왕(武王)에게 멸망되었다. 처음에는 박(亳:오늘날의 하남성河南省 상구현 商丘縣 서남 근처임)에 도읍하고 국호를 상(商)이라 하였으나, 17대 반경(盤庚) 때에 이르러 은(殷)이라고 고쳤다. 그래서 '은(殷)'나라를 '상(商)'이라고도 부른다.

※ 탕(湯) : 은(殷)나라의 탕왕(湯王)으로 이름은 이(履). 하(夏)나라의 걸왕(桀王)을 쳐서 남소(南巢:오늘날의 안휘성安徽省 소현巢縣 동북)로 쫓아내고, 나라를 세워 상(商)이라고 일컬었다.

※ 주(周) : 무왕(武王)이 은(殷)나라의 주왕(紂王)을 멸망시키고 세운 왕조로 37대 867년간 존속하였던 나라이다.

※ 문(文) : 주(周)나라 무왕(武王)의 아버지로 이름은 창(昌:B.C.1185？～B.C.1135？)이며, 강태공(姜太公)을 스승으로 삼고 국정(國政)을 바로잡아 융적(戎狄)을 토벌(討伐)하여 선정(善政)을 베풀었다. 서쪽 지방의 제후(諸侯)로서 덕망(德望)이 높아 '서백(西伯)'이라 불리웠다.

※ 무(武) : 주(周)나라의 제1대 임금으로 이름은 발(發)이며, 문왕(文王)의 아들로 재위(在位) 기간은 7년(B.C.1122～B.C.1116)으로 아우 주공(周公)과 협력하여 은나라를 멸망시키고 주나라를 세워 호경(鎬京:오늘날의 장안長安)에 도읍하였다. 태공망(太公望)에게 사사(師事)받고 선정(善政)을 하였다. 주공(周公)은 공자(孔子)가 마음 속의 스승으로 삼고 평생을 흠모(欽慕)하였다.

※ 삼왕(三王) : 하·은·주 삼대(三代)의 성왕(聖王)으로 하나라의 우왕·은나라의 탕왕·주나라의 문왕, 또는 무왕을 가리킨다.

(191) **夏傳子** (192) **家天下**
　　하　전　자　　　　　가　천　하

하나라 시대에는 왕위가 아들에게 전해져서
한 집안이 나라를 통치하였는데,

夏 중국,왕조 이름,여름　　　　하　　　家 집,가정,조정　　　　　　가
傳 전할,펼,전기(傳記),경서의 주해　전　　天 하늘,자연,임금,남편,운명　천
子 아들,자식,사람,당신,열매　　자　　下 아래,하인,땅,내릴,항복할　하

(193) **四百載** (194) **遷夏社**
　　사　백　재　　　　　천　하　사

400여 년 동안 존속(存續)하다가
하나라의 사직(社稷)은 다음의 은나라로 넘어갔다.

四 넉,넷,네,네 번　　　　사　　　遷 옮길,바꿀,변할,떠날,천도(遷都)　천
百 일백,모든,다수,여러 힘쓸　백　　夏 중국,왕조의 이름,여름　　　　하
載 해,일년,실을,탈,짐,쌓을　　재　　社 토지의 신,제사 이름,단체　　　사

※ 하(夏) : ☞ (187)의 ※하(夏) 참고

♣ 하(夏)왕조가 세습(世襲)에 의한 왕위계승(王位繼承)이 이루어지게
된 내력(來歷)을 윤내현(尹乃鉉)편저 『중국사 1』(민음사:1991년 판)의
제3장 신화와 전설 3. 시아(하夏)왕조(pp.68~69)에 보면 다음과 같이
서술(敍述)하고 있다.

　　……따라서 우(禹)가 사망한 다음에 백익(伯益)이 연맹체의 두령이
되어야 했는데, 세력이 강한 하족(夏族)은 우(禹)가 생전에 얻었던 성
망(聖望)을 이용하여 우(禹)의 아들 계(啓)를 왕(王)으로 추대(推戴)
하였다. 그들은 계(啓)의 공덕(功德)과 대덕(大德)을 찬양하면서 재래
(在來)의 선거제도(選擧制度)를 폐지(廢止)하고 아들에게 두령의 자
리를 물려주는 새로운 세습제도를 만들었다. 옛말을 빈다면 〈하나의

가문이 천하를 독점(家天下)>하는 것의 시작이었다. 이러한 하(夏)왕조의 수립은 역사상 일대의 변화로 인식되어 왔다.······

하(夏)나라의 우왕(禹王)은 결국 자식에게 왕위를 물려 준 것이 되어 "천하가 집안이 되는 〔천하(天下)＝가(家)〕" 천하위가(天下爲家)가 시작되었으며, 이 이후로 부자(父子)나 형제(兄弟)에게 왕위를 전해 주는 것이 제도화(制度化)되었다. 이는 오늘날 적자상속(適者相續)이나 장자상속(長子相續) 제도의 기원(起源)이 되었다.

※ 사백재(四百載) : 『죽서기년(竹書紀年)』의 기록에 의하면, 하왕조(夏王朝)는 우(禹)에서 걸(桀)에 이르기까지 17대(代) 471년(年) 동안 존속하였기 때문에 사백재(四百載)라고 부른 것이다. 『중국역사삼백제(中國歷史三百題)』를 보면, 걸(桀:?〜B.C.16C？)까지 16대 약 400여 년 동안 안읍(安邑：오늘날의 산서성山西省 하현夏縣 북쪽)에 도읍하였다. 그리고 하왕조(夏王朝)의 실존 여부(實存與否)와 그 시기(時期)에 대해서는 여러 가지 학설(學說)이 분분(紛紛)하다.

※ 사(社) : 사직(社稷)을 가리킨다.
  ☞ 사직(社稷) : 원래는 토지의 신(土地神)과 곡물의 신(穀物神)을 가리키는 말이었으나, 오늘날에는 '조정(朝廷)'이나 '국가(國家)'의 의미로 사용 된다.

(195) **湯 伐 夏**   (196) **國 號 商**
   탕   벌   하   국   호   상

탕왕이 하나라의 걸왕을 치고 국호를 상[은]이라 하니,

湯 임금,성(姓),은의 시조   탕   國 나라,국가,도읍,나라를 세울   국
伐 칠,공격할,죽일,뽐낼,병기 벌   號 부르짖을,부를,일컬을,이름,명령 호
夏 중국,왕조 이름,여름   하   商 상나라,헤아릴,장사할   상

(197) 六 百 載 (198) 至 紂 亡
육 백 재 지 주 망

상[은]나라는 600여 년 동안 존속하다가 주(周)나라의
무왕(武王)에게 주(紂)왕 때에 이르러 멸망하였다.

六 여섯,여섯 번,죽일(늑 륙 戮) 륙
百 일백,모든,다수,여러 힘쓸 백
載 해,일년,실을,탈,짐,쌓을 재

至 이를,지극할,힘쓸,～까지 지
紂 임금 이름,마소의 안장에 매는 끈 주
亡 망할,도망칠,죽을,잃을,잊을 망

※ 탕(湯) : ☞ (188)의 ※탕(湯) 참고

※ 하(夏) : ☞ (187)의 ※하(夏) 참고

※ 국호(國號) : 정식(正式)으로 제정(制定)한 나라의 이름. 우리나라의 국호
는 1948년 정부수립(政府樹立)과 함께 "대한민국(大韓民國)"을 정식 국호로
제정하였는데, 이는 1919년 3·1운동(運動) 이후에 만들어진 것이다.

※ 상(商) : ☞ (188)의 ※상(商) 참고

※ 육백재(六百載) : 『중국역사삼백제(中國歷史三百題)』에 의하면, 상왕조(商王
朝)는 탕(湯)에서부터 주(紂)까지의 28대 644년 동안 박(亳:오늘날의 하남
성河南省 상구商丘)과 은(殷:오늘날의 하남성 안양현安陽縣 소둔촌小屯村
일대) 등지에 도읍을 정하고 존속하였기 때문에 육백재(六百載)라고 부른
것이다. ☞ (188)의 ※은(殷) 그리고 ※상(商) 참고

※ 주(紂) : 은(殷)나라의 마지막 임금으로 이름은 신(辛)이고, 시호(諡號)는
주(紂)이다. 달기(妲己)라는 여자를 총애(寵愛)하여 주색(酒色)을 일삼고,
비간(比干)의 충정(衷情)어린 간언(諫言)을 듣지 않고 포악(暴惡)한 정치
(政治)를 하여 인심(人心)을 잃고, 마침내 주(周)나라의 무왕(武王)에게 멸
망(滅亡)당했다. 하(夏)나라의 걸(桀)과 더불어 '걸주(桀紂)'라는 폭군의
대명사(代名詞)로 불리우면서 성군(聖君)으로 불리우는 '요순(堯舜)'과 대
비(對比)를 이룬다.

(199) 周 武 王
주 무 왕

(200) 始 誅 紂
시 주 주

주나라의 무왕이 비로소 은나라의 주왕을 제거하니,

周 두루,널리,돌,나라이름　　　　주　　始 처음,비로소,시작할,근본　　　　시

武 군셀,군인,군대의 위세,무기　　무　　誅 벨,죽일,제거할,죄를 다스릴　　　주

王 임금,제후,왕으로 섬길,성(姓)　왕　　紂 임금이름,마소의 안장에 매는 끈　주

(201) 八 百 載
팔 백 재

(202) 最 長 久
최 장 구

주(周)나라는 800여 년 동안 하·은·주 삼대(三代) 중에서 가장 오래 존속한 나라이다.

八 여덟,여덟 번　　　　　　　　　팔　　最 가장,제일,첫째의,모두,중요한 일　최

百 일백,모든,다수,여러 힘쓸　　　백　　長 길,길이,늘일,어른,늙을,기를　　　장

載 해,일년,실을,탈,짐,쌓을　　　　재　　久 오랠,기다릴,막을,덮을　　　　　　구

※ 주(周) : 중국 고대의 왕조(B.C.1122?~B.C.256)로 하나라·은[상]나라와 함께 삼대(三代)라고 불리우며, 37대 867년간 존속하였다.

※ 무왕(武王) : ☞ (189)의 ※무(武) 참고

※ 주(紂) : ☞ (198)의 ※주(紂) 참고

※ 팔백재(八百載) : 중국 고대의 왕조로 은(殷)나라 다음의 왕조인 주(周:B.C.1122?~B.C.256)나라. 하나라·은[상]나라와 함께 주나라는 삼대(三代)라고 불리우며, 무왕(武王)에서부터 난왕(赧王)에 이르기까지 37대 867년간 존속하였기 때문에 주나라를 팔백재(八百載)라고 부른 것이다.

(203) **周 轍 東**　　(204) **王 綱 墜**
　　　　주　철　동　　　　　왕　강　추

주나라가 도읍을 호경에서 동쪽의 낙양으로 옮기니
나라의 기강이 땅에 떨어지고,

周 두루,널리,돌,나라이름　　주　　王 임금,제후,왕으로 섬길,성(姓)　왕
轍 바퀴자국,흔적,자취,옛 법도　철　　綱 벼리,근본,그물칠,통괄할　　　강
東 동녘,동쪽,동쪽으로 갈,주인　동　　墜 떨어질,잃을,무너질,붕괴할　　추

(205) **逞 干 戈**　　(206) **尙 游 說**
　　　　령　간　과　　　　　상　유　세

전쟁이 곳곳에서 격렬하게 벌어졌으며, 이 때를 틈타서
사방을 돌아다니며 〔소진과 장의처럼〕 유세하는 자들
이 존경을 받았다.

逞 왕성할,쾌할,만족할　령　　尙 오히려,바랄,높을,받들　　　　　상
干 방패,막을,구할　　　간　　游 (≒遊) 놀,여행할,즐길,떠돌,유행할　유
戈 창,싸움,전쟁　　　　과　　說 달랠,유세할 [말씀 설\기쁠 열]　　세

※ 주철동(周轍東) : 주(周)나라의 평왕(平王)이 도읍지를 호경(鎬京)에서 낙
양(洛陽)으로 옮긴 것을 '주(周)의 동천(東遷)'이라고 하며, 주나라의 동천
이전의 시대를 '서주시대(西周時代)'라고 하고, 주나라의 동천 이후의 시대
를 '동주시대(東周時代)'라고 한다.

※ 왕강(王綱) : 주(周)나라의 기강(紀綱:나라를 다스리는 법도)을 가리킨다.

※ 간과(干戈) : "방패"와 "창"으로 '전쟁(戰爭)'이나 '전쟁에 쓰이는 모든 병
기(兵器)'를 가리킨다.

※ 유세(遊說) : ① 내정(內政)과 외교(外交) 등의 시책을 사방에 있는 제후들에게 설명하며 돌아다니는 것.
　　　　　　② 자기의 의견(意見), 또는 자기가 속한 정당(政黨)의 주의(主義)·주장(主張) 등을 연설하고 다니는 것.

☞ (211)~(214)의 해설 "전국시대(戰國時代)의 진(秦)"에서 '소진(蘇秦)의 합종책(合縱策)'과 '장의(張儀)의 연횡책(連橫策)'을 참고.

♧ 주(周)나라의 건국 : 주나라의 시조(始祖)는 후직(后稷)이며, 13대째 고공단보(古公亶父) 때에 기산(岐山:오늘날의 산서성山西省 기산현岐山縣)에 자리를 잡고 국호를 주(周)라고 하였다. 당시 황하(黃河)의 하류지역에는 은(殷)나라가 번영하고 있었는데, 주족(周族)은 그 서쪽 변두리에 있는 제후(諸侯)의 하나였다. 고공단보(古公亶父:태왕太王)의 손자(孫子)인 문왕(文王:창昌)에 이르러 태공 망(太公望:여상呂尙)등의 보좌(補佐)로 서쪽 지방의 패자(霸者)가 되어 서백(西伯)으로 불리웠다. 그의 아들인 무왕(武王:발發)은 제후들의 지지(支持)를 받아 당시에 인심(人心)을 잃고 있던 은(殷)의 주왕(紂王)을 멸망시킬 싸움을 일으켰다. 이 때에 출병(出兵)을 하지 말도록 간(諫)한 백이(伯夷)와 숙제(叔齊)의 이야기는 유명하다. 그러나 무왕은 마침내 목야(牧野:오늘날의 하남성河南省 기현淇縣 남쪽)의 싸움에서 은(殷)의 대군(大軍)을 무찔러 주왕(紂王)을 죽이고 주(周)나라를 세웠다.

주(周)의 문화(文化) : 주나라는 종주(宗周:섬서성陝西省 위수渭水 유역의 호경鎬京)를 도읍으로 했으나, 동쪽지방을 통치하는 중심으로서 낙수(洛水)를 따라서 동도(東都)인 성주(成周:하남성河南省 낙양洛陽 부근)를 건설하였다. 그리고 희씨(姬氏) 성(姓)의 같은 종족을 노(魯)·위(衛)·진(晉) 등의 요지(要地)에 후(侯)로 봉(封)하고, 건국의 공신인 태공 망(太公望)도 제(齊)에 봉하였다. 이것을 '봉건(封建)'이라 부르고, 흔히 무왕(武王)의 동생 주공(周公:단旦)이 처음으로 실시한 제도라고 하지만, 최근의 연구에 의하면, 이 "봉건제도(封建制度)"와 비슷한 제도는 이미 은나라 말기에 시행된 것 같다. 봉건제도 뿐만 아니라 주공이 창시했다고 하는 주(周)의 예(禮)에 관한 제도는 훗날 원망(怨望)

을 산 것이 많으나, 주나라의 청동기 문화(靑銅器文化)나 상형문자(象形文字)는 은나라에서 발달한 것을 이어받은 것이 분명하다. 대체로 주나라의 문화는 은나라의 문화를 이어받은 것이 많다. 은의 멸망 이후에 주나라의 지배자는 그 정치적인 변동을 하늘의 뜻〔천심(天心)〕에 의한 것으로 보았다. 즉 일찍이 은나라에 내렸던 천명(天命)은 주왕(紂王)이 인심(人心)을 잃었기 때문에 은나라로부터 떠나고 새로이 주나라에 내려진 것이라고 하였다. 그리고 이렇게 천명(天命)을 고친—혁명(革命)을 한—주왕조가 오래 존속하기 위해서는 덕(德)을 닦고 쌓는 것이 중요하다고 강조하였다.

동주시대(東周時代) : 무왕(武王)에서부터 목왕(穆王)에 이르는 5대(代) 동안이 주왕조(周王朝)의 전성기(全盛期)였으나, 마침내 B.C.9세기(世紀)부터 안에서는 제후들의 반란과 이탈, 그리고 밖에서는 오랑캐〔융적(戎狄)〕의 침입이 잦아져서 주나라는 주나라는 국가의 운명이 기울기 시작한다. 11대(代) 선왕(宣王)은 융적(戎狄)을 격퇴하여 한때 세력을 회복하였으나, 그의 아들인 12대 유왕(幽王)은 포사(褒姒)를 총애하여 내정(內政)이 문란(紊亂)해져서 오랑캐〔융적(戎狄)〕의 침입을 초래하여 유왕은 살해되었다. 그의 아들인 13대 평왕(平王)은 도읍을 성주(成周:하남성 낙양 부근)로 옮기고 주나라의 부흥을 꾀하였다. 이 평왕의 동천(東遷:B.C.770) 이전을 "서주(西周)"라 하며, 그 이후를 "동주(東周)"라 불러 구별한다.

동주시대(東周時代)에 들어서서 약 반세기(半世紀)가 되어 소위(所謂) 춘추시대(春秋時代)가 시작된다〔B.C.722〕. 춘추시대에는 제후들의 이탈과 반란으로 국내의 정치적 상황이 불안정하였고, 열국(列國) 사이에 전쟁과 회맹(會盟)이 끊이지 않았으며, 제(齊)의 환공(桓公)이나 진(晋)의 문공(文公)과 같은 패자(覇者:패覇는 백伯과 같은 뜻이며, 대제후大諸侯를 뜻함)가 회맹(會盟)을 주재(主宰)하여 중원(中原)의 질서를 유지하였다. 그러나 패자(覇者)는 명목상으로는 주나라 왕실의 권위를 존중하고 주나라의 봉건질서를 적극적으로 허물어뜨리고자 하지는 않았다. 그러나 B.C.5세기(世紀)에 들어서자 여러나라〔제후국(諸侯國)〕의 내부에서 하극상(下剋上)의 풍조가 일어나 그 기세에 눌려 주(周)의 위열왕(威烈王)은 진(晋)의 유력한 귀족인 한(韓)·위(魏)·조(趙)의 삼씨(三氏)를 정식으로 제후(諸侯)로 격상(格上)하는 것을 인정했다. 이 해〔B.C.403〕를 전국시대(戰國時代)가 시작되는 해로 보는 설(說)이 있는 것은 주(周)나라 왕실이 '봉건(封建)'의 정신을 망각해 버린 점을 중대시 하기 때문이다. 전국시대의 주나라 왕실은 낙양(洛陽)부근을 영유(領有)하는 한낱 작은 제후국가에 지나지 않았고, 그것도 마침내 동서로 분열된 나머지 B.C.256년 난왕(赧王)은 진(秦)에게 항복하여 주(周)나라는 멸망하게 된다.

(207) **始 春 秋**
　　　시　　춘　　추

(208) **終 戰 國**
　　　종　　전　　국

이 시기는 춘추시대에서 전국시대까지로

始 처음,비로소,시작할,근본　시
春 봄,젊음,남여의 정(=情)　춘
秋 가을,결실,때,세월,나이　추

終 마칠,끝낼,끝,종말,마침내　종
戰 싸움,싸울,두려워할,흔들릴　전
國 나라,국가,도읍,나라를 세울　국

(209) **五 覇 强**
　　　오　　패　　강

(210) **七 雄 出**
　　　칠　　웅　　출

춘추 오패가 강권을 잡고 전국 칠웅이 득세하였다.

五 다섯,다섯 번,다섯째　오
覇 으뜸,우두머리,성(姓)　패
强 굳셀,세찰,힘쓸,억지로 시킬　강

七 일곱,일곱 번　칠
雄 수컷,이길,씩씩할,용기있는 사람　웅
出 나갈,지출(支出),시집갈　출

※ 춘추(春秋) : ☞ 춘추전국시대(春秋戰國時代)

※ 전국(戰國) : ☞ 춘추전국시대(春秋戰國時代)

☞ 춘추전국시대(春秋戰國時代) : 춘추전국시대는 B.C. 8 세기에서 B.C. 3 세기에 이르는 중국 고대의 변혁시기로 춘추시대(春秋時代)의 시작은 B.C.770년 주(周)나라의 평왕(平王)이 낙양(洛陽)으로 천도(遷都)한 뒤, 또는 노국(魯國)의 연대기(年代記)인 『춘추(春秋)』의 원년(元年)인

B.C.722년으로 보기도 한다. 그리고 전국시대(戰國時代)의 시작은 진(晉)의 귀족인 한(韓)·위(魏)·조(趙)의 삼씨(三氏)가 집정자(執政者) 지백(知伯)을 살해하고 진(晉)이 삼분(三分)된 B.C.453년, 또는 삼씨(三氏)가 정식 제후로 승격한 해인 B.C.403년으로 보기도 한다. 이러한 춘추전국시대는 B.C.221년 진시황제(秦始皇帝)의 통일로 끝이 난다. 그래서 일반적으로 '춘추시대(春秋時代)'는 B.C.770년부터 주(周)나라 위열왕(威烈王) 때인 B.C.403년까지를 말하며, '전국시대(戰國時代)'는 B.C.402년부터 B.C.221년까지를 말한다.

※ 오패(五覇) : "춘추오패(春秋五覇)"라고 하며, 중국 춘추시대 오인(五人)의 패자(覇者)로 오백(五伯)이라고도 한다. 보통 제후를 모아서 그 회맹(會盟)의 맹주(盟主)가 된 자를 패자(覇者)라고 한다.『순자(荀子)』에 의하면, 오패(五覇)는 제(齊)의 환공(桓公)·진(晉)의 문공(文公)·초(楚)의 장왕(莊王)·오왕(吳王) 합려(闔閭)·월왕(越王) 구천(勾踐)을 가리키는데, 한편으로 진(秦)의 목공(穆公)·송(宋)의 양공(襄公)·오왕(吳王) 부차(夫差) 등을 꼽는 경우도 있는데, 오왕(吳王)이나 월왕(越王)을 넣는 것보다는 같은 춘추시대라도 그들이 활약한 시대적 배경이 다르므로 시대적으로 초(楚) 장왕(莊王)을 하나의 획으로 하여 그 이후는 별도로 보는 편이 나을 것이다. 그렇다면 '오패(五覇)'는 제(齊)의 환공(桓公)·진(晉)의 문공(文公)·초(楚)의 장왕(莊王)·진(秦)의 목공(穆公)·송(宋)의 양공(襄公)으로 보는 것이 무난할 것이다.

※ 칠웅(七雄) : "전국칠웅(戰國七雄)"이라고 하며, 전국시대(戰國時代)에 중국의 패권(覇權)을 놓고 대립(對立)한 7대 강국(强國)으로 동쪽의 제(齊)·남쪽의 초(楚)·서쪽의 진(秦)·북쪽의 연(燕), 그리고 중앙의 위(魏)·한(韓)·조(趙) 등을 합친 칠국(七國)을 가리키는 말이다. 춘추시대(春秋時代)에는 독립된 소도시 국가가 100여 개나 산재(散在)하고 있었으나, 춘추시대 중기 이후 농업 생산력의 향상과 상업 경제의 발달에 따라 약소국이 합병(合倂)되어 강대한 영역국가(領域國家)가 형성되어 갔다. 7웅이란 곧 이러한 강대국가를 일컫는 말로 각국은 더욱더 부강한 국가로 발전하였고, 내정(內政)의 충실과 군비(軍備)의 확장에 진력(盡力)하였다. 이러헌 가운데 진(秦)나라는 정치가 상앙(商鞅)의 변법(變法) 이후 국력이 신장(伸張)하여 B.C.221년 천하(天下)를 통일하는데 성공하였다.

(211) **嬴 秦 氏**
영 진 씨

(212) **始 兼 倂**
시 겸 병

영씨(嬴氏) 성(姓)을 가진 [전국칠웅의 하나인] 진(秦)나라는 [진시황이] 육국(六國)을 통합하여 중국 최초로 통일 국가를 건설하였으나,

嬴 가득찰,넘쳐서 남을,늘릴,성(姓) 영	始 처음,비로소,시작할,근본 시
秦 나라 이름,중국의 통칭 진	兼 겸할,아우를,배가 될,겹칠 겸
氏 각시,성(姓),씨 [나라 이름 지] 씨	倂 아우를,나란할(≒竝),경쟁할 병

(213) **傳 二 世**
전 이 세

(214) **楚 漢 爭**
초 한 쟁

진시황이 죽은 뒤에 이세황제 호해(胡亥)에게 왕위가 계승되고 초나라의 항우(項羽)와 한나라의 유방(劉邦)이 서로 다투게 된다.

傳 전할,펼,전기(傳記),경서의 주해 전	楚 나라 이름,회초리,매질할 초
二 두,두번,둘로 나눌,버금 이	漢 나라 이름,물이름,은하수 한
世 대(代),대대로,세상,때,시대,평생 세	爭 다툴,싸움,하소연,분별할 쟁

※ 영(嬴) : 백익(伯益)은 순(舜)임금을 도왔고, 우(禹)임금의 치수(治水)에도 공(功)이 많았다. 우임금이 세상을 떠나자 백익에게 왕위가 물려졌으나 백익은 기산(箕山:하남성河南省 등봉현登封縣 동남쪽, 또는 산동성山東省 익도현益 都縣동쪽)으로 피했다고 한다. 그리고 『시진보(詩秦譜)』에 의하면, 요(堯)임금 때 요임금의 아들 백익(伯益:백예伯翳)이 우임금의 치수를 도와 간척사업(干拓事業)을 하였다. 그 공이 커서 순임금은 백예에게 벼슬을 내리고, 영(嬴)이라는 성(姓)을 나라에서 내려주었다고 하니, 이것이 진(秦)나라의 성(姓)이 된 것이다.

※ 진(秦) : 주(周)나라 때에는 제후국(諸侯國)의 하나였고, 전국시대(戰國時代)에는 칠웅(七雄)의 하나가 된 다음 여러 나라를 정복하여 중국 최초(最初)로 통일국가(統一國家)를 이룬 것이 진(秦:B.C.221~B.C.207)나라이다. 주(周)의 효왕(孝王)이 요(堯)임금의 아들인 백익(伯益:백예伯翳)의 자손인 비자(非子)를 진읍(秦邑:감숙성甘肅省 장가천張家川 회족자치현回族自治縣 동쪽)에 봉(封)하여 서융(西戎)의 침입에 방어하게 함으로써 진(秦)은 세위지게 된 것이다. 그리고 서방 세계(西邦世界)에 널리 알려진 중국(中國)이 China·지나(支那)·진단(震旦) 등으로 잘못 불리우게 된 것도 진(秦:Qin)에서 유래되었다.

※ 겸병(兼倂,兼幷) : 어떤 일을 한 데로 아울러서 합쳐 소유하다.

※ 이세(二世) : 진(秦)의 시황제(始皇帝)가 사망하고 즉위한 이세황제(二世皇帝: 호해胡亥: 재위在位B.C.210~B.C.207)도 살해되고, 자영(子嬰)이 B.C.207년에 진왕(秦王)이 되었으나, 한(漢)의 유방(劉邦)에게 항복(降伏)하니 B.C.221년 진시황이 천하를 통일한 후 3대(代) 15년만에 진(秦)은 멸망하였다.

※ 초한쟁(楚漢爭) : 옛날 초(楚)나라 장군의 아들인 항우(項羽)와 자작 농민(自作農民) 출신인 유방(劉邦)이 해하(垓下:오늘날의 안휘성安徽省 영벽현靈璧縣 동남쪽)에서 싸움을 하여 항우는 자살하고, 유방의 승리로 끝이나 초나라는 멸망하고, B.C.202년 유방은 한(漢)나라의 고조(高祖:시조始祖)로 즉위한다.

☞ 초(楚) : 중국 주(周)나라 때의 제후국(諸侯國)으로 전국 칠웅(戰國七雄)의 하나[?~B.C.223]이다. 호북성(湖北省)을 중심으로 활약한 나라로 시조(始祖)는 제(帝) 전욱(顓頊)의 자손인 계련(季連)이며, 웅역(熊繹) 때에 주(周)나라의 성왕(成王)으로부터 초(楚)에 봉(封)해져서 단양(丹陽:호북성湖北省 자귀현秭歸縣 동남쪽)에 정착한 후부터 시작되었다고 한 다. 원래 초(楚)의 백성은 중원(中原) 제국(諸國)의 백성과는 종족(種族)을 달리하는 남방(南方)의 오랑캐[만이(蠻夷)]로 불리어져 멸시되고 있었다. B.C.704년 웅통(熊通)은 스스로 무왕(武王)이라 칭하고, 아들 문왕(文王)은 영(郢:호북성湖北省 강릉현江陵縣)으로 천도한 후 더

욱 국가의 세력을 키워갔으며, 특히 장왕(莊王)은 B.C.597년 진(晉)나라의 군대를 필(邲:하남성河南省 정현鄭縣)에서 격파하여 결국 중원(中原)의 패자(覇者)가 되었다. 이로부터 초(楚)는 진(秦)과 남북으로 대립하여 약 1세기 동안 싸움을 계속하였으며, 그 사이에 양자강(揚子江) 하류에서 오(吳)와 월(越)이 일어나 한때 초(楚)의 소왕(昭王)은 오(吳)의 압박으로 도읍을 약(鄀:호북성湖北省 의성현宜城縣 동남쪽)으로 옮겼으나, 오나라는 월나라에게 망하고 월나라는 쇠퇴해지자 초나라는 다시 세력을 회복하여 양자강 중·하류에서 강국(強國)으로서 전국칠웅(戰國七雄)의 하나가 되었다. 특히 초나라의 위왕(威王)은 B.C.334년 월나라를 멸망시켜 절강성(浙江省) 서쪽의 땅을 차지하였고, 제(齊)나라 군대를 격파하여 세력을 중원으로 넓히는 동시에 영토를 사방으로 확장하였다. 이 무렵 초나라는 7웅 중에서 영토가 가장 넓고 인구도 제일 많았다. 그러나 점차 진(秦)의 압력을 받아 B.C.278년 수도인 영(郢)이 함락되자 진(陣)으로 천도하였고, 다시 B.C.241년 수춘(壽春:안휘성安徽省수현壽縣)으로 옮겼으나 B.C.223년 진(秦)에게 망하였다.

☞ 한(漢) : 진(秦)의 뒤를 이은 중국의 통일왕조(B.C.202~A.D.220)로 유방(劉邦)이 5년에 걸친 군웅(群雄)과의 쟁탈전 끝에 진을 멸망시키고 황제(皇帝)에 즉위함으로써 한(漢)나라는 시작되었다. 왕망(王莽)이 세운 신(新:A.D.8~A.D.22)나라에 의하여 잠시나마 한(漢) 왕조(王朝)의 중단 사태가 있어서, 신(新) 이전에 **장안**(長安:섬서성陝西省 장안현長安縣 서북쪽)을 수도(首都)로 하였던 한나라를 **전한**(前漢:서한西漢)이라고 하고, 낙양(洛陽:하남성河南省 서쪽)에 재건(再建)된 한나라를 **후한**(後漢:동한東漢)이라고 한다.

♧ 진(秦)의 건국(建國) : B.C.10세기가 끝날 무렵 목축(牧畜)으로 이름이 나있던 비자(非子)는 주(周)나라의 효왕(孝王)으로부터 진읍(秦邑:감숙성甘肅省 청수현淸水縣 고진성故秦城의 장가천張家川 회족자치현回族自治縣 동쪽)에 봉(封)해져 서쪽 융(戎)의 침입을 막는 역할을 맡으므로써 진(秦)을 일으켰다. 그 후 진(秦)은 B.C. 8세기 초(初)에 주(周)나라가 견융(犬戎)의 공격을 받았을 때 유왕(幽王)을 도왔고, 주나라의 평왕(平王)이 B.C.771년 동쪽의 낙읍(洛邑:오늘날의 하남성河南省

낙양시(洛陽市 동쪽)으로 천도(遷都)할 때에는 평왕을 호위(護衛)한 공(功)으로 섬서성(陝西省)의 서부 지역을 맡아 제후국(諸侯國)으로 승격(昇格)하였다. 이 때가 진(秦)의 양공(襄公) 때이다. 진(秦)은 B.C. 7세기의 무공(武公) 때부터 정복지를 현(縣)으로 만들기 시작하였는데, 현이라고는 하지만 그것은 명목(名目)일 뿐 실제는 읍(邑)과 다를 바가 없었다. 진(秦)은 감숙성(甘肅省) 동부에서 위수(渭水:황하黃河의 지류支流) 연안(沿岸)을 따라서 이동하여 가다가 무공(武公)의 동생인 덕공(德公) 때에 옹성(雍城:섬서성陝西省 봉상현鳳翔縣)으로 이동하였다.

춘추시대(春秋時代)의 진(秦) : B.C.659년에 이르러 목공(穆公)은 백리해(百里奚)·건숙(蹇叔) 등을 등용(登用)해서 정치를 혁신하고, 동쪽의 진(晉)과 싸워 황하(黃河) 서쪽의 땅을 빼앗고, 또한 서쪽의 융족(戎族) 출신의 인재(人才)인 유여(由余)를 등용해서 서쪽지방 이민족(異民族)의 12국(國)을 통합해서 1,000여(餘) 리(里)에 이르는 영토를 넓혀 서쪽 지방의 패자(覇者)가 되자, 주(周)나라 황실(皇室)에서는 동고(銅鼓)를 하사(下賜)하여 경축(慶祝)했다고 한다. 그후 황하 서쪽의 땅은 다시 진(晉)에게 빼앗기는 등 진(秦)이 당면한 적은 진(晉)이어서 진(秦)은 초(楚)와 손을 잡고 빈번히 진(晉)과 싸웠다. 진(秦)은 무공(武公)에서 목공(穆公)의 시대에 걸쳐 섬서성(陝西省) 내(內)의 작은 나라들을 병합(倂合)해서 관중(關中:섬서성陝西省 위하渭河 일대)의 땅을 통일하였다.

전국시대(戰國時代)의 진(秦) : 진(秦) 헌공(獻公) 때에는 따라죽는 순사(殉死)의 습속(習俗)을 금지하고, B.C.383년에는 동쪽에 역양성(櫟陽城:섬서성陝西省 임동현臨潼縣 북동쪽)을 구축하여 동방(東方)으로의 진출 의지를 보여 주었다. B.C.362년 효공(孝公)이 왕위에 오르자 위(衛)나라 사람인 상앙(商鞅)을 등용해서 내정(內政)을 개혁하였다. 즉 이전의 혈연(血緣) 중심의 인사(人事)를 고쳐서 공적(公績)에 따른 신분제도를 설정(設定)하고, 군사조직과 토지제도를 혁신해서 조세(租稅)를 공평하게 하였으며, 따라서 군사와 농업은 서로 밀접한 관계를 갖게 되었다. 이 때부터 이전의 읍(邑)과는 그 성질이 다른 새로운 현(縣)이 생겼고, 군주의 권력이 현내(縣內)의 서민(庶民)과 직접 연결되었다. 이와 같이 해서 국력이 증강된 진(秦)은 위(魏)를 공략(攻掠)해서 황하

서쪽의 땅을 빼앗았기 때문에 위(魏)는 수도(首都)인 안읍(安邑:산서성山西省 해현解縣)에 불안을 느껴 대량(大梁:하남성河南省 개봉현開封縣)으로 천도(遷都)하였다. 진(秦)은 효공(孝公) 때에 수도를 함양(咸陽:섬서성陝西省 함양시咸陽市 동북쪽)으로 옮겨 진(秦)이 멸망할 때까지 수도로 남았다. 위(魏)나라의 대량(大梁)으로의 천도와 진(秦)의 국력 증강은 열국(列國)들에게 커다란 충격을 주었다. 그래서 초(楚)·연(燕)·제(齊)·한(韓)·조(趙)·위(魏) 등 열국을 연합하게 해서 대항하여 진(秦)을 관중(關中:섬서성陝西省 위하渭河 유역)의 땅에 봉쇄(封鎖)해 두려는 소진(蘇秦)의 이른바 **합종책**(合縱策)이 나오게 되었다. 이를 알게 된 진(秦)의 혜문왕(惠文王)은 공손연(公孫衍)으로 하여금 합종책을 분쇄하도록 하고, 장의(張儀)로 하여금 각국이 진(秦)과 단독으로 강화(講和)를 맺고 횡(橫)으로 연합하여 진(秦)을 섬기도록 하는 이른바 연횡(連衡)을 성립시키게 하니, **연횡책**(連橫策:連衡策)이 바로 이것이다. 이와 같은 책동(策動)이 진행되고 있는 사이에 진(秦)은 파(巴)·촉(蜀), 즉 사천성(四川省)을 장악하고 초(楚)로부터는 한수(漢水)의 상류를 빼앗았다. 이로써 진(秦)은 어느 때든지 초(楚)나라를 공격할 수 있는 위치를 확보하였다.

혜문왕(惠文王)은 B.C.325년부터 공(公) 대신 왕(王)이라는 칭호를 사용하여 이로부터 다른 나라들도 모두 왕호(王號)를 사용하게 되었다. 소양왕(昭襄王) 때에 이르러 성도(成都:사천성四川省의 성도省都) 부근에 운하(運河)를 열고 옥토(沃土)를 개발하는 한편, 진(秦)의 장수(將帥)인 백기(白起)는 B.C.278년에 많은 병력을 이끌고 초(楚)나라를 공격하여 수도인 영(郢:호북성湖北省 강릉현江陵縣)을 함락하고, 역대(歷代) 초왕(楚王)의 분묘지(墳墓地)이던 이릉(夷陵)을 불태워 버렸다. 결국 초(楚)는 하남(河南)의 진(陳:하남성河南省 회양현淮陽縣)으로 옮겨야 하였고, 뒤에 다시 수춘(壽春:안휘성安徽省 수현壽縣)으로 옮겼다. 진(秦)의 군대는 양자강(揚子江)을 건너 다시 귀주성(貴州省)의 동부와 호남성(湖南省)의 서부도 공격하였다. 장군 백기(白起)는 북방의 조(趙)나라도 공격하여 장평(長平:산서성山西省 고평현高平縣)의 싸움에서는 조(趙)나라의 항복한 군사 40만 명을 구덩이에 산채로 묻고 수도(首都) 한단(邯鄲:하북성河北省한단현邯鄲縣)까지 쳐들어왔으나, 초(楚)와 위(魏)의 원군(援軍)이 투입되어 진(秦)나라는 포위망을 풀고 철수하였다.

이즈음 진(秦)은 '서쪽의 황제'란 뜻의 "서제(西帝)"를, 그리고 제(齊)는 '동쪽의 황제'란 뜻의 "동제(東帝)"라는 황제(皇帝) 칭호(稱號)를 쓰기도 하였으나 얼마 후에 다시 왕호(王號)를 쓰게 되었다. 진(秦)의 소양왕(昭襄王)이 위(魏)나라 사람인 범저(范雎)를 등용한 뒤부터는 그의 건의에 따라서 연횡책(連橫策)을 버리고 원교근공(遠交近攻) 정책으로 바꿨다. 이 때부터 진(秦)은 마지막 작전에 들어가게 되었다. 이같은 진(秦)의 형세를 살핀 주(周)나라 왕(王)인 난(赧)은 열국(列國)을 합종(合縱)해서 진(秦)을 칠 계획을 세웠고, 이를 안 진(秦)은 주(周)나라부터 공격을 시작하니, 난왕(赧王)은 다스리고 있던 영읍(領邑) 30개와 인구 3만 명을 바치며 항복하여 주(周)나라는 B.C.256년 멸망하였다. 그리고 7년 후인 B.C.249년에는 동주(東周)의 군주(君主)인 혜공(惠公)도 멸망하였다.

진(秦)의 통일(統一) : B.C.247년에 즉위한 진왕(秦王) 정(政)은 어렸기 때문에 모태후(母太后)가 정권을 장악하고 있었으나 성장해서 친정(親政)을 시작하자 재상(宰相) 여불위(呂不韋) 등을 제거하고 인재(人才)를 등용하였는데 그 중에는 이사(李斯)가 있었다. 그는 법가(法家)의 사상가(思想家)로서 이 때부터 진(秦)나라 정치는 그의 의견에 따라 시행(施行)된 것이 많다. 대외적(對外的)으로는 여전히 원교근공(遠交近攻) 정책을 써서 진(秦)나라 국왕의 신임(信任)을 받는 장수(將帥)들은 여러 싸움에서 승리를 거두어 B.C.230년에는 먼저 한(韓)을 멸망시키고, 이어서 조(趙)·연(燕)·초(楚)·위(魏)·제(齊)의 순으로 육국(六國)을 통일하였다. 한(韓)이 멸망하고부터 제(齊)가 멸망하기까지는 불과 10년밖에 걸리지 않았다. 진왕(秦王) 정(政)은 황제(皇帝)가 되고, 이로부터 진(秦)은 황제가 죽은 뒤에 그 이름을 정하는 시호(諡號)를 하지 않게 되어, 그는 시황제(始皇帝)가 되고, 그 후의 황제는 이름없이 이세(二世)·삼세(三世)로 부르게 되었다. 중국 역사상 최초의 통일국가가 된 진(秦)은 군현제도(郡縣制度)를 실시하여 전국을 36개 군(郡)으로 하고, 각종의 통치정치(統治政治)를 시행해서 획일적인 문화를 창조하였다. 이른바 중앙집권적(中央執權的) 전제군주체제(專制君主體制)가 완성된 것이다.

시황제는 다시 북쪽의 흉노(匈奴)를 쫓아내어 만리장성(萬里長城)을 구축했으며, 남쪽은 광동성(廣東省)·광서성(廣西省)에서 월남(越南:안남安南:베트남Vietnam)의 북부까지를 정복하였다. 그러나 시황제의 대외(對外) 전쟁(戰爭)은 결국 국민의 부담이 되는 것이어서 만년(晚年)에는 민심(民心)이 동요(動搖)되기 시작하여 극단적(極端的)인 탄압정책(彈壓政策)이 시작되었다. 시황제가 죽은 뒤에는 2세황제 호해(胡亥)가 있었는데, 환관(宦官)인 조고(趙高)와 이사(李斯)의 불화(不和)로 조고가 이사를 죽이고, 궁중(宮中)의 권력을 장악하고 2세황제도 살해하였다. 어린 군주 자영(子嬰)이 진(秦)의 왕(王)이 되어 조고(趙高)를 죽였으나, 자영은 B.C.207년 한중(漢中:진秦나라의 군郡으로 섬서성陝西省 한중시漢中市)에 들어온 유방(劉邦)에게 항복함으로써 시황제의 통일후 불과 삼대(三代) 15년만에 진(秦)나라는 멸망하였다.

진(秦)나라 말엽(末葉)의 시대상황 : 진시황(秦始皇)의 장자(長子)인 부소(扶蘇)는 현명(賢明)하였으며, 그의 아버지와는 달리 자애(慈愛)롭고 사려(思慮)깊은 인물이었으나, 흉노(匈奴)의 침입에 대비하여 북변에 주둔하고 있었다. 환관(宦官)들은 진시황이 남긴 유조(遺詔)를 거짓으로 꾸며서 부소(扶蘇)에게 사형(死刑)을 명(命)하고, 평범한 차남(次男)인 호해(胡亥)를 즉위(卽位)시켰다. 진시황의 죽음이 알려지자 정벌(征伐)이나 토목공사(土木工事) 등으로 고향을 떠나 멀리 부역(賦役:夫役)을 갔던 사람들 사이에서 불만이 폭발하여 B.C.209년 회수(淮水:하남성河南省에서 발원發源하여 안휘성安徽省을 거쳐 강소성江蘇省으로 유입流入되는 강江) 유역의 옛 초(楚)나라 영토에서 농민의 대반란이 일어났다. 주모자(主謀者)는 토목공사에 동원되어 상경(上京)하던 날품팔이 농민인 진승(陳勝)과 오광(吳廣)이었다. 진(秦)나라의 법률은 엄격하여 지정된 날에 조금이라도 늦으면 사형에 처했다. 따라서 큰 비를 만나 그 날짜를 어긴 그들은 어차피 죽을 바에 차라리 반기(反旗)를 든 것이다. 진승·오광의 난(亂)은 곧 전국에 파급(波及)되어 가는 곳마다 진(秦)의 지방관(地方官)과 주둔군(駐屯軍)들을 죽이고, 수십만의 대군(大軍)이 되어 진(秦)의 수도(首都)인 함양(咸陽:섬서성陝西省 함양시咸陽市동북쪽)으로 진격하였다.

기반(基盤)이 없는 그들의 지휘조직은 미약하여 명장(名將)이 지휘하는 정부군(政府軍)과 부닥치면 패전(敗戰)을 거듭하여 사방으로 흩어졌다. 이 때에 진(秦)에 대하여 반감(反感)을 가지고 있던 한(韓)·조(趙)·연(燕)·초(楚)·위(魏)·제(齊)의 육국(六國)의 옛 귀족들은 봉기(蜂起)하였다. 그 중에서 옛 초(楚)나라 장군의 아들인 항우(項羽)와 자작농민(自作農民) 출신인 유방(劉邦)이 가장 강력하였다. 항우(項羽)는 구군(舊軍)의 명장(名將) 후예(後裔)이나 정치·외교에는 식견(識見)이 없는 반면에, 유방(劉邦)은 성격이 대범하고 지식인을 참모로 기용하였고 구장(舊將)을 영입하여 그들의 능력을 발휘하게 해 주었다. 항우는 진(秦)나라 군대를 정면으로 공격하여 큰 성과를 올렸으나 부하의 약탈과 학살을 단속하지 못하니 인심을 잃었다. 그러나 유방은 장량(張良) 등의 충고와 탁월한 통솔력으로 진(秦)의 관중(關中:섬서성陝西省 위하渭河 유역)으로 들어가 이세황제(二世皇帝)를 항복시켰다. 한걸음 늦게 관중(關中)으로 들어온 항우의 병력은 유방의 군대를 훨씬 압도하여 B.C.206년 홍문(鴻門:섬서성陝西省 임동현臨潼縣 동북쪽)에서 연회(宴會)를 열고 유방을 죽이려고 했으나 실패하였다. 항우는 진(秦)의 삼세황제(三世皇帝)를 죽이고 반란을 도운 열국(列國)의 말손(末孫)들을 각국의 왕(王)으로 봉(封)할 때, 유방을 서남쪽의 사천성(四川省)에 붙어 있는 한중(漢中:진秦나라의 군군으로 섬서성陝西省 한중시漢中市) 분지(盆地)의 국왕으로 임명하여 가둬 두려고 하였다.

유방은 여기서 5년간을 지내면서 항우에게 불평이 있는 열국(列國)과 공모(共謀)하여 동쪽으로 진격하여 진(秦)의 옛 영토를 장악하고 항우와 동과 서에서 대립하면서 큰 격전을 벌였다. 장량(張良)의 지혜와 한신(韓信)의 용맹, 그리고 소하(蕭何)의 보급으로 유방의 한나라 군대의 사기는 드높았으며, 병참(兵站) 보급의 어려움으로 싸움은 이기면서도 결국은 해하(垓下:안휘성安徽省 영벽현靈璧縣 동남쪽)의 결전(決戰)에서 무너진 항우는 우미인(虞美人)과 사별(死別)하고 오강(烏江:안휘성安徽省 화현和縣 동북쪽의 오강포烏江浦)에 몸을 던져 자살(自殺)하니, '힘은 산을 뽑고, 기운은 세상을 덮는다는 역발산 기개세(力拔山氣蓋世)'의 항우도 '사면초가(四面楚歌)'라는 고사(故事)를 남기고 이 세상을 떠난 것이다. B.C.202년에 유방(劉邦)은 추대되어 한(漢)의 고조(高祖)로 즉위하고, 진(秦)을 이어 5,000년 중국 역사에서 400여 년에 걸친 전한(前漢)·후한(後漢)의 한(漢)나라는 개국(開國)하게 된다.

양한(兩漢) 시대

(215) 高 祖 興
고 조 흥

(216) 漢 業 建
한 업 건

이 때에 한의 고조 유방이 일어나서
한나라(전한)의 왕업을 이룩하였는데,

高 높을,늙을,공경(恭敬)할   고   漢 나라 이름,물이름,성(姓)   한
祖 할아버지,조상(祖上),처음   조   業 일,학문,직업,인과응보(因果應報) 업
興 일어날,왕성할,좋아할,흥취   흥   建 세울,정할,마련할,이룩할   건

(217) 至 孝 平
지 효 평

(218) 王 莽 簒
왕 망 찬

효왕 · 평제 때에 이르러서 왕망이 왕위를 빼앗았다.

至 이를,지극할,힘쓸,~까지   지   王 임금,제후,왕으로 섬길,성(姓)   왕
孝 효도,부모를 잘 섬기는 일   효   莽 개가 토끼를 쫓아낼,풀,우거질,거칠 망
平 평평할,평정할,화목할,보통   평   簒 빼앗을,주살(익弋)로 잡을   찬

※ 고조(高祖) : 고조(高祖)는 중국 한 왕조(漢王朝)의 초대 황제(初代皇帝:재
위在位 B.C.202~B.C.195)인 유방(劉邦:B.C.247~B.C.195)의 묘호(廟號)이다.
　　한(漢)의 고조인 유방의 자(字)는 계(季)이며, 패(沛:강소성江蘇省 풍현
豊縣) 출신으로 농가(農家)에서 태어났으나 가업(家業)을 돌보지 아니하고
유협(遊俠)의 무리와 사귀었다. 장년(長年)에 이르러 사수정장(泗水亭長)이
라는 하급관리가 되어 여산(驪山:섬서성陝西省 임동현臨潼縣)에 황제의 능
(陵)을 만드는 일에 부역(夫役)하는 인부(人夫)들의 호송(護送) 책임을 맡
았다. 호송 도중에 도망자가 속출(續出)하여 그 임무 수행이 어렵게 되자
나머지 인부들을 해산시키고 자신도 도망하여 산 속에 은거(隱居)하였다.
진(秦)나라 말엽에 진승(陳勝)·오광(吳廣)이 반란을 일으키자 각지에서 군
웅(群雄)이 봉기(蜂起)하였으며, 유방도 향리(鄕里)의 지도자와 청소년 층

의 추대(推戴)를 받아 진(秦)나라 타도(打倒)의 기치(旗幟)를 높이 들고 군사를 일으켜 패공 (沛公)이라 칭하였다[B.C.209].

그리고 다음 해에 북상하여 항량(項梁)·항우(項羽)의 군(軍)과 만나 연합 세력을 구축하였다. 그후 항우의 군대가 동쪽에서 진군(秦軍)의 주력부대와 결전을 벌이는 사이에 유방은 남쪽으로 관중(關中:섬서성陝西省 위하渭河 유역)을 향해 진격을 계속하여 항우보다 한 걸음 앞서 수도인 함양(咸陽:섬서성陝西省 함양시咸陽市 동북쪽)을 함락시키고 진왕(秦王) 자영(子嬰)으로부터 항복을 받았다. 또한 진(秦)나라의 가혹한 법률을 폐지하고 법삼장(法三章)을 약속하여 민심(民心)을 수습하였다. 약 1개월 늦게 함양에 도착한 항우는 유방을 살해할 목적으로 홍문(鴻門:섬서성陝西省 임동현臨潼縣 동북쪽)에서 큰 연회(宴會)를 베풀었으나 장량(張良)과 번쾌(樊噲) 때문에 실패하였다.

진(秦)나라가 멸망하자 항우(項羽)는 서초패왕(西楚覇王)이라 칭하고, 유방(劉邦)은 B.C.206년 항우로부터 한왕(漢王)에 봉(封)해졌다. 그후 4년간에 걸친 항우와의 패권(覇權) 다툼에서 유방은 소하(蕭何)·조참(曹參)·장양(張良)·한신(韓信) 등의 도움으로 해하(垓下:안휘성安徽省 영벽현靈壁縣 동남쪽)의 싸움에서 항우를 크게 무찌르고 천하통일(天下統一)의 대업(大業)을 실현시켰다. B.C.202년 한왕(漢王) 유방(劉邦)은 황제(皇帝)의 자리에 오르고 수도를 장안(長安:섬서성陝西省 장안현長安縣 서북쪽)으로 정하였다. 유방은 한 왕조(漢王朝) 건설에 공이 많았던 장수와 부하들에게 제후왕(諸侯王)과 열후(列侯)로 각지에 봉하였으나, 얼마 후에 이들이 모두 멸망하자 왕실(王室) 일족(一族) 출신으로 대체되어 제후왕은 한나라 왕실 일족(漢王室一族) 출신 자에 한정된다는 불문율(不文律)이 성립하였다. 유방은 서민(庶民) 출신이었으나 성격이 대담(大膽)하고 치밀(緻密)하며, 또한 포용력(包容力)이 있어 부하(部下)를 적재적소(適材適所)에 활용하는데 능숙(能熟)하였으므로 최후의 승리를 거둘 수 있었다.

※ 한(漢) : ☞ (214)의 ☞ ※한(漢) 참고

※ 효평(孝平) : 효왕(孝王)과 평제(平帝)를 가리킨다. 전한(前漢)의 마지막 황제인 평제(平帝:연衍:재위 B.C.1~A.D.5)와 그의 아버지인 중산효왕(中山孝王:흥興)을 가리킨다.

※ 왕망(王莽) : 왕망(王莽:B.C.45~A.D.23)은 중국 전한(前漢) 말엽의 정치가로 신왕조(新王朝:A.D.8~24)의 건국자이다. 자(字)는 거군(巨君)이고, 산동(山東) 사람으로 한(漢)나라 고종원제(高宗元帝:재위在位:B.C.49~B.C.33)의 황후(皇后)인 왕씨(王氏) 서모의 동생 왕만(王曼)의 둘째아들로 갖가지 권모술수로 사실상 최초로 선양혁명(禪讓革命)에 의하여 전한(前漢) 황제의 권력을 빼앗았다. 왕황후(王皇后)의 아들 성제(成帝:재위在位:B.C.33~B.C.7)가 즉위하자 왕망의 큰아버지 왕봉(王鳳)이 대사마 대장군 영상서사(大司馬 大將軍 領尙書事)가 되어 정치를 한 손에 쥐었다. 왕망은 불우하게 자랐으나 유학(儒學)을 배웠고, 어른을 잘 섬겨 왕봉의 인정을 받았다. 그래서 B.C.33년에 황문랑(黃門郞)이 되고 B.C.16년에는 봉읍(封邑) 1,500호(戶)를 영유하는 새로운 세력으로 성장하였다.

그뒤 왕씨 일족의 두령으로 세력을 굳히고 B.C.8년 38세로 재상(宰相)에 해당하는 대사마(大司馬)가 되었다. 다음의 애제(哀帝:재위在位 B.C.7~B.C.1) 때는 신흥 외척세력의 압박을 피해 한때 정계(政界)에서 물러났으나 애제(哀帝)가 아들없이 죽자 태황(太皇) 태후(太后) 왕씨(王氏)와 구데타에 성공하여 다시 대사마에 복귀하였다. 그리고 아홉 살(9세)의 평제(平帝)를 옹립하여 자기의 딸을 황후로 삼았으며, 자기에게는 안한공(安漢公)·재형(宰衡)이라는 칭호를 붙여 평제의 정치를 보좌하는 자로 자리를 굳히고, A.D.5 년에는 평제를 독살한 뒤에 2세 유영(劉嬰:재위在位:A.D.6~8:선제宣帝의 현손玄孫)을 세워 당시 유행하던 오행 참위설(五行讖緯說)을 교묘히 이용하여 민심(民心)을 모았다.

그는 자기를 스스로 가황제(假皇帝)라 하고 신하들에게는 섭황제(攝皇帝)라 부르게 했다. 그리고 "안한공(安漢公) 왕망은 황제가 되라"는 붉은 글씨가 씌여진 흰 돌이 나타나게 하고 "왕망이 황제가 되라"는 하늘의 의사 표시로 간주되는 새 우물을 출현시키는 연극을 벌였다. 이들 신비적인 형태를 수반하여 인간에게 표시되는 천명을 부명(符命)이라 하는데, 왕망은 이 부명을 교묘히 이용하였다. 그러다가 A.D.8년 마침내 유영(劉嬰)을 몰아내어 한 나라를 멸망시키고 국호를 신(新)이라 하여 진짜 황제가 됨으로써 선양혁명(禪讓革命)에 성공하였다. 황제 왕망은 복고적 색채를 띤 여러 가지 번잡한 정책을 폈다. 주(周)나라 때의 정전법(井田法)을 모방하여 토지개혁을 단행하였는데, 이것은 지방 호족의 대토지 소유를 제한하고 자영(自營) 농민의 빈민화를 막으려는 것이었다. 또 가난한 농민에게 싼 이자의 자금을 융자해 주는 사대제도(賒貸制度:외상으로 거래하는 제도)를 두기도 하였다. 이것도 사상적으로는 유교 경전인 『주례(周禮)』에서 볼 수 있는 고전적인 것이나 화폐제도 개혁과 평준(平準)·균수(均輸) 등 여러 상공업의 통제책과 함께 당시의 현실이 요청하는 정책이었다.

그러나 그의 개혁정책은 결과적으로 한말(漢末)의 여러 모순과 사회 문제를 해결하지 못한 채 모두 실패하였다. 강력한 중앙집권적 전제정치(專制政治)는 오히려 농민들에게 고통을 주었고, 각지의 지방 호족(豪族)과의 이해(利害)가 상반된 점에 그 실패의 원인이 있었다. 그리고 대외정책에도 실패하여 사회 혼란을 증대시켰다. 흉노(匈奴) 그리고 서역(西域)의 열국(列國)과도 사이가 벌어져 그들이 모두 등을 돌렸으며, 동쪽으로는 고구려(高句麗)와 충돌하였다. 이와 같이 국내외 정세가 악화된 상황에서 A.D.18년 적미(赤眉)의 난(亂)이 일어났고, 각지의 농민·호족이 반란을 일으켰다. A.D.22년에는 한(漢)나라 황족(皇族)인 남양(南陽)의 호족 유수(劉秀:후한後漢의 광무제光武帝)가 군대를 일으켜 이듬해 곤양(昆陽:하남성河南省 엽현葉縣)에서 왕망(王莽)의 군대를 크게 무찔렀다. 왕망은 장안(長安)의 미앙궁(未央宮)에서 부하에게 찔려 죽음으로써 건국 후 15년만에 신(新)은 멸망하고, 세조(世祖) 광무제(光武帝:수수秀)의 후한(後漢)이 그 뒤를 이었다.

(219) **光 武 興**
　　광　　무　　흥

(220) **爲 東 漢**
　　위　　동　　한

그러자 광무제가 일어나 동한(후한)이라는 나라를 세우니

光 빛,빛날,경치,풍경,명예,윤기　광
武 굳셀,군인,군대의 위세,무기　무
興 일어날,왕성할,좋아할,흥취　흥

爲 ～할,될,둘,펼,생각할　　　위
東 동녘,동쪽,동쪽으로 갈,주인　동
漢 나라 이름,물이름,성(姓)　　한

(221) **四 百 年**
　　사　　백　　년

(222) **終 於 獻**
　　종　　어　　헌

전한·후한의 한나라 400여 년의 역사는 후한의 헌제 때에 이르러 끝이 났다.

四	넉,넷,네,네번	사	終	마칠,끝낼,끝,종말,마침내	종
百	일백,모든,다수,여러,힘쓸	백	於	어조사,~에(에서),~로부터,~보다	어
年	해,365일간,나이,새해,시대	년	獻	바칠,올릴,아뢸,선사할,권할,좋을	헌

※ 광무(光武) : 광무제(光武帝)로 후한(後漢)의 초대 황제(재위在位:A.D.25
~A.D.57)이다. 성명(姓名)은 유수(劉秀)이며 자(字)는 문숙(文叔)이요 묘호
(廟號)는 세조(世祖)이고 시호(諡號)는 광무(光武)로 전한(前漢)의 고조(高
祖) 유방(劉邦)의 9세손(世孫)이다. 전한은 1세기 초에 왕망에게 나라를 빼
았기고 멸망하였으며, 왕망은 신(新)이라는 나라를 세웠다. 그 신의 말년에
각지에서 군웅(群雄)이 거병(擧兵)하였을 때 유수도 하남성의 남양지방의
호족과 손을 잡고 봉기(蜂起)하였다. 이후 각지로 전전한 끝에 마침내 하북
(河北)·하남(河南)·호북(湖北) 지방에서 세력을 폈으며, 하남의 곤양(昆
陽)에서 왕망의 군대를 격파하고 A.D.25년에 하남의 낙양(洛陽)에서 즉위하
여 한왕조(漢王朝)를 재건하였다. 그러나 그의 세력은 하남·호북·섬서(陝
西)지역 뿐이었으며 촉(蜀)의 공손술(公孫述)·농서(隴西)의 외효(隗囂)·
하서(河西)의 두융(竇融) 등이 할거하고, 또한 적미(赤眉)를 비롯하여 왕망
때부터의 유적(流賊)들이 날뛰고 있었다.

광무제는 즉위한 뒤 10년 동안 그들의 세력을 진압하는데 주력하여
A.D.36년에 드디어 전국을 평정(平定)하였다. 그는 왕망의 가혹했던 정치를
폐지하고 전조(田租)를 인하하는 한편 간전(墾田)의 측량 등을 통하여 통일
국가의 충실을 기하였으며 군병(郡兵)을 내어 중앙집권화를 꾀하였다. 그는
또한 학문을 장려하여 명예(名譽)와 절조(節操:절제節制와 정조貞操)를 중
히 여기는 유교적(儒敎的)인 정치 체계를 채택하였기 때문에 후한시대 정
치의 특색이라고 할 수 있는 예교주의(禮敎主義)의 기초가 이 때에 확립되
었다.

※ 동한(東漢) : 중국의 통일 왕조로 전한(前漢)이 왕망(王莽)의 찬탈(簒奪)로
일시 중단된 후에 다시 일어난 후한(後漢:A.D.25~A.D.220)을 가리키는 것
으로, 전한의 도읍지가 장안(長安)·후한의 도읍지가 낙양(洛陽)인 관계로
지리적으로 볼 때 장안이 서쪽·낙양이 동쪽에 위치하여 서한(西漢)과 동
한(東 漢)이라고 부르기도 한다.

※ 사백년(四百年) : 전한(前漢:B.C.202~A.D.8)과 후한(後漢:A.D.25~A.D.220)
   의 25대(代) 406년간에 걸친 한나라의 존속 기간.

※ 헌(獻) : 후한(後漢) 14대(代) 마지막 황제인 헌제(獻帝:협協:재위A.D.189
   ~A.D.220)를 가리킨다.

(223) **魏 蜀 吳** (224) **爭 漢 鼎**
　　　위 　촉 　오　　　 쟁 　한 　정

위 · 촉 · 오는 한나라의 왕업을 계승하기 위하여 싸움을
벌였는데,

魏 나라이름,높을,빼어난 모양,성(姓)　위　　　爭 다툴,싸움,하소연,분별할　쟁
蜀 나라이름,땅이름,나비,하나,혼자　　촉　　　漢 나라이름,땅이름,성(姓)　한
吳 나라이름,떠들썩할,큰소리로 말할 오　　　鼎 솥,왕위,존귀할,세발의자　정

(225) **號 三 國** (226) **迄 兩 晉**
　　　호 　삼 　국　　　 흘 　양 　진

이들은 삼국이라고 불리우며 양진의 서진 때까지 존속
하였다.

號 부르짖을,부를,일컬을,이름,명령　호　　　迄 이를,~에 이르기까지,마침내　흘
三 석,셋,세,세번,자주,여러번,거듭　삼　　　兩 두,둘,짝,수레 · 무게의 단위　량
國 나라,국가,도읍,나라를 세울　　　국　　　晉(늑晋) 나라이름,나아갈,억누를　진

※ 위(魏) : 중국 삼국시대에 삼국의 하나로 후한(後漢) 말(末)의 중국은 중앙
에서는 당고(黨錮)의 화(禍)가 일어나고, 지방에서는 황건적(黃巾賊)의 난
(亂)이 일어나 후한의 위세는 땅에 떨어지고 동탁(董卓) · 원소(袁紹) · 공손
찬(公孫瓚) 등의 군웅이 각지에 할거하였다. 위나라의 기반을 닦은 조조(曹
操)도 한 부방(部將)으로서 황건적을 토벌하여 복속(服屬)시키는 등 점차
세력을 확대하더니 A.D.196년에는 후한의 마지막 임금인 헌제(獻帝)를 받들
어 승상(丞相)이 되고 위국공(魏國公)에 봉(封)해져서 화북(華北) 지방을
통일하였다. 당시 강남(江南)에는 손권(孫權)이 사천(四川)에는 유비(劉備)
가 세력을 떨치고 있었으나 A.D.208년 조조가 적벽(赤壁:호북성湖北省 가호
현嘉魚縣 서쪽)에서 유비와 손권의 연합군에게 대패(大敗)하자 천하가 삼

분되는 형국(形局)이 이뤄졌다. A.D.216년 조조는 위국(魏國)의 왕으로 봉해졌으나 A.D.220년 조조가 죽자 그의 뒤를 이은 조비(曹丕:문제文帝)는 후한의 헌제에게 강요하여 제위(帝位)를 선양(禪讓)받아 연호(年號)를 황초(黃初)라 하고 낙양(洛陽)에 도읍하여 위(魏)나라를 세웠다.

조조는 전란(戰亂)과 황폐 속의 중원(中原:중국中國)을 지배하면서 부국강병(富國强兵)을 도모하기 위하여 대규모의 둔전제(屯田制)를 실시하고 징병제(徵兵制)를 대신한 병호제(兵戶制)를 실시하였다. 또한 징세(徵稅)의 단위를 호(戶)로 하는 호조(戶調)를 시작하였고, 인재를 발탁하기 위하여 구품관인법(九品官人法)을 제정하였으나 실제로는 명문(名門) 출신이 관계(官界)를 독점하였으며 그중에서도 사마씨(司馬氏)의 세력은 막강하여 황제를 폐립(廢立)하기도 하였는데, 드디어 A.D.265년 사마염(司馬炎)은 원제(元帝)에게 양위(讓位)를 강조하여 제위(帝位)에 올랐으니 그가 바로 서진(西晉)의 무제(武帝)이며 따라서 5대(代)에 걸쳐 46년간 존속하던 위(魏:A.D.220~265년)나라는 멸망하게 된다.

※ 촉(蜀) : 중국 삼국시대 삼국(三國:위魏・오吳・촉蜀)의 하나로 전한(前漢) 경제(景帝)의 후손인 현덕(玄德) 유비(劉備)가 촉(蜀:사천성四川省)에다가 세운 나라로 한(漢)왕조의 전통을 이어 촉지방에 세운 나라이므로 촉한(蜀漢)이라 불리우며 일반적으로는 촉(蜀)이라고 한다.

후한(後漢) 말엽 황건적(黃巾賊)의 대반란으로 후한의 권위가 무너지자 군웅할거(軍雄割據)의 정국(政局)이 전개되었다. 형주(荊州)의 목사(牧使)인 유표(劉表)의 객장(客將)이었던 유비는 유표가 죽은 뒤 그의 아들 유종(劉宗)이 조조(曹操)에게 투항하자 제갈량(諸葛亮)의 협력을 얻어 천하(天下) 삼분(三分)의 계획을 세우고 손권(孫權)과 동맹(同盟)하여 적벽(赤壁)의 전투에서 조조를 격파하고 형주의 목사가 되었다. 그리하여 양자강(揚子江) 중류지역을 거의 영유(領有)하게 되자 익주(益州:성도成都)의 목사(牧使) 유장(劉璋)을 공략하고 스스로 익주 목사가 된 후 A.D.219년에는 스스로 한중왕(漢中王)이라고 칭하였다.

다음해인 A.D.220년 조비(曹丕)가 후한(後漢) 헌제(獻帝)의 양위(讓位)를 받아 제위(帝位)에 오르자 A.D.221년 유비(劉備)도 또한 제위에 올라 수도(首都)를 성도(成都)로 정하고 고조(高祖) 이하의 종묘(宗廟)를 세워 한(漢) 나라의 정통을 계승하였음을 명백히 하였다. 다음해인 A.D.222년 손권

(孫權)도 연호(年號)를 황무(黃武)라 하고 오(吳)나라를 세우니 위(魏)·오(吳)·촉(蜀)의 삼국 분립의 형세가 결정되었다. 그러나 형주(荊州)를 중심으로 양자강 중류의 영토 소유를 둘러싼 촉한(蜀漢)과 오(吳)의 대립은 해결되지 아니하여서 유비가 친히 군대를 이끌고 오(吳)를 쳤으나 백제성(白帝城)에서 병사(病死)하고 말았다.

뒷일을 위임받은 제갈량은 후주(後主)인 유비의 아들 유선(劉禪)을 잘 보좌하여 오(吳)와의 국교를 회복하고 산업을 장려하여 민생(民生)을 향상시켰으며 운남(雲南)·귀주(貴州)를 토벌하여 이를 개발하는 등 국력을 강화하는 동시에 중원(中原)을 회복하고자 자주 북벌(北伐)의 군사를 일으켰으나 A.D.234년 오장원(五丈原)에서 전쟁 중에 병사하였다. 그 후에 장완(蔣琬)·비위(費褘)·강유(姜維) 등이 국정(國政)을 담당하였으나 해마다 일어난 위(魏)와의 전쟁 때문에 국력이 쇠약해지고 환관(宦官)의 횡포로 A.D.263년 위(魏)나라의 침입에 항복함으로써 촉(蜀:촉한蜀漢:A.D.220~263)은 2대(代) 43년만에 멸망하였다.

※ 오(吳) : 중국 삼국시대의 나라 이름으로 한말(漢末) 군웅(群雄)의 한사람이었던 부춘(富春:절강성浙江省 부양현富陽縣)의 호족(豪族)인 손견(孫堅)이 원술(袁術) 밑에서 동탁(董卓)을 토벌하여 세력을 얻고 그의 맏아들 손책(孫策)은 장강(長江:양자강揚子江) 하류의 예장(豫章) 동쪽 지역을 평정하고, 동생 손권(孫權)에 이르러 A.D.208년[후한(後漢)헌제(獻帝)건안(建安)13년]에 유비(劉備)와 결탁하여 조조(曹操)의 대군(大軍)을 적벽(赤壁)의 싸움에서 크게 무찌른 후 그들과 나란히 천하(天下:세상世上)를 삼분(三分)하여 그 중에서 하나를 영유(領有)하게 되었다.

조조(曹操)의 아들 조비(曹丕)가 후한의 헌제로부터 제위를 양도받아 위(魏)나라의 황제가 되자 손권도 오왕(吳王)에 봉(封)해졌으나 A.D.222년 그는 스스로 연호(年號)를 황무(黃武)라 하고 A.D.229년 위(魏)와 촉한(蜀漢)과의 싸움이 격화(激化)되자 그 틈을 타서 무창(武昌)에서 제위에 올라 국호(國號)를 오(吳)라 칭하는 한편 도읍(都邑)을 말릉(秣陵:오늘날의 남경南京)으로 옮겨 이곳을 건업(建業)이라 불렀다. 오나라는 손권 때에 크게 위세를 떨쳤으나 그가 죽자 실력자들이 서로 싸우고 내란(內亂)도 자주 일어나 국력이 쇠퇴하였다. A.D.263년 촉한(蜀漢)이 위(魏)에게 망(亡)하고 위(魏)가 진(晉)에게 망하자 진(晉)은 대군을 파견하여 오(吳)나라를 공략(攻

掠)하여 A.D.280년 건업(建業)은 함락되고 오(吳:A.D.222~280)나라는 4대(代) 59년만에 멸망하였다.

※ 한(漢) : ☞ (223)의 ※촉(蜀) 참고:일명(一名) '촉한(蜀漢)'이라고도 함.

※ 삼국(三國) : 위(魏)·오(吳)·촉(蜀)의 세 나라를 가리킨다.
　☞ (223)의 ※위(魏)·오(吳)·촉(蜀) 참고

※ 양진(兩晉) : 위진남북조(魏晉南北朝) 시대의 중국왕조로 서진(西晉:A.D.265 ~316)과 동진(東晉:A.D.317~420)으로 구분되며 그 제실(帝室)은 사마씨(司馬氏)이다. 사마씨는 원래 하내온현(河內溫縣:하남성河南省 온현溫縣)의 명족(名族)으로 사마의(司馬懿)가 삼국의 하나인 위(魏)의 조조(曹操)를 비롯하여 여러 황제를 섬기면서 군사적·정치적으로 공적을 세워 권신(權臣)이 되었다. 그가 죽은 뒤에도 그의 아들 사(師) 및 소(昭)도 권신으로서 세력을 확보하고 반대자를 제거해서 위(魏)나라의 황실(皇室)을 위협하게 되었다. A.D.263년 소(昭)가 집정(執政)할 때 촉한(蜀漢)을 멸망시켰고, A.D.265년 소(昭)의 아들 사마염(司馬炎:무제武帝)은 위(魏)나라의 황제인 원제(元帝:조환曹奐)로부터 선양(禪讓)이라는 명목으로 제위(帝位)를 빼앗아 낙양(洛陽)을 도읍으로 하여 진왕조(晉王朝)인 서진(西晉)을 세웠다.
　진(晉:서진西晉)은 A.D.280년에 오(吳)나라를 평정하여 삼국을 통일하고 점전법(占田法)·과전법(課田法) 등의 토지제도와 세법(稅法)인 호조식(戶調式)을 발포(發布)하였다. 2대(代) 혜제(惠帝:충衷)는 무능하여 귀족관료는 구품관인법(九品官人法:구품중정법九品中正法)에 의한 문벌주의(門閥主義)에 안주(安住)하고 소외된 하급 사인(士人:한문寒門)의 일부는 제실(帝室)의 일족(一族)인 여러 왕의 심복이 되어 A.D.290년 팔왕(八王)의 난(亂)을 일으켰다. 그리고 이 반란에 종군(從軍)한 흉노(匈奴) 등 변방의 여러 민족들은 민족적으로 자각하게 되어 민족의 독립을 목표로 영가(永嘉)의 난(亂)을 일으켰다. 이로써 낙양(洛陽)과 장안(長安:西安)은 외방(外方) 민족에게 파괴되고 A.D.311년에는 3대(代) 회제(懷帝:치熾)가 살해되었으며, A.D.316년에는 4대(代) 민제(愍帝:업鄴)도 잡혀 서진(西晉:A.D.265~316)은 4대(代) 52년만에 멸망하였다.
　이에 앞서 오(吳)나라의 옛 도읍지인 건업(建業:남경南京)에 있었던 서진의 왕족 사마예(司馬睿:원제元帝)는 낙양과 장안이 함락되자 건업을 도읍으로 삼아 동진(東晉)을 세웠다. 황하(黃河) 유역에서 남쪽으로 이주한 왕도(王導) 등의 귀족은 강남(江南)의 토착 명족(名族)에 비해 우위를 차지하면서 이들과 화합하여 귀족제(貴族制) 국가를 이뤄 나갔다. 또한 북방으로부터의 인구 유입에 따라서 양자강(揚子江) 중·하류 유역의 개발이 진전되어 장원(莊園)도 형성되었다.

문화(文化)면에서도 왕희지(王羲之)의 서예(書藝), 고개지(顧愷之)의 회화(繪畵), 도연명(陶淵明)의 시(詩) 등 훌륭한 작품을 남겼다. 그러나 동진의 황제 권위는 약해서 장군들의 정권 싸움이 끊이지 않아 A.D.419년 무장(武將)인 유유(劉裕)는 공제(恭帝:덕문德文)로부터 선위(禪位)받아 송 왕조(宋王朝)를 일으켜 동진(東晉:A.D.317~420)도 11대(代) 104년만에 멸망하였다.

명말 청초(明末淸初)의 나관중(羅貫中)이 지었다고 하는 『삼국지연의(三國志演義)』는 진수(陳壽:A.D.237~297)의 정사 (正史)인 『삼국지(三國志)』 등을 참고로 하여 지은 역사소설로 이 작품에 서는 사실(史實)과는 달리 철두철미하게 촉한(蜀漢) 정통사상(正統思想)으로 일관되어 있다는 점에 주목해야 한다. 따라서 오늘날 우리는 소설(小說)『삼국지(三國志)』를 통해서 위진남북조(魏晉南北朝) 시대의 삼국(三國) 정립(鼎立)의 양상을 이해하는 다소는 잘못된 인식에 사로잡힐 수 있는 점이 있다.

『삼국지연의(三國志演義)』는 후한(後漢) 말(末) 황건적(黃巾賊)의 난(亂:A.D.184)으로부터 시작하여 위(魏)·오(吳)·촉(蜀)의 삼국 정립에 걸친 전후(前後) 97년간의 전란사(戰亂史)이다. 여기에 등장하는 인물들은 문무(文武)를 겸비한 의리(義理)의 관우(關羽)·호걸 장비(張飛)·온후(溫厚)한 어진 군주(君主)인 유비(劉備)·불세출(不世出)의 대군사(大軍師)인 제갈량(諸葛亮)·침착하고 용감한 조운(趙雲)·권모술수(權謀術數)에 능한 조조(曹操)·무용(武勇)에 뛰어난 무적(無敵)의 여포(呂布)·지장(智將)인 주유(周瑜) 등으로 이들은 모두가 중국의 민중이 바라는 여러 유형의 영웅상 (英雄像)이다. 여기서는 삼고초려(三顧草廬)로 유명한 유비(劉備)와 제갈량 (諸葛亮)에 대해서 살펴보기로 한다.

• 유비(劉備:A.D.161~223)는 삼국시대 촉한(蜀漢)의 초대 황제(在位:A.D.221~223)로 자(字)는 현덕(玄德)이며 시호(諡號)는 소열제(昭烈帝)로 전한(前漢) 경제(景帝)의 황자(皇子)인 중산정왕(中山靖王)의 후손(後孫)이라고 전(傳)한다. 일찍 아버지를 여의고 신발과 돗자리를 팔아

생계(生計)를 잇는 어려운 환경이었으나 15세 때 노식(盧植)에게 사사(師事)하여 동문(同門) 공손찬(公孫瓚)과 교의(交誼)를 맺었다. 그러나 학문(學問)을 즐겨하지 않고 호걸(豪傑)·협객(俠客)들과 교유(交遊)하는 한편 관우(關羽)·장비(張飛)와 도원(桃園)에서 의형제(義兄弟)를 맺었다[도원결의(桃園決義)]. 황건적(黃巾賊)의 난(亂)이 일어나자 도당(徒黨)을 모아 그 토벌(討伐)에 참가하여 벼슬길에 올랐으며, 그후 공손 찬에게 의탁하여 원소(袁紹)와의 싸움에서 큰 공(功)을 세웠다. 조조(曹操)와 서주목사(徐州牧使)인 도겸(陶謙)과의 싸움에서는 도겸을 도왔으므로 도겸의 사후(死後)에는 서주의 목사(徐州牧使)가 되었다.

A.D.196년 원술(袁術)로부터 공격을 받자 조조의 구원으로 원술을 물리치고 진동장군의성정후(鎭東將軍宜城亭侯)에 임명되어 조조에게 의탁하고 있었으나, 조조 모살(謀殺) 계획에 참여했다가 이 계획이 사전에 누설되자 하비(下邳)로 탈주(脫走)하였다. 원소(袁紹)·조조(曹操)의 관도대전(官渡對戰)에서는 원소와 동맹하고, 이에 패(敗)하자 형주목사(荊州牧使)인 유표(劉表)에게로 가서 그의 객장(客將)이 되었다. 이 무렵 유비는 삼고(三顧)의 예(禮)로써 제갈량(諸葛亮)을 맞아들여 그의 계략으로 형주(荊州)에서 기반을 구축하던 중 유표가 죽고 그의 아들 유종(劉琮)이 조조에게 항복하자 조조가 대군(大軍)을 거느리고 형주를 공격해 왔다. 유비는 손권(孫權)과 동맹하여 적벽대전(赤壁大戰)에서 조조를 대파하고 형주를 확보하였다. 같은 해에 조조가 한중(漢中) 침입을 기도하자 익주목사(益州牧使)인 유장(劉璋)의 요청에 의하여 명장(名將)인 관우(關羽)를 형주에 잔류(殘留)시키고 촉(蜀)에 들어가 유장을 항복시키고 촉을 수중(手中)에 넣었다. 그러나 형주의 영토 소유 문제를 놓고 손권과 대립하여 명장 관우가 패하여 죽고 형주는 손권이 차지하게 되었다.

유비는 이 사이에 한중(漢中)을 공격하여 한중의 왕(漢中王)이 되었으며, A.D.220년에는 조비(曹丕)가 후한(後漢) 헌제(獻帝)의 양위(讓位)를 받아 위(魏)의 황제(皇帝)가 되자 A.D.221년에는 유비(劉備)가 제위(帝位)에 올라 한(漢)의 정통을 계승한다는 명목으로 국호(國號)를 '한(漢)'이라 하니, 이 나라가 이른바 "촉한(蜀漢)"이다. 다음해 형주의 탈환과 관우의 죽음에 대한 복수를 위해 오(吳)나라를 공격하였으나 이릉(夷陵)의 싸움에서 크게 패하여 백제성(白帝城)에서 후사(後事)를 제갈량(諸葛亮)에게 맡기고 병사(病死)하였다.

• 제갈량(諸葛亮:A.D.181~234)은 삼국시대(三國時代:위魏 · 오吳 · 촉蜀) 촉한(蜀漢)의 정치가(政治家)이며 전략가(戰略家)이다. 자(字)는 공명(孔明)이며, 시호(諡號)는 충무(忠武)로 낭야군 양도현(琅琊郡 陽都縣:오늘날의 산동성山東省 기수현沂水縣)에서 숙부(叔父)인 제갈 현(諸葛玄)에게서 자랐다. 후한(後漢) 말(末)의 전란(戰亂)을 피하여 벼슬길에 나가지 않았으나 세상에 명성(名聲)이 높아 '와룡선생(臥龍先生)'이라 불렸다. 후한(後漢) 헌제(獻帝) 때인 건안(建安) 12년(A.D.207)에 위(魏)나라의 조조(曹操)에게 쫓겨 형주(荊州)에 와있던 유비(劉備) 현덕(玄德)으로부터 삼고초려(三顧草廬)의 예(禮)로써 초빙(招聘)되어 천하삼분지계(天下三分之計)를 진언(進言)하고 군신수어지교(君臣水魚之交)를 맺었다. 이듬해 오(吳)의 손권(孫權)과 연합하여 남하(南下)하는 조조의 대군(大軍)을 적벽(赤壁)의 싸움에서 대파(大破)하고 형주(荊州)와 익주(益州)를 새 영토로 유비에게 바쳤다. 그 후에도 수많은 전공(戰功)을 세웠으며, 촉한(蜀漢) 유비(劉備) 소열제(昭烈帝) 장무(章武) 1년(A.D.221)에는 후한(後漢)의 멸망을 계기로 유비가 제위(帝位)에 오르자 재상(宰相)이 되었다.

유비가 죽은 뒤에는 어린 후주(後主)인 유선(劉禪)을 도와서 다시 오(吳)나라와 연합하여 위(魏)나라와 항쟁(抗爭)하였으며, 생산(生産)을 장려하여 민치(民治)를 꾀하고 운남(雲南:오늘날의 베트남Vietnam:월남越南)으로 진출하여 개발을 도모하는 등 촉(蜀)의 경영에 힘썼으나 위(魏)나라와의 국력(國力)의 차이는 어쩔 수가 없어서 국가(國家)의 운세(運勢)가 기울어가는 가운데 위(魏)나라의 장군 사마의(司馬懿)와 오장원(五丈原:오늘날의 섬서성陜西省 미현郿縣)에서의 대전(對戰) 중에 병사(病死)하였다. 위(魏)나라와 싸우기 위해 출전(出戰)할 때 지어 올린 「전 · 후 출사표(前 · 後出師表)」는 천고(千古)의 명문(名文)으로 남아 있으며, 이 글을 읽고 울지 않는 자는 사람이 아니라고 일컬어진다.

♣ (226) "迄兩晉(흘양진)"에서 '양진(兩晉)'이라고 한 것은 서진(西晉)과 동진(東晉) 중에서 '서진(西晉)'을 가리킨다. 삼국(三國:위魏 · 오吳 · 촉蜀) 중에서 오(吳:A.D.222~280)나라가 서진(西晉)의 건국(建國) 후 15년간이나 존속(存續)했기 때문에 '흘양진(迄兩晉:양진의 서진西晉 때까지 존속하였다)'이라고 한 것이다.

☞ **오호십육국**(五胡十六國) : A.D.304년 유연(劉淵)의 건국에서부터 A.D.439년 북위(北魏)의 통일까지 중국 화북(華北) 지방에서 흥망(興亡)했던 5호 및 한인(漢人)의 나라들과 그 시대를 오호십육국(五胡十六國) 시대라고 일컫는다. 4세기 초(初)부터 백여년 동안 화북지방에는 흉노(匈奴)·갈(羯:흉노의 별종別種)·선비(鮮卑:일설一說에는 터어키 TurKey계系라고 함)·저(氐:티벳Tibet계)·강(羌:티벳계)의 이른바 5호(五胡:다섯 이민족異民族)가 잇달아 정권을 수립하여 서로 흥망을 되풀이 하고 있었다. 그 중에는 한인(漢人)이 세운 왕조(王朝)도 있었고, 그 수(數)도 16개가 넘었는데, 이것을 흔히 '5호 16국(五胡十六國)'이라고 일컫는데, 이는 이민족(異民族)에 의한 중국 지배의 최초 형태이다.

이보다 앞서 한제국(漢帝國)이 주변의 이민족을 정복하여 한(漢)문화를 침투시켜 나가자 이민족이 중국 내륙에 거주하는 자가 늘어갔으나 민족의 자주성을 잃은 그들은 한민족으로부터 갖가지 압박을 받고 노예(奴隸)·농노(農奴) 등으로 전락하는 자가 상당수 되었다. 이같은 경향은 위(魏)·진(晉) 시대에 이르러 더욱 심했는데 크고 작은 반항을 거듭하다가 304년 흉노의 추장인 유연(劉淵)이 팔왕(八王)의 난에 편승(便乘)해서 거병(擧兵)하여 산서(山西) 지방에 흉노국가를 재건하였다[한(漢): 뒤에 전조(前趙)로 고침].

같은 해 저족(氐族)인 이웅(李雄)이 사천(四川) 지방에 대성황제(大聖皇帝)를 자칭(自稱)하며 나라를 일으켰다. 이어서 서진(西晉) 왕조는 한군(漢軍)에게 수도(首都)인 낙양(洛陽)을 빼앗기고 멸망하여 강남(江南)에 망명(亡命)정권이 탄생하였다[동진(東晉)]. 한(漢:동진東晉)은 이윽고 갈족(羯族)인 석륵(石勒:후조後趙)에게 멸망되고 후조도 또한 동북 방면에서 내려온 선비족(鮮卑族)의 전연(前燕)과 서쪽의 저족(氐族)인 전진(前秦)으로 양분되었다. 전연을 평정한 전진은 부견(苻堅)이 다스리는 동안에는 오호(五胡) 중에서 가장 안정된 시기였으며, 그 세력은 화북지역은 물론 사천(四川)과 서역(西域)에까지 미쳤다. 그리고 동진(東晉) 정복을 꾀하였으나 회하(淮河) 남안(南岸)의 비수(肥水)에서 대패(大敗)함으로써 멸망하고, 화북지방은 다시 후연(後燕:선비족鮮卑族)과 후진(後秦:강족羌族)으로 분열하였으며 감숙(甘肅) 지방에서도 여러 민족의 작은 국가들이 분립(分立)하여 서로 항쟁하였다.

이윽고 일어난 선비탁발부(鮮卑拓跋部)인 북위(北魏)가 여러 국가를 평정하고 북량(北凉)의 멸망을 끝으로 **오호십육국**(五胡十六國) 시대는 막을 내렸다.

같은 시기에 강남(江南)에서도 진(晉)이 망하고 송(宋)이 들어서면서 새로운 시대가 시작되니, 이 이후를 남북조(南北朝) 시대라고 부른다. 오호(五胡)의 여러 국가는 호족(胡族) 중심의 국가로 유목사회 특유의 부락제도로 호족을 묶어 놓았으나 한족(漢族)에게는 중국 전통의 군현제(郡縣制)를 적용하여 이른바 호·한(胡漢) 이중체제를 실시하였다. 또한 군주(君主) 중에는 폭군도 적지 않았으나 한문화(漢文化)를 존중하였고 한족(漢族) 사대부(士大夫)를 예우하였으며, 중국의 왕조로서의 정통성을 주장하려는 경향도 강하여 반드시 야만과 무질서만의 시대는 아니었다. 불교(佛敎)에 대한 관심도 커서 불도징(佛圖澄)·구마라습(鳩摩羅什) 등의 서역승(西域僧)과 도안(道安) 등의 한승(漢僧)이 중국의 불교 발전에 기여하였다. 다만 정권의 바탕을 이루는 부락제도의 존재가 국가의 통일성을 저해하였으므로 각 왕조는 한결같이 단명(短命)하였으며 복잡한 정국을 펼치게 되었다.

— ◁ 오호 십육국(五胡十六國) 국명표(國名表) ▷ —

종족(種族)	국명(國名)	존속(存續)기간	창시자(創始者)	
흉노(匈奴)	전조(前趙:한漢)	A.D.304~329	유 연	劉淵
	북량(北凉)	397~439	저거몽손	沮渠蒙遜
	하(夏)	407~431	혁련발발	赫連勃勃
선비(鮮卑)	전연(前燕)	307~370	모용 황	慕容皝
	후연(後燕)	384~409	모용 수	慕容垂
	서진(西秦)	385~431	걸복국인	乞伏國仁
	남량(南凉)	397~414	독발오고	禿髮烏孤
	남연(南燕)	398~410	모용 덕	慕容德
한인(漢人)	전량(前凉)	301~376	장 궤	張軌
	서량(西凉)	400~421	이 고	李暠
	북연(北燕)	409~436	풍 발	馮跋
저(氐)	성(成:한漢)	304~347	이 웅	李雄
	전진(前秦)	351~394	부 견	苻堅
	후량(後凉)	386~403	여 광	呂光
강(羌)	후진(後秦)	384~417	요 장	姚萇
갈(羯)	후조(後趙)	319~351	석 륵	石勒

(227) 宋 齊 繼
송 제 계

(228) 梁 陳 承
양 진 승

이어서 송나라 · 제나라,
그리고 양나라 · 진나라가 왕조를 계승하니

宋 나라 이름,성(姓)　　송　　　　梁 나라 이름,들보,다리,기장,수수　　　량
齊 나라 이름,가지런할　제　　　　陳 나라 이름,늘어놓을,펼,베풀,성(姓)　진
繼 이을,후사(後嗣),이어　계　　　　承 받들,이을,받아들일,구(句)의 이름　승

(229) 爲 南 朝
위 남 조

(230) 都 金 陵
도 금 릉

이들은 남조로 도읍지는 금릉(남경)이었다.

爲 ~할,될,둘,펼,생각할　　　　위　　都 도읍,마을,성(城),나라,쌓을　　도
南 남녘,남쪽으로 향할,풍류이름　남　　金 쇠,귀할,단단할,무기,성(姓)　　금
朝 왕조,아침,뵐,모일,조정,정사　조　　陵 큰언덕,무덤,능가할,깔볼,속일　릉

※ 송(宋) : 남북조(南北朝) 시대에 남조의 나라로 유유(劉裕)가 건업(建業:오
늘날의 강소성江蘇省 남경南京)에 도읍지를 정하고 나라를 세웠으며, "유송
(裕宋)"이라고도 하며, 8대 60년(A.D.420~A.D.479) 220년간 존속하다가 멸
망하였다.

※ 제(齊) : 남조(南朝)의 하나로 소도성(蕭道成)이 송(宋)의 뒤를 이어 장강
(長江:양자강揚子江) · 월강(粤江) 유역에 세운 나라로 "남제(南齊)"라고도
하며 7대 24년(A.D.479~A.D.502)만에 양(梁)에게 망하였다.

※ 양(梁) : 육조(六朝)의 하나로 소연(蕭衍)이 제(齊)의 선양(禪讓)을 받아
건강(建康:오늘날의 남경南京)에 도읍하여 세운 왕조로 4대 56년(A.D.502~
A.D.557)만에 망하였다.

※ 진(陳) : 남조의 하나로 진패선(陳覇先)이 양(梁)의 선위(禪位)를 받아 세

운 나라로 건강(建康)에 도읍을 정하고 장강(長江)과 주강(珠江) 유역을 영토로 5대 33년(A.D.557~A.D.589)만에 수(隋)에게 망하였다.

※ 남조(南朝) : 중국사(中國史)에 있어서 남북조(南北朝) 가운데 5·6세기에 양자강(揚子江) 하류지역을 점거하고 건강(建康:오늘날의 남경南京)을 수도(首都)로 하는 사왕조(四王朝)에 대한 총칭(總稱)으로 4왕조는 송(宋:A.D.420~479)·제(齊:남제南齊:A.D.479~502)·양(梁:A.D.502~557)·진(陳:A.D.557~589)을 가리키며, 북조(北朝)에 대하여 남조(南朝)라고 한다. 그리고 남조보다 앞서 있었던 오(吳)와 동진(東晉)을 합쳐서 '육조(六朝)'라고 한다.

※ 금릉(金陵) : 중국 남경(南京)의 옛날 명칭이면서 별칭(別稱)으로 전국(戰國)시대에 초(楚)나라의 금릉읍(金陵邑) 땅이었고, 당대(唐代)에 금릉부(金陵府)라고 한 데서 비롯된 지명(地名)이다.

(231) 北 元 魏
북 원 위

(232) 分 東 西
분 동 서

**북조는 나중에 동위와 서위로 나누어진
탁발부가 세운 원위(북위)와**

北 북녘,북쪽,달아날,등질,나눌 북
元 으뜸,근본,클,기운,큰덕 원
魏 나라이름,높을,빼어난 모양 위

分 나눌,구분할,헤어질,분수,신분 분
東 동녘,동쪽,동양,주인 동
西 서녘,서쪽,깃들,옮길,서양 서

(233) 宇 文 周
우 문 주

(234) 與 高 齊
여 고 제

**우문각이 세운 북주,
그리고 고양이 세운 북제의 세 나라이다.**

宇 집,지붕,하늘,나라,국토,덮을 우
文 글,책,문채,결,법,빛날,꾸밀 문

與 ~와(과),함께,및,더불어,줄,참여할 여
高 높을,늙을,공경(恭敬)할 고

周 두루,널리,돌,나라이름   주   齊 나라이름,가지런할 [재계할 재]   제

※ 북(北) : '북조(北朝)'를 가리킨다.
　☞ 북조(北朝) : 4세기(世紀) 말(末)에서 6세기 말에 걸쳐서 양자강(揚子江)
　　유역의 남조(南朝)와 대립하여 화북(華北)지역을 영유(領有)하였던 호족
　　(胡族)계통의 북위(北魏:A.D.386~534)·북제(北齊:A.D.550~577)·북주
　　(北周:A.D.557~581)의 3나라에 대한 총칭으로 북위는 다시 동위(東魏)와
　　서위(西魏)로 나뉘어졌다가 각각 북제(北齊)와 북주(北周)로 이어졌다.
※ 원위(元魏) : 북위(北魏)를 가리킨다.
　☞ 북위(北魏) : 선비족(鮮卑族)의 탁발부(拓跋部)가 화북(華北) 지역에 세
　　운 북조(北朝) 최초의 왕조[A.D.386~534]로 원위(元魏) 또는 후위(後
　　魏)라고도 한다. 탁발부는 3세기 중엽에는 내몽고(內蒙古)의 빠엔타라
　　(파언탑랍巴彦搭拉)지방에서 세력을 넓히고 있었으나, 4세기 초탁발부의
　　세력을 이용하여 북변(北邊)의 보위(保衛)를 도모하려고 서진(西晋)으로
　　부터 산서성(山西省) 북부의 땅을 얻게 됨으로써 그곳에서 세력을 확장
　　하고, 군장(君長)인 탁발의로(拓跋猗盧)는 315년 서진의 관작(官爵)을
　　받고 대왕(代王)으로 봉(封)해졌다. 탁발 십익건(拓跋什翼犍) 때에 전진
　　(前秦)의 부견(符堅)과의 싸움에서 패하여 정권이 와해(瓦解)되었지만,
　　부견이 비수(淝水)싸움에서 패한 기회를 이용하여 탁발규(拓跋珪:훗날
　　의 도무제道武帝)는 나라를 재건하고 자립하여 황제라고 칭하였으며 국
　　호(國號)를 위(魏)라고 하였다[386년]. 이어 내몽고 여러 부족을 평정하
　　고 후연(後燕)을 격파하여 하북(河北) 평야에 진출하여 398년에 수도(首
　　都)를 평성(平城:오늘날의 산서성山西省 대동大同)에 정하였다.
　　　위(魏)는 중국 옛 전통에 의한 국가 체제를 채용하기로 정하여 화북
　　지방을 평정하기 위하여 몽고로부터 데리고 온 여러 유목부족을 해산시
　　켜 부민(部民)을 군현(郡縣)의 호적(戶籍)에 편입하게 하였다. 그리고
　　훈공(勳功)이 있는 부족 가운데 유력자에게는 관작(官爵)을 수여하고 한
　　족(漢族)의 명문(名門)과 똑같이 고급관리로 채용하여 귀족제(貴族制)의
　　기초를 이룩하였다. 명원제(明元帝) 때에 남조(南朝)의 송(宋)을 공략하
　　여 하남(河南) 지방을 빼앗았고, 태무제(太武帝) 때에 하(夏)·북연(北
　　燕)·북량(北凉)을 멸망시킴으로써 5호16국(五胡十六國)의 난(亂)을 끝
　　내고 439년 마침내 북위(北魏)는 강북(江北)지역의 통일을 완성하였다.

그후 선비족(鮮卑族)의 한화(漢化)가 촉진되었는데 특히 효문제(孝文帝)가 즉위(卽位)하자 494년 수도(首都)를 낙양(洛陽)으로 옮겨 호복(胡服)·호어(胡語)를 금(禁)하고 호성(胡姓)을 한인(漢人)처럼 단성(單姓)으로 고치게 하였으며, 황족(皇族)인 탁발씨(拓跋氏)도 원씨(元氏)로 개성(改姓)하였다.

효문제는 한화(漢化)정책과 함께 봉록제(俸祿制)·삼장제(三長制)·균전법(均田法) 등을 창시하여 북위(北魏)의 국력과 문화가 크게 발전하였으나, 한편으로는 북방민족 고유의 소박하고 상무적(尙武的)인 기풍이 쇠퇴하여 사치스럽고 문약(文弱)한 경향이 일어나게 되었다. 그리고 나이 어린 효명제(孝明帝)를 섭정(攝政)하던 영태후(靈太后)가 지나치게 불교를 존숭하여 사탑(寺塔) 건축에 국비(國費)를 낭비함으로써 국정(國政)을 어지럽게 하였다. 따라서 도둑이 들끓고, 524년에는 북진(北鎭) 병사의 반란이 일어났다. 이 난을 진압할 때 큰 공을 세운 북방 민족의 무장(武將) 세력이 강력해져 마침내 그들의 수령인 이주영(爾朱榮)이 정권을 휘두르게 되었다. 그러나 얼마 후에 그의 부장(部將)인 고환(高歡)이 이주씨(爾珠氏) 일당을 격멸(擊滅)시키고, 그로부터 우문태(宇文泰)와 고 환의 대립이 격심해졌으며, 따라서 양자(兩者)는 각각 북위(北魏)의 종실(宗室)을 천자(天子)로 옹립(擁立)하였다.

A.D.534년 우문태(宇文泰)는 고환의 전횡(專橫)을 증오하여 우문태에게 의지한 효무제(孝武帝)를 살해하고, 다음해에 문제(文帝)를 옹립하여 즉위하게 하였다. 이처럼 북위(北魏)는 서위(西魏)와 동위(東魏)로 분열되었는데, 그 후 동위(東魏)는 고환의 아들인 양(洋)에게 빼앗겨 제(齊), 즉 북제(北齊)가 되었으며 [A.D.550년], 서위(西魏)는 우문태의 아들 우문각(宇文覺)에게 빼앗겨 주(周), 즉 북주(北周)가 되었다 [A.D.556년].

※ 동서(東西) : 동위(東魏)와 서위(西魏)를 가리킨다.
　☞ (231)의 ※북(北) 참고

※ 우문(宇文) : 복성(復姓)으로 선비족(鮮卑族)들에게 있어서 우문(宇文)은 '천자(天子)'를 뜻한다. 여기서는 4대 23년간 존속했던 서위(西魏)의 실권자였던 우문 태(宇文泰)와 그의 아들인 우문 각(宇文覺)을 가리킨다.

※ 주(周) : 5대 25년간 존속했던 '북주(北周)'를 가리킨다.

☞ 북주(北周) : 중국 북조(北朝)의 왕조(A.D.557~581)로 서위(西魏)의 실권자이던 우문태(宇文泰)가 죽고 그의 아들 우문각(宇文覺)이 뒤를 이었을 때 보좌하던 사촌 우문호(宇文護)가 서위(西魏)의 공제(恭帝)를 제위(帝位)에서 밀어내고 세운 왕조이다. 왕조의 이름을 북주(北周)라고 한 것은 서위(西魏) 시대부터 고대의 주(周)를 본받았기 때문이었는데, 북위(北魏)의 효문제(孝文帝) 이래로 한화주의(漢化主義)·문벌주의(文閥主義)를 배척하고 북족 존중주의(北族尊重主義)를 취하였으며 소박주의 정치(素朴主義政治)를 지향하였다.

북주(北周)는 제3대 무제(武帝) 때에 북제(北齊)를 평정하여 화북지역의 통일을 실현하였고, 불교를 폐(廢)하여 왕권의 강화를 도모하였으나 무제의 아들 선제(宣帝)가 폭군이었기 때문에 민심(民心)을 얻지 못하였고, 그 틈을 탄 외척(外戚)인 양견(楊堅)이 정권을 빼앗아 수(隋)나라를 세웠다. 그러나 관중(關中)에 본거지를 둔 수(隋)·당(唐)의 직접적인 모체가 서위(西魏) 및 북주(北周)였다는 점에서 이들 왕조의 의의는 크다.

※ 고(高) : 동위(東魏)의 실력자인 고환(高歡)과 그의 아들인 고양(高洋)을 가리킨다.

※ 제(齊) : 북제(北齊)를 가리킨다.

☞ 북제(北齊) : 중국 동위(東魏)의 실권자인 고양(高洋:고 환高歡의 아들)이 꼭둑각시 황제이던 효정제(孝靜帝)를 밀어내고 동위(東魏)의 영토를 그대로 인수하여 국호(國號)를 제(齊)라고 하고 도읍(都邑)을 업(鄴)에 정하였던 나라[A.D.550~577]로 남제(南齊)와 구별하여 북제(北齊)라고 한다. 경쟁국인 서위(西魏)·북주(北周)에 비하여 인재도 많았고 물자 도 풍부하였지만 결국은 북주에게 멸망되었다. 북제의 군주 중에는 폭 군(暴君)·암군(暗君:어리석은 임금)이 잇달았고, 독재를 강화하였으며 사치·난행(亂行)이 속출하였다. 동위(東魏) 때부터 내려오던 무장(武 將)들은 억압을 당하는 한편, 황제의 비위를 맞추어 세력을 만회하려는 한인(漢人) 귀족이 정치를 좌우하였으며, 황제의 측근에는 아첨하는 무리들이 득실거리며 권세를 부렸다. 이들 세력간의 암투(暗鬪)로 북제(北齊) 왕조는 내부로부터 붕괴하여 화북지역 통일의 계기를 북주(北周)에게 빼앗겼다.

(235) **迨 至 隋**
태　지　수

(236) **一 土 宇**
일　토　우

마침내 수나라에 이르러서
천하는 하나의 나라로 통일되었으나,

迨 미칠,이를,가서 닿을,바랄 태　　　一 하나,한번,처음,오로지,모두　일

至 이를,지극할,힘쓸,～까지　지　　土 영토,흙,땅,토지의 신,살　　토

隋 나라 이름,성(姓)　　　수　　宇 집,지붕,하늘,나라,국토,덮을 우

(237) **不 再 傳**
부　재　전

(238) **失 統 緒**
실　통　서

[2대 수양제의 실정과 그에 따른 내정의 혼미로 인하여]
왕위가 거듭 전수되지 못하고 왕통의 계승이 상실되었다.

不 아닐,없을　　　　　　불　　失 잃을,잘못할,허물　　　　실

再 둘,재차,거듭,다시 한번　　재　　統 실마리,법,기강,근본,혈통　통

傳 전할,펼,전기(傳記),경서의 주해 전　緒 실마리,시초,계통,차례,행렬 서

※ 수(隋) : 양견(楊堅:수문제隋文帝)이 A.D.581년 북주(北周)의 정제(靜帝)로
부터 양위(讓位)를 받아 나라를 다시 세우고, A.D.589년 남조(南朝)의 진
(陳)을 멸망시켜 중국에 새로운 통일왕조[A.D.581～618]를 이룩하였다. 문제
(文帝)·양제(煬帝)·공제(恭帝:유유)의 3대 38년에 불과한 단명(短命)한
짧은 왕조였으나, 오랫만에 남북으로 갈라져 있던 중국을 하나의 판도(版
圖)에 넣어 진(秦)·한(漢)의 고대 통일국가를 재현하였고, 뒤를 이을 당
(唐)나라가 중국의 판도를 더욱 넓혀 대통일을 이룩하는데 그 기반이 되었
다는 점에서 수나라는 그 존립의 의의가 크다.
　양견은 북주 황실의 인척(姻戚) 관계임을 기화(奇貨)로 세력을 확대하였
다. 즉 양견의 처(妻)는 북주의 주국(主國:제2훈위第二勳位)이었던 독고 신

(獨孤信)의 딸이며, 처형(妻兄:아내의 언니)은 북주 명제(明帝)의 황후였고, 양견 자신의 딸은 북주 선제(宣帝)의 황후임과 동시에 정제(靜帝)의 어머니였다. 양견은 북주에서 그의 전권(專權)에 맞서는 위지형(尉遲逈) 등 반대세력을 물리치고 상국(相國:수상首相)·수왕(隨王)이 되어 그의 사위인 정제로부터 선양(禪讓)이라는 형식으로 쉽사리 북주를 빼앗아 수(隋)나라를 세웠다. 양견을 수나라의 고조(高祖)라고도 하는데, 수(隋)나라의 명칭은 원래 양견이 일찍이 수왕(隨王)이 되었던 데에서 연유한 것으로 수(隋)자(字)에 착(辵:辶)이 있으면 뛴다는 뜻으로 왕조가 안정되지 않는다고 하여 착(辵:辶)을 빼고 수(隋)로 나라 이름을 정했다고 한다.

문제(文帝)는 A.D.587년 그의 보호국으로 강릉(江陵:호북성胡北省)에 도읍을 정하고, 남조(南朝) 양(梁)의 황실 자손이 다스리고 있던 후량(後梁)을 멸망시켰고, A.D.589년에는 그의 차남인 진왕(晋王) 광(廣:양제煬帝)을 행군원수(行軍元帥)로 삼아 남조의 진(陳)을 멸망시켜, 동진(東晋)의 남천(南遷) 이래 317년에 걸쳤던 중국의 분열에 종지부를 찍었다. 문제는 내정(內政)에 힘을 쏟아 재정적(財政的)으로는 긴축정책(緊縮政策)을 취하였으며, 오랫동안 남북으로 갈라졌던 중국의 통일을 추진하였다. 대외적으로는 장성(長城)을 축조하여 터어키계(Turkey系) 돌궐(突厥)의 침입에 대비하였으며, A.D.598년(고구려高句麗 영양왕嬰陽王 9년)에는 요서(遼西)를 침범한 고구려를 정벌하였으나 실패하였다. 황실에서는 문제의 장남인 용(勇)이 황태자가 되었으나, 진(陳)나라를 토벌하는데 큰 공을 세운 간사(奸邪)하고 지모(智謀)에 차있던 진왕(晋王) 광(廣)이 형인 용(勇)을 대신해서 황태자가 되고 뒤에 즉위하여 양제(煬帝)가 되었는데, 문제는 아들 양제에게 살해되었다고 한다. (237)의 ☞ ※수양제(隋煬帝) 참조

※ 수양제(隋煬帝) : 양제(煬帝)는 문제(文帝)의 유업(遺業)을 이어 중국의 남북을 연결하는 대운하(大運河)를 완성하고 남북의 통일을 추진하여 동도(東都:동경東京)를 낙양(洛陽)에 조성하고, 토욕혼(吐谷渾:청해靑海 지방의 선비족鮮卑族의 나라)과 돌궐(突厥)을 토벌하였다. 또한 돌궐과 손을 잡을 우려가 있었던 고구려(高句麗)에 A.D.611~614년 사이에 대군(大軍)을 파견하여 세 차례에 걸쳐서 원정(遠征)을 시도하였으나 실패하였다. A.D.612년(고구려高句麗 영양왕嬰陽王9년) 제1차 고구려 원정은 고구려 군(軍)의 지략(智略)과 용맹에 고전(苦戰)하다가 고구려 을지문덕(乙支文德) 장군의 살

수대첩(薩水大捷)으로 대패하여 개전(開戰) 4개월만에 전군(全軍)을 철수하였다.

양제는 천하통일 후 얼마되지 않았음에도 너무 서둘러 대대적인 토 목공사(土木工事)와 원정(遠征)을 계속하여 백성들은 모든 면에서 과중 한 부담을 지어 고통을 받았다. 특히 고구려 원정 기지에 가까왔던 산동(山東) 지방의 백성들은 그 고통이 더욱 심하였고, 더욱이 이 지방은 옛 북제(北齊)와 북주(北周)로 이어지는 나라의 영토여서 북주를 멸망케 한 수(隋)왕조에의 반감(反感)도 있고 해서 수나라에 대한 반란사건은 이 지역에서 많이 일어났다.

A.D.613년 제2차 고구려 원정 도중에 일어났던 양현감(楊玄感)의 반란은 2개월 만에 진압되었으나, 그후 수나라는 본격적인 반란 시기에 들어갔다. 또한 양현감의 반란과 같은 시기에 옛 남조(南朝)의 영토안에서도 백성들의 불만이 폭발하여 반란은 삽시간에 각 지방으로 확대되었다. 이러한 소용돌이 속에서도 양제(煬帝)는 강도(江都:양주揚州)에 행행(行幸:행차行次)하는 등 사치스러운 생활속에 빠져 있었다.

A.D.617년 태원(太原:산서성山西省)의 유수(留守)인 이연(李淵)은 내란이 격화하여 양제(煬帝)가 있던 강도(江都)가 고립되자, 태원(太原)의 호족(豪族)들을 끌어 모아 군사를 일으켜 장안(長安)을 탈취하고 양제(煬帝)의 손자인 공제(恭帝:유유侑)를 옹립(擁立)하였다.

그러나 A.D.618년 양제(煬帝)가 강도(江都)에서 우문 화급(宇文化及)에 의해 살해되자 이연(李淵)은 공제(恭帝)로부터 양위(讓位)받아 스스로 즉위하여 당(唐)나라를 세우니 수(隋)나라는 멸망하였다. 당나라가 세워진 뒤에도 양제(煬帝)의 총애를 받던 왕세충(王世充)은 공제(恭帝)의 동생인 월왕(越王:동동侗)을 옹립하여 수나라의 대통(代統)을 잇게 하였으나 A.D.619년 이를 폐위(廢位)하여 스스로 즉위하고 정국(鄭國)을 세움으로써 수나라의 황실은 그 맥이 끊겼다.

(239) 唐 高 祖　(240) 起 義 師
당　고　조　　　기　의　사

당나라의 고조인 이연이 의병을 일으켜서

唐 도당(陶唐),당우(唐虞),나라이름　당	起 일어날,일으킬,시작할,세울　기
高 높을,늙을,공경(恭敬)할　　　　고	義 옳을,의미,도리,이치,법도　　의
祖 할아버지,조상(祖上),처음　　　조	師 스승,군사,군대,많을,따를　　사

(241) 除 隋 亂　(242) 創 國 基
제　수　란　　　창　국　기

수나라의 어지러운 상황을 진정시키고
당나라의 기반을 세웠으니,

除 덜,제거할,내쫓을,죽일,벼슬줄　제	創 비롯할,시작할,혼날,상처　　창
隋 나라 이름,성(姓)　　　　　　수	國 나라,국가,도읍,나라 세울　국
亂 어지러울,반역,함부로,난리,전쟁 란	基 터,기초,토대,사업,비롯할　기

※ 당(唐) : 수(隋)나라의 뒤를 이은 중국의 왕조로 A.D.618년 이연(李淵)이
　건국하여 A.D.907년 애제(哀帝) 때 후량(後梁)의 주전충(朱全忠)에게 멸망
　하기까지 290년 동안 20대(代)의 황제에 의하여 통치되었다. 중국의 통일제
　국으로는 한(漢)나라에 이어 제2의 최고 전성기를 이루어, 당(唐)에서 발달
　한 문물(文物) 및 정비된 제도는 우리나라를 비롯하여 동아시아 여러나라
　에 많은 영향을 미쳐 그 주변의 여러 민족이 정치·문화적으로 성장하는데
　크게 기여하였다. 특히 우리나라의 경우 삼국(三國:고구려高句麗·백제百
　濟·신라新羅)체제가 붕괴되고 한반도의 정치세력 판도가 크게 바뀌는 데
　결정적인 역할을 하였다. 그러나 당나라 중기 안록산(安祿山)의 난(亂) 이
　후 이민족(異民族)의 흥기(興起)와 국내 지배체제의 모순이 드러나 중앙집
　권체제의 동요는 물론 사회 및 경제적으로도 불안이 더하여 쇠퇴의 길을

밟았다.

수(隋)나라 말기 내란(內亂)이 한창이던 A.D.617년 진양(晋陽:태원太原)에서 반란진압을 하고 있던 태원 지역의 사령관인 이연(李淵)은 그의 둘째 아들 이세민(李世民) 등과 더불어 군사를 일으켜 장안(長安)을 점령하고, A.D.618년 수양제(隋煬帝)가 반란군의 우문 화급(宇文化及)에게 살해되자 양제의 손자 공제(恭帝)를 협박하여 선위(禪位)를 받아 즉위하고 국호(國號)를 당(唐)이라고 하였다.건국 초기에는 각지에 군웅(群雄)이 할거(割據)하고 있었으나, 차례로 이들을 평정하고 천하를 통일하였다. 여기에 이르기까지 최대의 공로자는 이세민이었는데, 그의 형이며 태자(太子)인 건성(建成)과 동생 원길(元吉)의 시기를 받자 이세민은 이들 형제를 죽이고 A.D. 626년 제2대 황제(태종太宗)에 올랐다. 이것을 '현무문(玄武門)의 난(亂)'이라고 한다.

태종(太宗)은 즉위하자 최대의 외적(外敵)이던 돌궐(突厥)을 평정하였으며, 주변의 여러 종족도 조공(朝貢)을 하게 되어 국위(國威)는 크게 떨치고, 그 세력은 한(漢)나라를 능가하는 대제국이 되었다. 태종은 내치(內治)에도 힘써 그의 치세(治世) 20여년은 이른바 '정관(貞觀)의 치(治)'라고 하는 태평성세(太平盛世)의 시대를 이루었다. 태종의 후광(後光)은 그의 뒤를 이은 고종(高宗)때까지 미쳤으나, 고종이 그의 말년에 황후를 폐하고, 태종의 궁인(宮人)이었던 무씨(武氏:측천무후則天武后)를 총애하여 황후로 세움으로써 이른바 '여화(女禍)'의 길을 열게 되었다. 측천무후는 고종에 이어 즉위한 자기 아들인 중종(中宗)과 예종(睿宗)을 폐하고 스스로 즉위하여 국호를 주(周)로 고쳤으며[무주혁명(武周革命)], 중국 역사상 유일한 여제(女帝)로서 그녀의 재위 16년간은 악랄한 책략과 잔혹한 탄압의 공포정치가 계속되었다. 반대파의 구데타로 황제에 복귀한 중종은 국호를 당(唐)으로 복구시켰으나 황후 위씨[위후(韋后)] 또한 실권을 쥐고 중종을 독살한 뒤 권력을 휘두르는 등 무후시대의 정치적 상황이 재현되었다. 이 위씨 일파를 무력으로 무너뜨리고 그의 아버지 예종을 복위시켜 당나라를 명실공히 정상적인 궤도에 올려놓은 것이 이융기(李隆基), 즉 현종(玄宗)이다. 그는 즉위하자 정치를 쇄신하고 사회안정에 힘써 그의 '개원(開元)의 치세(治世)'는 '정관의 치세'에 비길 만한 태평시대가 되어 당의 최고 전성기를 이루었다. 현종의 치세는 선천(先天) 1년, 개원 29년, 천보(天寶) 15년을 합쳐 45년간(A.D.712~756)인데, 이 시기에 문화의 꽃이 만발하여 서울 장안(長安)은 명실공히 정치·문화의 중심지로서 태평성대를 누렸다.

그러나 이러한 번영은 궁중이나 상류층의 전유물일 뿐, 그 이면에는 균전제(均田制)의 모순이 격심해지고, 농민은 상류층의 희생이 되어, 변경(邊境)으로의 출병(出兵)이 강요되고 과중한 세금으로 시달리는 등 현종 말기의 천보시대에는 당조와해(唐朝瓦解)의 징조가 보이기 시작하였다. 게다가 오랜 통치에 권태를 느낀 현종은 양귀비(楊貴妃)를 얻어 연유(宴遊)를 일삼고 양귀비의 일족인 양국충(楊國忠)을 재상(宰相)으로 삼아 국사(國事)를 맡겼는데, A.D.755년 평로(平盧) 등 3지구의 절도사(節度使)를 겸하고 있던 안록산(安祿山)이 양국충의 제거를 명분으로 반란을 일으켜 낙양(洛陽)에 이어 장안(長安)을 점령하였다. 현종은 사천(四川)으로 피난가고 그 도중에 양귀비는 살해되었다.

안록산의 부장(部將)인 사사명(史思明)으로 이어진 이 반란은 9년 동안 계속된 끝에 이민족(異民族)의 도움으로 겨우 그 극성함을 꺾을 수 있었으나, 조정(朝廷)에서 이를 완전히 평정할 힘은 아직 없었다. 이 반란으로 균전법을 기반으로 하였던 고대 중국 사회는 몰락의 첫발을 내디뎠으며, 반란 후 당나라의 정치체제도 일변하였다. 반란에 가담한 부장들은 하북(河北)·산동(山東) 등을 점거하고 조정으로 하여금 절도사의 지위를 승인하게 하였다. 또한 반란중에 조정에서 전국 곳곳에 절도사를 둠으로써 번진체제(藩鎭體制)가 전국에 미쳐 조정 자체가 하나의 번진으로 격하되는 듯한 경향마저 띠게 되었다. 번진의 절도사란 몇 개의 군진(軍鎭)을 관할하는 지휘관인데, 현종 때 모병제(募兵制)가 실시되자 많은 병사를 마음대로 모집하여 강력한 세력을 가지게 되어 대종(代宗)·덕종(德宗) 때는 이들의 횡포와 반란에 시달려 덕종은 조정의 명령을 거역하는 하북(河北) 제진(諸鎭)의 토벌을 시도하였으나 실패하였다.

헌종(憲宗)은 절도사의 권한을 축소함으로써 한동안 중앙집권에 성공하였으나, 중앙집권의 강화책(强化策), 즉 재정(財政)의 강화는 일반 민중에게 가혹한 부담을 주어 숱한 유민(流民)이 생겼다. 또한 조세(租稅)의 중앙집권은 일반 농민뿐만 아니라 지주(地主)호족(豪族)층에게도 고통을 주고 번진 병사의 대우를 악화시켜 절도사와 병사간의 분쟁 및 지주·농민·유민을 주체로 한 반항은 A.D.859년에 구보(裘甫)의 난(亂)을 일으켰고, A.D. 868~875년의 방훈(龐勛)의 난(亂)에 이어 A.D.875~884년에는 드디어 황소(黃巢)의 대란(大亂)을 겪게 되었다.

물론 이 반란도 실패로 끝났으나, 이 전란으로 강회(江淮)의 곡창지대가 황폐화되어 국가의 재정은 치명적인 타격을 받았다. 또한 중앙의 통제력도 악화되어 조정(朝廷) 내부는 환관파(宦官派)와 재상파(宰相派)로 갈려져 각기 외부의 번진을 자파(自派) 세력으로 끌어들여 싸우던 중 재상파와 내응(內應)한 황소의 구장(舊將) 주온(朱溫:주전충朱全忠)이 장안에 들어가 소종(昭宗)을 살해한 다음 애종(哀宗)을 폐위시키고, A.D.907년 스스로 즉위하니 당(唐)은 이것으로써 20대(代) 약 290년(年)만에 멸망하였다.

※ 고조(高祖) : 중국 당(唐)나라의 초대 황제인 이연(李淵:A.D.565~635)을 가리킨다. 자(字)는 숙덕(叔德)이며 장안(長安)사람이다. 조상(祖上)은 한화(漢化)한 선비족(鮮卑族)이라고 한다. 수(隋)나라 말기의 혼란기인 A.D.617년 둘째아들 이세민(李世民:훗날 당唐의 2대황제 태종太宗)의 권고로 군사를 일으켜 양제(煬帝)가 암살되자 제위(帝位:A.D.618~626)에 올라 장안(長安)에 도읍하고 국호(國號)를 당(唐)이라고 하였다.

※ 의사(義師) : '의병(義兵)'을 가리킨다.

※ 수(隋) : ☞ (235)의 ※수(隋) 참고

※ 국(國) : 당(唐)나라를 가리킨다. ☞ (239)의 ※당(唐) 참고

※ 국기(國基) : '나라의 기반'을 가리킨다.

(243) 二 十 傳
이 십 전

(244) 三 百 載
삼 백 재

당나라는 20대 300여 년 동안 존속하다가

二 두,두 번,둘로 나눌,버금   이
十 열,열배,전부,일체,완전   십
傳 전할,펼,전기,경서의 주해   전

三 석,셋,세,세번,자주,여러번,거듭 삼
百 일백,모든,다수,여러,힘쓸   백
載 해,일년,실을,탈,짐,쌓을   재

(245) **梁 滅 之** (246) **國 乃 改**
양 멸 지   국 내 개

후량의 주전충에 의해 멸망되고 나라가 곧바로 바뀌었다.

梁 나라 이름,들보,다리,기장   량   國 나라,국가,도읍,나라 세울   국
滅 멸망할,제거할,없어질,죽을   멸   乃 이에,곧,바꿔 말하면,너,저번때   내
之 갈,이것,~의,~에서   지   改 고칠,바꿀,바로잡을,따로,다시   개

※ 이십전(二十傳) : 당(唐)나라 290년 동안에 20대(代)를 이어온 제위(帝位)를
가리킨다.

◀ 당(唐)의 세계표(世系表) ▶

① 고조(高祖) : 이 연(李 淵) 618~626
② 태종(太宗) : 이세민(李世民) 626~649
③ 고종(高宗) : 이 치(李 治) 649~683
④ 중종(中宗) : 이 현(李 顯) 683~684, 705~710 측천무후(則天武后)―주周
⑤ 예종(睿宗) : 이 단(李 旦) 684~690, 섭정(攝政) 690~705
                                      재위(在位) 710~712
⑥ 현종(玄宗) : 이융기(李隆基) 712~756 ― 양귀비(楊貴妃)
⑦ 숙종(肅宗) : 이 형(李 亨) 756~762
⑧ 대종(大宗) : 이 여(李 予) 762~779
⑨ 덕종(德宗) : 이 괄(李 适) 779~805
⑩ 순종(順宗) : 이 송(李 誦) 805~805
⑪ 헌종(憲宗) : 이 순(李 純) 805~820
⑫ 목종(憲宗) : 이 항(李 恒) 820~824
⑬ 경종(敬宗) : 이 담(李 湛) 824~826
⑭ 문종(文宗) : 이 앙(李 昂) 826~840
⑮ 무종(武宗) : 이 앙(李 炎) 840~846
⑯ 선종(宣宗) : 이 침(李 忱) 846~859
⑰ 의종(懿宗) : 이 최(李 漼) 859~873
⑱ 희종(僖宗) : 이 현(李 儇) 873~888

⑲ 소종(昭宗) : 이　엽(李　曄) 888~904
⑳ 애종(哀宗) : 이　축(李　祝) 904~907

※ 삼백재(三百載) : 당(唐)나라가 존립하였던 A.D.618~907년 사이의 290년 동
안을 대략 300년으로 간주(看做)하고 일컬은 것이다.

※ 양(梁) : 후량(後梁)을 가리킨다.
 ☞ 후량(梁) : 중국 5대(五代:후량後梁·후당後唐·후진後晋·후한後漢·후
주後周) 최초의 왕조[A.D.907~923]로 양(梁)이라고도 한다. 태조(太祖)
주 온(朱溫)은 원래 당말(唐末)의 대유적(大流賊)인 황소(黃巢)의 부하로
서 당나라에 투항하여 전충(全忠)이란 이름을 하사받고 관무군(官武軍) 절
도사·양왕(梁王)이 되었다. 대운하(大運河)의 요충지인 변주(汴州:개봉
開封)를 근거지로 하여 쇠잔한 당나라 왕실을 옹립하여 A.D.907년 당을 대
신하여 대량(大梁:변주汴州)에 도읍하였다. 당대(唐代)의 천한 빈민으로
태어나 무력으로 입신한 권력자로서 구귀족을 철저히 제거하려 하였으나
내분이 일어나 제2대 말제(末帝) 때에 이존욱(李存勗)에게 멸망당하였다.

 ☞ 주전충(朱全忠) : 중국 5대(五代) 후량(後梁)의 건국자[A.D.852~912:재
위在位A.D.907~912]로 본명은 주온(朱溫)이며 묘호(廟號)는 태조(太
祖)이다. 안휘성(安徽省) 출신으로 당나라 말기에 '황소(黃巢)의 난
(亂)'에 참가하여 그 부장(部將)이 되었으나 A.D.882년 형세의 불리함
을 간파하고 관군에 항복하여 당의 희종(僖宗)으로부터 전충(全忠)이라
는 이름을 하사받았다. 그후 황소의 잔당을 평정하고 그밖의 군웅을 평
정하여 그 공으로 양왕(梁王)에 봉해지고 각지의 절도사를 겸하는 등 화
북(華北)지역 제일의 실력자가 되었다. 그 후 당의 소종(昭宗)을 살해한
뒤 애제(哀帝)를 세우고 다시 A.D.907년 애제로부터 제위(帝位)를 양위
받아 양(梁)나라를 세우고 개봉(開封)을 수도로 정함으로써 당왕조는 멸
망하였다. 그러나 그의 세력 범위는 화북지역 일부에 한정되었고, 이후
50년에 걸친 5대10국(五代十國)의 분쟁이 시작되는 계기가 되었으며, 그
도 즉위 후 6년 만에 아들 주우규(朱友珪)에게 살해되었다.

오대(五代) 시대

(247) 梁 唐 晉 **(248) 及 漢 周**
양 당 진 급 한 주

후량·후당·후진 및 후한과 후주를

梁 나라 이름,들보,다리,기장　　량　　　及 미칠,닿을,및,~와,함께 급제(及第) 급
唐 도당(陶唐),당우,나라이름　　당　　　漢 나라 이름,물이름,성(姓)　　　　한
晉 (늑晋) 나라이름,나갈,억누를 진　　　周 두루,널리,돌,나라이름　　　　　주

(249) 稱 五 代 **(250) 皆 有 由**
칭 오 대 개 유 유

5대라고 부르는데,
이 나라들은 모두 그렇게 불리우게 된 연유가 있다.

稱 일컬을,칭찬할,명성,명예　　칭　　　皆 모두,다,두루 미칠,함께　　　개
五 다섯,다섯 번,다섯째　　　　오　　　有 있을,또(늑又),많을　　　　　유
代 대신할,시대,일생,혈통,차례 대　　　由 말미암을,~에서,사정,써　　유

※ 양(梁) : 후량(後梁)을 가리킨다.
　☞ 후량(後梁) : ☞ (245)의 ※양(梁:후량後梁) 참고

※ 당(唐) : 후당(後唐)을 가리킨다.
　☞ 후당(後唐) : 중국 오대(五代)의 한 나라[A.D.923~936]로 돌궐 사타부
　　(突厥沙陀部) 출신인 이극용(李克用)의 아들 이존욱(李存勖)이 후량(後
　　梁)을 멸망시키고 낙양(洛陽)에 도읍하여 세운 나라로 4대(代) 14년만에
　　후진(後晉)의 고조(高祖)인 석경당(石敬塘)에게 망함.

※ 진(晉) : 후진(後晉)을 가리킨다.
　☞ 후진(後晉) : 중국 오대(五代)의 제3왕조[A.D.936~946]로 진(晉)이라

고도 한다. 고조(高祖)인 석경당(石敬塘)은 돌궐 사타부(突厥沙陀部) 출신으로 후당(後唐)을 섬겨 하동절도사(河東節度使)가 되었는데, 연운(燕雲) 16주(州)의 땅을 할양하는 조건으로 거란(契丹)의 원조를 받아 A.D.936년 후당을 멸망시키고 건국하여 변경(汴京:하남성河南省 개봉開封)에 도읍하였다. 고조(高祖) 시대에는 거란에 신하의 예(禮)를 지켰으나 제2대 출제(出帝) 때에는 국수파(國粹派) 무장(武將)이 대두하여 거란과 단교(斷交)하고, 마침내 거란군이 대거 하북(河北)을 침공하여 점령함으로써 A.D.946년 출제(出帝)가 거란에 붙잡혀 2대(代) 10년 만에 멸망하였다.

※ 한(漢) : 후한(後漢)을 가리킨다.
　☞ 후한(後漢) : 중국 오대(五代)의 제4왕조 [A.D.947~950] 로 돌궐(突厥)의 사타족(沙陀族) 출신으로서 후진(後晋)의 하동절도사(河東節度使)였던 유지원(劉知遠)은 후진이 거란(契丹)에게 망하자 이 틈을 타서 대량(大梁:개봉開封)을 도읍으로 하고 후한(後漢)을 세웠다. 뒤를 이은 은제(隱帝)는 건국공신인 추밀사(樞密使) 곽위(郭威)와 충돌, 난병(亂兵)들에게 피살되어 결국 후한은 2대(代) 4년만에 망했다. 그 뒤를 이어 곽위(郭威)가 후주(後周)를 세우자 은제의 숙부인 유숭(劉崇)은 자립을 선언하고 따로 북한(北漢)을 세웠다.

※ 주(周) : 후주(後周)를 가리킨다.
　☞ 후주(後周) : 중국 오대(五代)의 최후의 왕조 [A.D.951~960] 로 주(周)라고도 한다. 태조 곽위(郭威)는 후한의 추밀사(樞密使)였으나 은제(隱帝)가 그의 세력이 강대함을 두려워하여 제거하려 하자 대량(大梁:개봉開封)에서 군사를 일으켜 후한을 멸망시키고 A.D.951년 제위에 올라 국호를 주(周)라고 하였다. 제2대 양자(養子) 세종(世宗:시영柴榮) 은 5대(五代) 제1의 명군(明君)으로 일컬어지며 근위군(近衛軍)의 개혁을 비롯하여 권력집중책을 취하고 통일사업을 추진하였으나 도중에 죽었다. 아들 공제(恭帝)는 어렸기 때문에 장군(將軍)들이 최고사령관인 조광윤(趙匡胤)을 옹립하고 제위를 양도하게 하여 결국 A.D.960년 후주(後周)는 3대(代) 9년만에 멸망하였다.

※ 오대(五代) : 중국 당(唐)의 멸망(A.D.907년)후 송(宋)의 통일까지의 사이에 중원(中原)에서 흥망하였던 후량(後梁)·후당(後唐)·후진(後晋)·후한(後漢)·후주(後周) 등 다섯 왕조의 시대.

☞ **오대십국(五代十國)** : 중국에서 당(唐)이 멸망한 A.D.907년부터 A.D.960년에 나라를 세운 송(宋)이 중원(中原)을 통일하게 되는 A.D.979년까지의 약 70년에 걸쳐 흥망한 여러 나라와 그 시대를 오대십국(五代十國)의 시대라고 한다. 그 중에서 오대(五代)는 화북(華北) 지역을 중심으로 한 정통왕조라고 할 수 있는 **양**(梁:후량後梁)·**당**(唐:후당後唐)·**진**(晉:후진後晉)·**한**(漢:후한後漢)·**주**(周:후주後周) 등 다섯 왕조인데, 후세의 역사가(歷史家)들이 그 이전에 존재하였던 같은 이름의 왕조와 구별하기 위하여 앞에 후(後)자를 붙였다. 그리고 10국(十國)은 **화남**(華南)과 기타 주변 각 지방에서 흥망을 한 지방 정권으로 **오**(吳), 강서성(江西省)·안휘성(安徽省)·복건성(福建省) 지역의 **남당**(南唐), 절강성(浙江省)지역의 **오월**(吳越), 복건성 지역의 **민**(閩:뒤에 남당에 병합), 형남(荊南:또는 남평南平)·호남성(湖南省)지역의 **초**(楚), 광동성(廣東省)·광서성(廣西省) 지역의 **남한**(南漢), **전촉**(前蜀), 사천성(四川省)지역의 **후촉**(後蜀), 산서성(山西省) 지역의 **북한**(北漢)을 말한다. 이 밖에도 단기간 독립을 유지하고 있었던 것에 하북성(河北省) 지역의 **연**(燕), 봉주(鳳州)지역의 **기**(岐), 건주(建州)지역의 **주행봉**(周行逢)정권 등이 있었다.

송(宋) · 요(遼) · 금(金) · 원(元) 시대

(251) **炎 宋 興** (252) **受 周 禪**
　　염　송　흥　　　　수　주　선

북송이 일어나 후주로부터 왕권을 물려받으니,

炎 불탈,불꽃,덥을,성(盛)한 모양 염　　　受 받을,얻을,줄,응할,이룰 수
宋 나라 이름 송　　　周 두루,널리,돌,나라이름 주
興 일어날,왕성할,좋아할,흥취 흥　　禪 사양할,왕위를 물려줄 선

(253) **十 八 傳** (254) **南 北 混**
　　십　팔　전　　　　남　북　혼

18대에 이르는 송나라는
북송 9대와 남송 9대를 합한 것이다.

十 열,열배,열번,전부,일체,완전 십　　南 남녘,남쪽으로 향할,풍류이름　남
八 여덟,여덟번 팔　　　　　北 북녘,북쪽,달아날,등질,나눌　북
傳 전할,펼,전기,경서의 주해 전　　混 섞을,합할,같을,나누지않은모양 혼

※ 염송(炎宋) : 북송(北宋)을 가리킨다.『송사(宋史)』·「악지(樂志)」에 의하면
　조광윤(趙匡胤)은 북송(北宋)을 화덕[火德:왕이 수명어천受命於天(왕위에
　오름)의 운(運)으로 삼는 오행(五行)의 덕(德) 가운데 하나]으로 세워 왕이
　되었다고 한다. 따라서 북송을 '화송(火宋)'·'염송(炎宋)', 또는 '조송(趙
　宋)'이라고도 한다.

　☞ 북송(北宋) : 중국의 통일 왕조인 송(宋)이 강남(江南)으로 이동하기 이
　　전, 즉 A.D.1126년에 일어난 '정강(靖康)의 변(變)' 이전의 송(宋)을 지
　　칭(指稱)한 것임. ☞ (254)의 ☞ ※송(宋) 참고

※ 주(周) : ☞ (248)의 "☞ 후주(後周)" 참고

※ 남북(南北) : ‘남송(南宋)’과 ‘북송(北宋)’을 가리킨다.
 • 남송(南宋) : 고종(高宗)이 세워 9대 150년(A.D.1127~1279) 동안 존속.
 • 북송(北宋) : 조광윤(趙匡胤)이 세워 9대 167년(A.D.960~1127) 동안 존속.

☞ 송(宋) : 중국 역사에서 당(唐)·오대십국(五代十國)에 이어지는 왕조로 처음에는 개봉(開封)에 도읍하였으나 A.D.1126년 ‘정강(靖康)의 변(變)’으로 강남(江南)으로 옮겨 임안(臨安:항주杭州)으로 천도(遷都)하였다. 여기서 개봉(開封) 시대를 ‘북송(北宋)’, 임안(臨安) 시대를 ‘남송(南宋)’이라고 한다.

　오대(五代) 유일의 명군(明君)이었던 후주(後周)의 세종(世宗)이 죽은 후 그의 부장(部將)이었던 조광윤(趙匡胤:태조太祖)이 근위병(近衛兵)의 추대를 받고 천자(天子)의 자리에 올라 A.D.960년 송(宋)나라를 건국하였다. 그는 5대 부장들의 횡포에 혐오를 느껴 제위(帝位)에 오르자 군인을 억압하고 문관(文官)을 우대하여 문치주의(文治主義)를 채택하였다. 한편, 모든 권한을 중앙정부로 집중시켜 독재권 확립을 도모하였고, 다음의 태종도 이 정책을 답습하여 송나라의 기초는 태조와 태종의 집권시기에 이루어져 일단은 독재 정치기구가 확립되었다. 이 독재제도는 그후 청(淸)나라 때까지 이어졌다. 독재정치의 기반은 강력한 군대와 치밀한 관료제에 의하여 유지되는 것이나, 당초 군인을 억압한 결과 군대가 약화되었으므로 그 수를 늘려 독재권을 지속시키려고 하였다. 군사비가 재정의 80%를 차지하게 되어 종래의 양세(兩稅) 수입으로는 감당할 수 없어 차(茶)·소금·술·백반 등 일용 필수품의 전매(專賣) 수입으로 방대한 군사비를 염출하려고 하였다.

　이 새로운 경제정책이 안으로는 밀매자를 자극하여 비밀결사를 조직하고 반란의 온상을 형성케 하였다. 밖으로는 외부민족을 자극하여 민족의식에 눈뜨게 하고 강력한 국가를 형성하여 송나라에 대항케 하는 결과가 되었다. 송나라 300년의 역사는 이 두 가지 문제를 중심으로 전개되는 것이다. 태조시대에 강남(江南)·사천(四川)에 할거하던 여러 나라는 멸망하여 천하는 거의 평정되었으나 산서성(山西省) 지역의 북한(北漢)은 거란(契丹)의 원조가 있어 그의 평정은 태종시대로 이어졌다. 때마침 거란의 북한에 대한 태도가 냉각된 것을 안 태종은 단번에 북한을 멸망시키고 그 여세를 몰아 후진(後晉) 때 거란에 넘겨 준 연운(燕雲)

16주(州)를 회복시키려 하였으나 실패하였다.

다음 진종(眞宗) 때 거란이 대거 침입해 왔으나, 전연(澶淵:하북성河北省)에서 맹약을 맺고 은(銀)·비단 등의 세폐(歲幣)를 주어 화목하였으므로 전쟁은 일어나지 않았다. 이 때문에 평화가 계속되어 경제계는 호경기를 맞이했고, 국가 재정은 호전되었다. 진종은 전연에서의 굴욕적인 외교를 거짓인 것처럼 꾸미고, 한편으로는 천자(天子)의 위엄을 과시하고자 풍부한 재정을 이용하여 일찍이 시황제(始皇帝)나 한(漢)나라 무제(武帝)가 행하였던 산동(山東)의 명산인 태산(泰山)에 제례(祭禮)를 지내 막대한 경비를 소모하였으나 그래도 재력은 아직 여유를 보이고 있었다. 그러나 다음 인종(仁宗) 때는 서하(西夏)와 수년간에 걸쳐 전쟁을 치렀다. 서하는 송나라의 소금 전매제의 확립으로 자국산 청백염(靑白鹽)의 수출이 금지되어 이미 태종 때부터 송나라에 반항하다가 인종 때 독립을 선언하고 대대적으로 침입하였다. 이 전쟁으로 서하도 큰 타격을 입었으나 송나라도 전쟁 후에 경제공황에 빠져 재정은 적자에 허덕이고 실업자가 속출하여 경제의 심장부라고 할 수 있는 동남 지방에도 반란이 일어나 송나라는 바야흐로 위기에 직면하였다.

이 위기를 타개하기 위하여 인종의 뒤를 이은 신종(神宗) 때는 왕안석(王安石)이 등용되어 신법(新法)을 실시하였다. 한편 서하와의 전쟁은 농민의 중산계급을 몰락시켜 부호(富豪)와 빈민(貧民)이 대립하는 근세적인 사회발전에 박차를 가하였다. 왕안석의 신법의 목적은 국가재정의 재건과 함께 빈농이나 영세 상공업자를 구제하여 중산계급을 육성하는데 있었다. 신법은 왕안석의 재임중 상당한 성과를 올려 최소한 국가재정은 적자에서 흑자로 전환되고 송나라의 위기는 해소되었다. 그런데 이 신법은 지주(地主)·관료(官僚)·호상(豪商)·종친(宗親) 등 기득권을 가진 계급의 이익을 침해하였으므로 그들 계급의 맹렬한 반대를 받았다. 여기에서 신·구 양당의 분쟁이 발생하였고, 신종이 죽자 구법당(舊法黨)의 사마광(司馬光) 등이 등용되어 신법은 폐기되고 인종시대의 구법으로 되돌아갔다.

그러나 구법당에게는 뚜렷한 정책의 방향이 없어 정치는 혼란에 빠졌고, 신종의 아들 철종(哲宗)이 성장하여 친정(親政)을 행하게 되자 구법당을 물리치고 신법당 관료를 등용하였다. 다음 휘종(徽宗) 때 중도 정치를 행하고자 하였을 때 구법당의 관리를 함께 등용한 일도 있었으나, 결국 북송 말기까지 신법당이 정국을 담당하였다. 그러나 북송 말기의 신법당의 관리는 구법당의 관리와 별로 다를 것이 없어 당쟁이 끊이지 않다가 마침내 만주에서 일어난 금(金)나라 [여진족]에 의하여 A.D.1127년 멸망되었다 [정강(靖康)의 변(變)].

남송시대에는 신법당에 의하여 폐출되었던 철종의 후비(后妃)인 맹씨(孟氏)가 고종(高宗)의 즉위를 인정하였던 관계로 구법당 계열의 관리가 많이 등용되었다. 남송이 강남 땅으로 쫓기자 정치가·군인·학자들 사이에서는 주전론(主戰論)이 강하였으나 나약한 송인(宋人)들은 도저히 여진족(女眞族)에게 당할 수가 없었다. 싸울 때마다 패하고 군사비는 늘어나 백성은 과중(過重)한 세금에 허덕이고 반란은 그치지 않았다. 그리하여 고종(高宗) 때 재상(宰相) 진회(秦檜)는 악비(岳飛) 등 군벌(軍閥)을 누르고 금(金)나라와 화의(和議)하였으나 금나라에 정변(政變)이 일어나 화평(和平)은 영속(永續)되지 못하였다. 두 나라의 화평은 자주 깨져 몇 번이나 평화조약이 체결되었고, 남송(南宋) 사회는 항상 전시(戰時)상태에 놓여 있어 군비를 마련하기 위한 지폐(紙幣)가 남발되었다. 이 때문에 물가(物價)는 오르고 무거운 세금과 함께 백성은 도탄에 빠졌고, 더구나 북송(北宋)시대에는 서방에서 유입된 은(銀)이 남송시대에는 거꾸로 서방으로 유출되어 자금(資金)의 결핍으로 산업은 위축·침체되고 실업자가 증대하여 여러 곳에서 반란이 일어났다.

한편 원풍(元豐)의 관제(官制)개혁 [A.D.1078~1085]으로 재상의 권한이 강화되어 남송시대에는 진회((秦檜)·한탁주(韓侂胄)·사미원(史彌遠)·가사도(賈似道) 등이 전권(專權)을 휘둘렀고, 이에 반하여 천자(天子)의 독재권은 형식화되어 통제력을 상실함으로써 관계(官界)의 기강(紀綱)은 문란해졌다. 정치·경제·사회 등 모든 것이 붕괴되려고 할 때 몽고군(蒙古軍)이 침입하였으므로 송나라는 마침내 그 무력 앞에 멸망하였다.

♣ 『삼자경(三字經)』의 "(253)十八傳 (254)南北混"에서부터 "(273)李闖出 (274)神器焚"까지의 내용은 송대(宋代)의 왕응린(王應麟)이 쓴 것이 아니라 후대(後代)로 가면서 원(元)·명(明)·청대(淸代)의 후인(後人)에 의해 추가된 부분으로 여겨진다.

(255) **遼 與 金** (256) **皆 稱 帝**
　　　요　여　금　　　　　　개　칭　제

요나라와 금나라가 세워져서
두 나라가 모두 임금을 황제라고 불렀으며,

遼 멀,늦출,강이름,나라 이름　　료　　皆 모두,다,두루 미칠,함께　　개
與 ～와(과),함께,및,줄,참여할　여　　稱 일컬을,칭찬할,명성,명예　　칭
金 쇠,귀할,단단할,무기,성(姓)　금　　帝 임금,천자(天子),하느님　　제

(257) **元 滅 金** (258) **絶 宋 世**
　　　원　멸　금　　　　　　절　송　세

이어서 원나라가 들어서 금나라를 멸망시켰으며
따라서 송나라 시대도 끝이 났다.

元 으뜸,근본,클,기운,큰덕　　　　원　　絶 끊을,멸망시킬,죽일,망할　　절
滅 멸망할,제거할,없어질,죽을　　멸　　宋 나라 이름,성(姓)　　　　　송
金 쇠,귀할,단단할,무기,성(姓)　금　　世 대(代),시대,세상,때　　　　세

※ 요(遼) : 중국의 정복왕조의 하나로 창시자는 동호(東胡)계열의 유목민인
거란족((契丹族)의 야율아보기(耶律阿保機)이다. 거란족은 4세기 이후 내몽
고(內蒙古) 자치구 시라무렌강(江) 유역에서 유목생활을 하다가 6～9세기
경, 수(隋)·당(唐)의 영향을 받아 서서히 발전하였는데, 9세기말경 당나라
가 쇠약해진 틈을 타서 점차 발흥(勃興)하였다. 질라부(迭剌部)의 실력자
가문에서 태어난 야율아보기는 무공(武功)을 세워 기반을 구축하고 이주시
킨 한인(漢人)의 협력을 얻어 거란(契丹) 여러 부족의 통합에 성공하여, 군
장(君長)이 되었다가 A.D.916년에 즉위하여 중국식으로 황제(皇帝)라 행하
고 본거지였던 상경 임황부(上京臨潢府:요녕성遼寧省 파림좌기巴林左旗)에
도읍을 정하였다. 그가 곧 요(遼)의 태조(太祖)이다.
　　태조시대에 서쪽으로는 탕구트(Tangut:티벳계 유목민족)·위구르(Uigur:
維吾你:회흘回紇:외올畏兀) 등 여러 부족을 제압하여 외몽고에서 동 투르
게스탄(東Turkestan:중앙아시아 남부의 파미르고원Pamir高原과 천산산맥天

山山脈을 중심으로 한 지역으로 신강성新疆省까지를 일컬음)에 이르는 지역을 확보하였고, 동쪽으로는 발해(渤海)를 멸망시켜 만주(滿洲)지역 전역을 장악하였다. 제2대 태종(太宗)은 중국 경략(經略)에 힘써 후당(後唐)의 장군 석경당(石敬瑭)을 도와 후진(後晉)을 세우게 하였고, 그 보상으로 장성(長城) 이남의 연운(燕雲) 16주(州)를 할양받아 국호를 요(遼)라고 하였다[A.D.916년].

태종은 장성(長城) 이남으로 진출하여 후진(後晉)을 멸망시키고 대량(大梁:하남성河南省 개봉開封)으로 진출하였으나 한지(漢地) 지배에 실패하고 철수하였다. 제3대 세종(世宗)·제4대 목종(穆宗)·제5대 경종(景宗) 시대에는 제위(帝位) 계승을 둘러싸고 내분이 계속되어 남방진출은 어려웠으나 제6대 성종(聖宗)·제7대 흥종(興宗)·제8대 도종(道宗)의 3대(代) 약 100년간의 전성기를 맞이하였다. 특히 성종 시대에 요(遼)의 무력은 가장 강성해져서 성종 스스로 군대를 이끌고 송(宋)을 공격하여 A.D.1004년 유리한 조건으로 송(宋)과 화의(和議)를 맺었다[전연澶淵의 맹약盟約]. 이후 요(遼)는 송(宋)으로부터 획득한 세폐(歲幣)로 재정이 풍요해졌고, 송과의 무역에 의해 경제·문화적으로 현저한 발전을 보게 되었다.

한편 동만주(東滿洲)의 여진(女眞)·닝샤(녕하寧夏)지역의 탕구트(Tangut:뒤의 서하西夏) 등을 복속시켜, 그 세력은 중앙아시아로부터 페르시아 방면으로까지 미쳤다. 흥종시대에는 송과 서하와의 분쟁을 틈타서 조약을 유리하게 개정하는 등 탁월한 솜씨를 보였으나 성종이 국력 충실을 꾀하여 중국 체제를 많이 받아들인 결과, 국수적(國粹的)인 보수파(保守派)와 혁신파(革新派)와의 사이에 마찰이 일어나 흥종·도종 시대에는 양파(兩派)의 파쟁(派爭)과 종실(宗室) 내부의 세력쟁탈이 결부되어 때때로 반란이 일어났다. 이 사이에 동부 만주(滿洲)에서는 여진족(女眞族)의 완안부(完顏部)가 점차 강대해져 A.D.1115년 그 추장 아골타(阿骨打)가 독립하여 제위에 올라 국호를 금(金)이라 하였다.

이에 대하여 요(遼)의 토벌군은 번번이 패퇴(敗退)를 거듭하였으므로 요(遼)는 금(金)과의 화친(和親)을 고려하여 사신을 파견하였다. 이에 대하여 금은 일찍부터 연운(燕雲) 16주(州) 회복을 꾀한 송의 요청에 따라 대요 협공 조약(對遼挾攻條約)을 맺었으므로 요는 갑자기 곤경에 처하게 되었다. 이에 마지막 황제 천조제(天祚帝)는 연경(燕京:북경北京)과 대동(大同), 그리고 서쪽의 협산(夾山:내몽고자치구)으로 도망가 금군(金軍)의 추격을 피

했으나, A.D.1125년 여도곡(余睹谷:산서성山西省 삭현하朔縣下)에서 사로잡혀 요(遼)는 멸망하였다. 이 때 제실(帝室)의 일족(一族)이었던 야율대석(耶律大石)은 서쪽으로 망명(亡命)하여 중앙아시아 지역에 서요(西遼)를 건국하였다.

※ 금(金) : 퉁구스족 계열의 여진족(女眞族)에 의하여 건립된 중국의 왕조[A.D.1115~1234]로 한족(漢族)의 입장에서 보면 정복왕조의 하나로 창건자는 완안부(完顔部)의 추장인 아쿠타(Akuta:아골타阿骨打)이다. 여진족은 원래 10세기 초 이후 거란족(契丹族)이 세운 요(遼)의 지배를 받고 있었으나, 12세기 초 북만주 하얼빈(哈爾濱) 남동쪽의 안추후수이(按出虎水) 부근[흑룡강성(黑龍江省) 아성현(阿城縣)]에 있던 완안부의 세력이 커지자, 그 추장인 아쿠타가 요(遼)를 배반하고 자립하여 제위(帝位)에 올라 국호(國號)를 금(金)이라 하였다. 그가 곧 금(金)나라의 태조(太祖:재위在位A.D.1115~1223)이다.

금(金)은 그들의 근거지에 도읍을 정하였는데, 이곳은 후에 상경 회령부(上京會寧府)라고 하였다. 금(金)이라는 국호는 근거지인 안추후수이에서 금이 많이 산출된 점에 연유하여 붙여진 이름이라고 한다. 태조는 요군(遼軍)을 격파하여 그 영토를 넓혀 나갔으며, A.D.1120년에는 송(宋)과 동맹을 맺고 요(遼)를 협공(挾攻)하여 만주(滿洲)지역으로부터 요(遼)의 세력을 몰아 내는데 성공하였다.

이에 태조는 산서성(山西省)의 대동(大同), 하북성(河北省)의 연경(燕京:북경北京)으로 진출하였으며, A.D.1125년 제2대 태종(太宗:재위在位A.D.1123~1135) 때에는 요(遼)를 멸망시키고 서하(西夏)·고려(高麗)를 복속시켰다. 금(金)은 아쿠타가 완비한 행정·군사 조직으로 300호를 1무케[모극(謀克)]로 하여 100명의 군사를 내고, 10무케를 1밍칸[맹안(猛安)]으로 하여 그 장(長)을 세습시켜 부민(府民)을 통치하게 하는 밍칸무케제도에 의하여 군사적·행정적 제도를 실시하고, 요(遼)에 이은 중국의 정복왕조로서의 체제를 정비하였다. 금(金)은 송(宋)과의 사이에 불화가 발생하자 송의 수도였던 하남성(河南省)개봉(開封)을 공격하여 A.D.1127년 송의 상황(上皇) 휘종(徽宗:재위在位A.D.1101~1135)·황제 흠종(欽宗) 등을 사로잡고 송(宋)을 강남(江南)으로 밀어냈다. 이로써 금(金)은 만주(滿洲) 전역과 내몽고(內蒙古)·화북(華北)지역 등에 걸친 대영토를 영유하게 되었다.

제3대 희종(熙宗:재위在位A.D.1135~1149) 때에 회수(淮水)·섬서성(陝西

省)의 대산관(大散關)을 잇는 지대를 국경으로 정하고, 남송(南宋)의 황제는 앞으로 신하의 예를 갖추어 금의 황제를 대하며, 또한 은(銀) 25만 냥과 견포(絹布) 25만 필을 세폐(歲幣)로 바친다는 조건으로 화의(和議)를 체결하였다. 그러나 이 무렵부터 금(金)은 정치·경제·문화 등 각 방면에서 송의 영향을 강하게 받기 시작하였으며, 특히 이런 경향은 제4대 해릉왕(海陵王:재위在位A.D.1149~1161) 때에 더욱 두드러져 마침내 A.D.1153년에는 금의 창업 근거지였던 상경회령부(上京會寧府)를 버리고 연경(燕京)으로 천도(遷都)하고 그와 함께 여진인(女眞人)을 화북(華北) 지방으로 대거 이주시켰다. 해릉왕은 다시 남송을 쳐서 멸망시키고 전국을 통일하려는 뜻을 고집하여, 반대를 무릅쓰고 남벌(南伐)을 감행하였으나 실패하였다. 또한 만주(滿洲)에 남아 있던 여진인과 발해인들의 세력에 눌려 A.D.1161년 제위에서 밀려나고, 제5대 세종(世宗:재위在位A.D.1161~1189)이 즉위하게 되었다. 그후 해릉왕은 한 부장(府長)에게 살해되었다.

세종은 남송(南宋)과의 국교(國交)를 조정하여 해릉왕의 남벌(南伐)로 인한 재정난을 타개하고, 이후 29년에 걸쳐 금(金)의 전성기를 이룩하였다. 따라서 이 시기를 '소요순(小堯舜)시대'라고 한다. 또한 세종은 그때에 표면화된 여진인의 나약함과 빈곤의 문제를 해결하려고 애썼으나, 점차 잊혀져가는 여진어(女眞語)·여진문자(女眞文字) 사용을 장려하는 등 국수주의(國粹主義) 정책을 취하였다. 제6대 장종(章宗:재위在位A.D.1189~1208)은 무계획적이고 산만한 재정정책을 취한데다, 황하(黃河)의 범람 후의 치수(治水) 공사와 북방 몽고계 유목민에 대한 경략(經略) 등에 지나치게 국비(國費)를 소모하였고, 더욱이 실지(失地) 회복에 나선 남송의 도전을 받게 되어 한층 더 심각한 재정난에 빠졌다.

제7대 위소왕(衛紹王:재위在位A.D.1208~1213) 때에는 몽고군의 침입을 받아 근거지인 만주(滿洲)를 잃게 되었지만, 남송과 서하에게도 국경을 침범당하였다. 제8대 선종(宣宗:재위在位A.D.1213~1223)은 A.D.1214년 몽고군의 강력한 습격을 받고 이를 피하여 도성(都城)을 연경(燕京)에서 개봉(開封)으로 옮겼으나, 함께 옮겨온 여진인과 토착의 한인(漢人)과의 사이에 식량문제를 둘러싸고 처참한 싸움이 발생하였다. 제9대 애종(哀宗:재위在位A.D.1223~1234)은 개봉(開封)에서 안주(安住)할 수가 없게 되어 A.D.1232년 이곳을 탈출하여 하남성(河南省)의 각지를 옮겨 다니다가 A.D.1234년 채주(蔡州)에서 몽고·남송 연합군의 추격에서 벗어나지 못하고 자살함으로써 금(金)은 건국 120년 만에 멸망하고 말았다.

※ 제(帝) : 황제(皇帝)를 가리킨다. "황(皇)"은 '아름답고 크다', "제(帝)"는 '덕(德)이 하늘과 합치다'는 뜻으로 제국(帝國) 군주(君主)의 높임말이다. 진시황(秦始皇)이 처음으로 이 칭호(稱號)를 사용하였다. 비슷한 말로는 대제(大帝)가 있다.

☞ (256)이 "제호분(帝號紛:임금을 황제라고 부르며 난립亂立하였고)"으로 된 판본도 있다. 〔紛 : 어지러울,엉크러질,번잡할 분〕

여기서 분(紛)이라는 표현을 사용한 것은 한족(漢族)을 중국의 정통(正統) 민족으로 생각하는 중국인들에게 있어서 이민족(異民族)인 거란족(契丹族)이 세운 요나라와 여진족(女眞族)이 세운 금나라를 못마땅하게 생각한 것으로 보인다.

※ 원(元) : 13세기 중반부터 14세기 중반에 이르는 약 1세기 사이, 중국 본토를 중심으로 거의 동아시아 전역을 지배한 몽고족(蒙古族)의 왕국(王國)으로 A.D.1271~1368년 사이에 존속하였다.

13세기 초 징기스칸에 의해 구축된 몽고제국은 유러시아 대륙의 북방 초원에 정치적 기지를 두고, 대륙 남방의 농경지대를 그 속령(屬領)으로 삼아 지배한 유목국가로, 그 경제적 욕구는 오로지 속령으로부터의 가혹한 수탈과 부정기적(不定期的)인 약탈로써 충족하였다. 그러나 유목 제왕(帝王)과 그를 둘러싼 유목(遊牧) 봉건(封建) 영주층(領主層), 또는 유목민 지배층과 농경민 피지배층 사이에 여러 정치적·경제적 모순이 발생하여 제국은 끊임없이 동요되고 있었다. 이와 같이 유목 제국에 잠재된 근본적인 결함을 극복하려고 유목과 농경이 공존할 수 있는 중간의 아건조지대(亞乾燥地帶)에 새로운 정치적 기지를 찾아 보다 강대하고 집권적(執權的)인 제국을 영위하려 한 것이 징기스칸의 손자인 쿠빌라이칸(세조世祖)이었다.

쿠빌라이칸[세조(世祖)]은 형 몽케칸[헌종(憲宗)]을 계승하려 하였던 막내동생 아리크부가를 제거하고 북방의 초원에 웅거한 유목 봉건세력의 진출을 막아, 수도를 몽고고원의 캐라코럼[화림(和林)]에서 가까운 상도(上都)와 화북(華北) 안에 있는 대도(大都:북경北京)로 옮겨 화북의 건조 농경지대를 중심으로 한 중국식 집권적 관료국가의 확립을 꾀하였다. 이리해서 그가 시도한 정치적 사업이 거의 완성단계에 이른 A.D.1271년『역경(易經)』의 "대재건원(大哉乾元)"을 따서 국호(國號)를 대원(大元)이라 하고, 중국 역대왕조의 계보를 잇는 정통왕조임을 내외에 선언하였다. 이어서 그는 1274년에서 1279년에 걸쳐 회하(淮河) 이남지역에 있었던 남송(南宋)을 평정해서 명실공히 중국전토를 영유하게 되었는데 이에 멈추지 않고 다시 일본·베트남·버마(미얀마)·자바 등지에도 침략군을 보냈다.

이와 같이 해서 원(元)나라는 쿠빌라이칸이 다스리는 동안에 동아시아 전역에 걸친 대제국이 되었으나, 동시에 쿠빌라이칸은 대몽고제국의 종주권(宗主權)도 계승한 것이라고 해서 서방의 한국(汗國)들[킵차크·차가타이·오고타이·일 한국 등] 위에도 군림하려 해서 유목적 전통을 고집하는 한국(汗國)들은 그의 중국 왕자적 태도를 마땅치 않게 여겨 원나라의 종주권을 부인하고 거세게 대항하였다. 특히 오고타이 한국의 왕 하이두는 이웃 킵차크·차가타이 한국의 왕들을 설득해서 반(反)쿠빌라이 동맹을 결성해서 원나라 북서 변방의 요지를 공략하여 쿠빌라이 정권을 위협하였다.

이 항쟁은 쿠빌라이칸이 죽은 뒤에도 계속되어 전후 30여 년의 오랜 동안에 걸쳤는데, 1301년 하이두가 사망함으로써 전운(戰雲)이 가셨다. 이로부터 원(元)나라는 한국(汗國)들과 친교를 맺고 제국(帝國)의 종주권을 회복하였다. 이로써 아시아 전역에는 이른바 "몽고족 지배하의 평화"가 찾아와 동·서의 문물이 자유로이 교류하게 되어 국제무역이 번창하게 되었다. 그러나 이즈음부터 원나라 내부의 국정(國政)은 해이해지기 시작하여 사회적 여러 모순들이 심화되어 갔다. 이에 편승해서 여러 지방에서 크고 작은 폭동이 일어났는데, 그럼에도 중앙에서는 권신(權臣)들이 정쟁(政爭)에 날을 지새워, 폭동은 확대되어 한족(漢族)에 의한 민족적 반란으로까지 발전하여 그 가운데에도 주원장(朱元璋:홍무제洪武帝)에 의한 명(明)나라 정권이 출현하였다.

1368년 원나라는 수도 대도를 명나라 군대에게 빼앗겨 순제(順帝:토곤 테무르:재위在位1332~1370)가 중국 본토에 쫓김으로써 원나라의 중국지배는 끝이 났다. 그뒤 몽고 본토에 기반을 잡은 중국은 얼마동안 명군(明軍)과 항쟁을 계속하였으나, 이윽고 쇠퇴하여 내분(內紛) 속에 소멸되었다. 이를 북원(北元:1370~1388)이라 한다.

※ 금(金) : ☞ (255)의 ☞ ※금(金) 참고

※ 송(宋) : ☞ (254)의 ☞ ※송(宋) 참고

(259) 輿 圖 廣 (260) 超 前 代
여 도 광　　초 전 대

원나라는 국토가 매우 넓어서 그 넓이가
이전의 어느 나라보다도 월등하게 넓었으며,

輿 수레,싣다,땅,대지(大地)　여　　超 뛰어넘을,지나갈,멀,뛰어날,높을　초
圖 그림,꾀할,책(冊)　　　　도　　前 앞,앞설,먼저,나아갈　　　　　전
廣 넓을,넓이　　　　　　　광　　代 대신할,시대,일생,혈통,차례　　대

(261) 九 十 年 (262) 國 祚 廢
원 멸 금　　국 조 폐

90여 년 동안 존속하다가 국가의 운명이 기울어져 끝이
났다.

九 아홉,아홉 번,수효(數爻)의 끝 구　　國 나라,국가,도읍,나라 세울　　국
十 열,열 배,열 번,전부,일체,완전 십　　祚 복,행복,천자의 자리,복내릴　조
年 해,365일간,나이,새해,시대　　년　　廢 폐할,그만둘,부서질,기울어질 폐

※ 여도(輿圖) : ～여지도(輿地圖)의 준말로 '지도(地圖)・세계(世界)・천하
(天下)・강토(疆土)'를 가리킨다.

☞ (259)～(260)이 "이중국(蒞中國) 겸융적(兼戎狄)"으로 된 판본도 있다.
　　[풀이] : 중원中原의 황제로 군림하고 변방의 부족까지도 합치면서
　　　　　　〔蒞:다다를,그자리로 갈,왕으로 임할,군림(君臨)할,맡아볼 리〕
　　　　　　〔兼:겸할,합칠,둘러쌀,아우를,둘러쌀 겸〕
　　　　　　〔戎:종족이름,서쪽 오랑캐,전쟁,병기 융〕
　　　　　　〔狄:북쪽 오랑캐 적〕 ☞ 융적(戎狄):미개한 민족이나 나라를 가리킴.
　　　　　• 중국에서는 동쪽 지방의 이민족(異民族:오랑캐)을 이(夷),
　　　　　　　　　　　서쪽 지방의 이민족(異民族:오랑캐)을 융(戎),
　　　　　　　　　　　남쪽 지방의 이민족(異民族:오랑캐)을 만(蠻),
　　　　　　　　　　　북쪽 지방의 이민족(異民族:오랑캐)을 적(狄)이라고 함.

♧ 여기서 특히 우리 민족을 가리키는 동이족(東夷族)이라는 말은 '동쪽에 있는 군자(君子)의 나라 사람'이라는 의미에서 그 뜻이 '동쪽 오랑캐'로 변한 것이다. 우리의 고대 부족국가에 대한 기록이 실린 『삼국지(三國志)』「위지(魏志)」'동이전(東夷傳)'에도 "동이(東夷)"라는 말이 쓰이고 있다.

※ 구십년(九十年) : 원(元)나라를 A.D.1260년부터 1370년까지 11대 109년으로 보는데, 여기서 90년이라고 한 것은 송(宋)나라가 망(亡)한 A.D.1279년[세조(世祖)20]부터 1367년[순제(順帝)재위(在位):1333~1367]까지의 89년을 가리킨다.

※ 국조(國祚) : 나라의 행운, 국가의 번영, 왕위, 황제의 자리.

(263) **太 祖 興**   (264) **國 大 明**
　　태　조　흥　　　　　국　대　명

태조 주원장이 의병을 일으켜 명이라는 나라를 세우고,

太 클,존칭,심히,매우,처음 　　　태 　　　國 나라,국가,도읍,나라 세울 　　　국
祖 할아버지,조상(祖上),처음 　조 　　　大 클(늑太),훌륭할,높을,하늘 　대
興 일어날,왕성할,좋아할,흥취 흥 　　　明 밝을,나타날,빛,양(陽),나라이름 명

(265) **號 洪 武**   (266) **都 金 陵**
　　호　홍　무　　　　　도　금　릉

연호를 홍무라 부르고 도읍지를 금릉에 정하였다.

號 부르짖을,부를,일컬을,이름 　호 　　　都 도읍,마을,성(城),나라,쌓을 　도
洪 클,큰물,여울,맥박뛰는 모양 홍 　　　金 쇠,귀할,단단할,무기,성(姓) 　금
武 굳셀,군인,군대의 위세,무기 무 　　　陵 큰언덕,무덤,능가할,깔볼,속일 릉

※ 태조(太祖) : 명(明)나라 태조(太祖:주원장朱元璋·홍무제洪武帝;1368~
1398)를 가리킨다. ☞ "명(明)" 참고

※ 대명(大明) : 명(明)나라 조정(朝廷)을 높이어 일컫는 말.

☞ 명(明) : 중국의 통일왕조[A.D.1368~1644]로 몽고족이 세운 원(元)나
라를 멸망시키고, 한(漢)민족의 지배를 회복한 왕조로 후에 만주족(滿
洲族)이 세운 청(淸)나라에 멸망당하였다. 명대(明代)는 중국이 근대화
하는 시기와 직접 접속되는 시대로서 중요한 성장 ·변혁기였다.
　　14세기 중엽 몽고(蒙古) 지상주의(至上主義)를 표방하고 약 100년에
걸쳐 압정(壓政)을 펴온 원(元)나라에 항거한 한민족(漢民族) 중 가장
큰 집단을 이루었던 홍건적(紅巾賊)에 가담하여 두각을 나타낸 주원장

(朱元璋)은 백련교도(白蓮敎徒)의 뒷받침으로 세력을 펴 재빨리 양자강(揚子江) 하류의 곡창지대를 점령하여 군웅(群雄)을 정복하고, 1368년 금릉(金陵:남경南京)에서 즉위하여 국호(國號)를 '명(明)'이라 하고 연호(年號)를 '홍무(洪武)'라고 하였다. 그가 명의 태조(太祖:홍무제洪武帝)이며, 처음으로 일세일원제(一世一元制)를 채택하고 시정(施政)의 기본방침을 "한민족(漢民族)의 부흥(復興)"으로 삼았다.

같은 해 가을에는 원나라의 수도인 대도(大都:북경北京)를 함락하여 원의 세력을 북쪽으로 몰아내고, 1371년에는 사천(四川)을 평정하여 전 국토를 정복함으로써 역사상 강남(江南)에서 일어나 전국토를 통일한 최초의 왕조가 되었다. 또한 외몽고로 쫓겨가 북원(北元)을 세운 몽고 민족의 재기에 대비하여 다시 동북의 랴오뚱(요동遼東)을 경략(經略)하여 몽고와 고려(高麗)의 연결을 단절하고 1381년에는 운남(雲南)마저 평정하여 몽고와 티벳의 제휴를 막았다. 1388년에는 남옥(藍玉)을 파견하여 지금의 노몬한 부근에서 몽고군을 대파하였고, 그 후에도 재삼(再三) 이를 경략하여 북원(北元)을 쇠망시켰다. 이와 같은 건국 사정으로 그의 행정은 몽고적인 요소의 제거와 한민족 사회에의 적응을 목표로 하고 권력이 일부 관료에 집중하는 것을 피하여 호유용(胡惟庸)·남옥(藍玉) 이하 노련한 공신(功臣)들을 대거 숙청(肅淸:호람胡藍의 옥獄)하였다.

또한 중앙 행정관청인 이(吏)·호(戶)·예(禮)·병(兵)·형(刑)·공(工)의 6부를 각각 독립시켜 이를 황제직속으로 하였고, 군사는 오군도독부(五軍都督府), 감찰(監察)은 도찰원(都察院)을 거쳐 황제에게 직결되도록 하는 등 3권을 분립시켰다. 지방에 있어서도 행정은 포정사사(布政使司), 군사는 도지휘사사(都指揮使司), 감찰은 안찰사사(按察使司)에게 관장하게 하여 3권이 동등한 권한으로 중앙에 직속되었다. 이와 함께 궁중제도도 간소하게 정비하고 특히 환관세력(宦官勢力)의 팽창을 억제하였다. 이렇게 해서 송대(宋代) 이래의 황제 독제권은 더욱 강화되고 율령(律令)제도도 병제(兵制)도 모두 이러한 방향으로 개정되었다. 당대(唐代)에 집대성된 율령(律令)을 형식·내용 등에서 면목을 일신하여 『명률(明律)』·『명회전(明會典)』을 공포하여 근대법전의 시행 시기까지 존속된 법전의 기초를 만들었다.

병제(兵制)는 당대(唐代) 이래의 모병제(募兵制)를 개선하여 징병할 군호(軍戶)를 정하고 위소제(衛所制)를 채택하였다. 이에 따라 도지휘사사 밑에 전국의 요소(要所)에 위(衛)·소(所)를 설치하여 여기에 군호(軍戶)의 장정(壯丁)을 분속(分屬)시켰는데, 1위(衛)의 군인은 5,600명이고, 1위는 5개의 천호소(千戶所), 천호소는 10개의 백호소(百戶所)로 구성되어 이를 지휘사·천호·백호 등이 관장하였다. 그러나 이들 새로운 제도 가운데 무엇보다도 특징을 이룬 것은 몽고의 남침에 대비해서 태조의 아들 등 24명을 왕으로 삼아 요지(要地)에 배치하여 이를 봉건제후와 같이 대우한 일이다. 태조는 이들을 교묘하게 조정하여 일단 혈연에 의한 정권(政權) 보전(保全)은 달성하였으나, 북변(北邊)의 왕들에게는 병권(兵權)도 부여하였기 때문에 그 세력은 강대하여져 특히 북경(北京)에 있던 제4 왕자인 연왕(燕王)은 병력을 강화하여 오로지 그의 기반을 지방 정권화하였다.

태조(太祖)가 죽고 그의 손자 혜제(惠帝)가 16세로 즉위하여 중앙집권 강화책으로 왕들의 세력을 감축하기 시작하자 연왕은 반란[정난(靖難)의 변(變)]을 일으켜 4년 후에는 스스로 즉위하니, 이가 성조(成祖: 처음엔 태종太宗) 영락제(永樂帝)이다. 그는 대몽고(對蒙古)전략상, 또한 전통적 적대세력의 중심지인 남경(南京)을 피해서 북평(北平)을 북경(北京)이라 개칭하여 천도하고 경제적 중심지인 강남지방과의 연결을 위해 대운하(大運河)를 개수하여 대규모적인 조운법(漕運法)을 확립, 재정적 기반을 굳혔다. 그러나 '정난(靖難)의 변(變)'에 대한 논공행상(論功行賞)에 따라 환관(宦官)을 중용(重用)하여 이들로서 밀정정치(密偵政治)를 시행하였기 때문에 이것이 후에 화근(禍根)으로 남게 되었다.

그는 내란으로 동요된 외정(外政)을 바로잡기 위해 스스로 몽고·만주를 여러 차례 공략(攻掠)하여 그 위세는 흑룡강(黑龍江)까지 떨쳤고, 귀주(貴州)를 내지화(內地化)하였으며, 티벳·운남(雲南)을 정복하고 안남(安南:월남越南)을 병합(倂合)하였으나, 무엇보다 큰 업적은 남해(南海)의 원정(遠征)이었다. 1405~1424년 사이 정화(鄭和)·왕경홍(王景弘)에게 선박 60척, 선원 3만 명을 주어 전후(前後) 6회(回)에 걸쳐 인도양안(印度洋岸)에서 아프리카 동안(東岸)까지의 여러 나라에 파견하여 국위(國威)의 선양(宣揚)과 무역진흥에 힘써 30개국으로부터 조공(朝貢)을 받고 한인(漢人)들에게 해외(海外)를 보는 눈을 뜨게 하였다.

명나라의 기반은 제1대 태조[주원장:홍무제]에서부터 제3대 성조[영락제] 사이에 확립되어 15세기 중반 이후는 내정(內政)에 힘을 기울여 왕들의 세력 감축에 성공하였으나, 외정(外政)에서는 수세(守勢)에 몰려 1449년 몽고의 한 부족인 오이랏부(部)가 남침하여 친정(親政)에 나선 제6대 영종(英宗)이 포로가 되고[토목(土木)의 변(變)], 수도도 포위되어 명신(名臣) 우겸(于謙)의 책략으로 멸망의 위기는 벗어났으나, 이후 장성(長城)을 수축하고 9변진(邊鎭)을 설치하여 다수의 병력을 배치하는 등 방위(防衛)에 힘을 기울여야 하였다.

16세기에 들어서 즉위한 무종(武宗:정독제正德帝)은 환관 유근(劉瑾)에게 전권(專權)을 맡김으로써 그의 치세(治世)는 내란(內亂)으로 일관(一貫)하였다. 다음의 세종(世宗:가정제嘉靖帝)은 도교(道敎)를 광신(狂信)하였기 때문에 여러 대에 걸쳐 축적한 국고(國庫)를 탕진하여 재정의 궁핍속에 30년간 알탄이 이끄는 몽고족에게 수도 근교까지 침탈(侵奪)당하였고, 동남해안 지방에는 왜구(倭寇)가 횡행(橫行)하여 이른바 "북로남왜환(北虜南倭患)"에 시달렸다.

16세기 말에 이르러 신종(神宗:만력제萬曆帝)은 명조(明朝)의 퇴세를 만회하고자 장거정(張居正)을 등용해서 내정(內政)개혁을 단행하였다. 그는 전국적으로 토지를 측량·검사하고, 이미 지방에서 시행하던 전세(田稅)와 정세(丁稅)를 일원화하여 은납세법(銀納稅法:일조편법一條鞭法)을 확립해서 재정을 건전화하고 회하(淮河)·황하(黃河)의 치수(治水)공사를 진행하는 등 치적(治績)을 쌓았으나 시정(施政) 10년 만에 장거정이 죽자 환관을 중용(重用)하여 내정은 또다시 문란해졌다.

이와 함께 발배(哱拜)·양응룡(楊應龍)의 난(亂) 및 임진왜란(壬辰倭亂)에 따른 조선(朝鮮)에 대한 원병(援兵)으로 국가재정이 악화되어 이를 광산(鑛山)개발에 의한 상세(商稅)의 증수(增收)로 보충하려 하였으나 그것은 단지 주구(誅求)의 구실에 지나지 않았다. 또한 이 당시 일어난 만주족(滿洲族:청淸)의 정토비(征討費)로서 요향(遼餉)이라는 부가세(附加稅)를 둔 외에 초향(剿餉)·연향(練餉) 등 갖은 명목의 부가세를 징수하여 민폐(民弊)는 극(極)에 달했다. 한편 정계(政界)에서는 재야의 비판세력인 동림당(東林黨)과 정신(廷臣)들과의 당쟁(黨爭)이 태자(太子) 책봉(冊封) 문제로 첨예화(尖銳化)하여 암흑의 권력투쟁 속에 내외정치는 파탄(破綻) 직전에 이르렀다.

1627년 의종(毅宗:숭정제崇禎帝)이 즉위한 후 환관 위충현(魏忠賢) 일파를 제거하여 당쟁을 수습하였으나 때는 이미 늦어 기근(饑饉)농민의 반란이 곳곳에서 일어났다. 특히 섬서(陝西)의 이자성(李自成) 등은 청군(淸軍)을 막기 위해 출동한 명군(明軍)의 허(虛)를 찔러 수도(首都)를 함락하고, 의종이 자살함으로써 명(明)나라는 1644년 멸망하였다. 이자성은 급거 귀환한 명장(明將) 오삼계(吳三桂)와 청군에게 토벌되고, 명(明)의 왕들은 청군에 항거하여 화중(華中)·화남(華南)에서 싸웠으나, 1661년 영명왕(永明王)이 버마(미얀마)에서 잡힘으로써 잔존세력의 항쟁도 종식(終熄)되어 전국토는 완전히 청의 세력권이 되었다. 이 1644~1661년 사이의 명(明)의 잔존세력을 남명(南明)이라고 한다.

※ 호(號) : 연호(年號)를 가리킨다.
☟ 연호(年號) : 연호는 임금의 재위(在位) 기간에 대하여 붙이는 연대적(年代的)인 칭호로 우리나라는 고구려(高句麗) 광개토왕(廣開土王) 때의 영락(永樂), 중국에서는 전한(前漢) 무제(武帝) 때의 건원(建元)이 연호의 시초이다. '원호(元號)'라고도 한다.

※ 홍무(洪武) : 명(明)나라 태조(太祖:주원장朱元璋·홍무제洪武帝,1368~1398) 때의 연호(年號). ☟ (264)의 "☟ ※명(明)" 참고

※ 금릉(金陵) : 오늘날의 남경(南京). ☟ (264)의 "☟ ※명(明)" 참고

(267) 迨 成 祖　(268) 遷 燕 京
태　성　조　천　연　경

명은 3대 성조[영락제] 때에 이르러 도읍지를 연경으로 옮겼고,

迨 미칠,이를,가서 닿을,바랄　태
成 이룰,완성될,일어날,어른이될 성
祖 할아버지,조상(祖上),처음　조

遷 옮길,바꿀,떠날,헤어질,천도(遷都) 천
燕 제비,잔치,편안할,나라 이름　연
京 서울,수도,클,높을,높은 언덕　경

(269) **十 六 世** (270) **至 崇 禎**
십　육　세　　　　　　지　승　정

16대를 거친 후 17대 숭정제에 이르렀다.

十 열,열 배,열 번,전부,일체,완전 십　　　　至 이를,지극할,힘쓸,~까지　　지
六 여섯,여섯 번,죽일(늑륙戮)　　륙　　　崇 높을,쌓아올릴,존중할,모을　승
世 대(代),대대로,세상,때,평생　　세　　　禎 상서(祥瑞),행복,바를,착할　정

※ 성조(成祖) : 명나라의 3대 황제(재위在位1402~1424) 영락제(永樂帝) 체
　(棣)를 일컫는다. 1421년 북평(北平)으로 서울을 옮겨 북경(北京:BeiJing베이
　징)이라 고치고, 수도의 터전을 닦았다. 영락제의 업적으로는 주변지역에 대
　한 대규모의 정벌과 그에 따른 국경의 확대이다. 동북쪽으로는 흑룡강(黑龍
　江)에서부터 서쪽으로는 황무지란 뜻의 고비사막(Gobi沙漠)까지를 원정하였
　고, 티벳(Tibet)으로부터 조공(朝貢)을 받았으며, 남으로는 안남(安南:월남)
　을 직할통치하에 두었다. 내정(內政)의 치적(治績)으로는 문화정책에 힘을
　기울여 2만여권에 이르는『영락대전(永樂大典)』을 비롯하여『사서대전(四書
　大全)』·『오경대전(五經大全)』·『성리대전(性理大全)』등을 편찬하도록하여
　주자학(朱子學)이 국가 교학(敎學)의 중심 학문으로서의 지위를 굳혔다.

※ 연경(燕京) : 오늘날의 북경(北京)을 가리킨다. 춘추전국시대 연(燕)나라의
　수도(首都:도읍지都邑地)였던 것에서 유래된 명칭이다.

※ 십육세(十六世) : 명(明)나라의 2대(代) 혜제(惠帝:건문제建文帝)부터 17대
　의종(毅宗:숭정제崇禎帝)까지의 16명의 황제.

※ 숭정(崇禎) : 명나라의 제17대 황제 의종(毅宗)으로 숭정제(崇禎帝:재위在
　位 1627~1644)라고 불렀다.

☞ (269)의 十六世(십육세)가 "十七世(십칠세)"로 된 판본도 있다.

(271) 權 閹 肆　(272) 寇 如 林
권　엄　사　　구　여　림

명나라 말엽에 환관[태감(太監)]의 권세가 극도에 이르고
도적의 무리가 숲 속의 나무만큼이나 많이 날뛰었으며,
〔농민들이 각지에서 벌떼처럼 일어났는데〕

權 저울,권세,권력,능력,방편(方便)　권　　寇 도둑,원수,난리,약탈할　　　구
閹 내시,환관,고자,가릴,덮을　　　　엄　　如 같을,따를,만일,막 ~하려 할　여
肆 방자할,극도에 달할,도를 넘을　사　　林 수풀,숲,들,야외,동아리　　　림

(273) 李 闖 出　(274) 神 器 焚
이　츰　출　　신　기　분

그 중에서 이츰(이자성)은 세력이 막강하여 스스로
왕이라 부르고 북경을 공격하니, 숭정제는 자살하여
명나라는 마침내 무너지고 말았다.

李 오얏나무,벼슬아치,성(姓)　　리　　神 귀신,정신,상제(上帝)　신
闖 말이 문을 나오는 모양,엿볼 츰(틈)　　器 그릇,능력,도구,기관　기
出 날,나갈,나올,낼,시집갈　　　　출　　焚 불사를,탈,넘어질　　분

☞ (271)이 閹亂後(엄 란후:환관이 세상을 어지럽힌 후에)로 된 판본도 있다.

※ 이츰(이틈李闖) : 이자성(李自成)을 가리킨다.
　☞ 이자성(李自成 1606~1645) : 섬서성(陝西省) 사람으로 처음에는 역졸
　　(驛卒)이었으나 1631년 연수(延綏:오늘날의 섬서성 유림현楡林縣)의 기
　　근(饑饉)을 틈타서 봉기(蜂起)하여 커다란 도적의 집단을 만들었다. 고
　　영상(高迎祥) 등의 지도자가 죽자 츰적(틈적闖賊)의 수령이 되고 스스로
　　를 츰왕(틈왕闖王)이라고 불렀다. 1643년 서안(西安)에서 국호를 대순
　　(大順)이라 하고 즉위(卽位)하였으며, 북경을 침입하여 1644년 명나라
　　를 멸망시켰고, 나중에 청(淸)나라와 싸워 패(敗)하고 자살하였다.
　☞ 츰왕(틈왕闖王) : 말이 문을 나오는 것처럼 '불쑥 머리를 내민 왕'이라

는 뜻으로, 명나라 말엽 도적의 무리 가운데 한 도적의 수령인 고영상을 가리킨다. 뒷날 고영상 등이 죽자 이자성이 스스로를 '츰왕(틈왕)'이라고 불렀다.

※ 신기(神器) : ① 신령에게 제사지낼 때 쓰는 그릇. ② 왕위 계승에 따르는 보물이나 옥새 따위. ③ 임금의 자리를 이르는 말. 여기에서는 ③의 의미임.

☞ (273)~(274)가 至李闖(지이츰:이츰에 이르러), 神器終(신기종:왕위는 끝났다). 또는 神器毀(신기훼)로 된 판본도 있다.

(275) **清 世 祖** (276) **據 神 京**
　　　청　세　조　　　　　　거　신　경

청나라 제3대 세조 순치제는 북경을 점령하고,

清 나라이름,맑을,서늘할,분명할 청　　據 의지할,살,지킬,누를,붙잡을　거
世 대(代),대대로,세상,때,평생　세　　神 귀신,정신,상제(上帝)　　　　신
祖 할아버지,조상(祖上),처음　조　　京 서울,수도,클,높을,높은 언덕　경

(277) **靖 四 方** (278) **克 大 定**
　　　정　사　방　　　　　　극　대　정

주변의 나라를 평정하여 크게 안정을 이루었다.

靖 편안할,고요할,다스릴,그칠 정　　克 이길,해낼,다스릴,이루어낼　극
四 넉,넷,네,네 번　　　　　　사　　大 클(늑太),훌륭할,높을,하늘　대
方 모서리,사방,바야흐로　　　방　　定 정할,안정시킬,평정할,다스릴 정

※ 청(淸) : 중국의 명(明)나라 이후 계속된 통일왕조[A.D.1636~1912]로 만주족(滿洲族)의 누루하치(奴兒哈赤)가 세운 정복왕조이다. 중국 근대사는 이 청나라 말기부터 시작된다.

※ 세조(世祖) : 청(淸)나라의 3대(代) 순치제(順治帝:재위在位 1643~1661)인

복림(福臨)을 가리킨다.

※ 신경(神京) : 황제(皇帝)의 도읍지(都邑地)인 국도(國都), 곧 북경(北京)을 가리킨다.

☞(275)가 淸太祖(청태조), 또는 淸順治(청순치)로 된 판본도 있다.
☞(276)이 膺景命(응경명 : 하늘의 큰 명을 받고 정벌하여)으로 된 판본도 있다.
〔膺 : 받을,당할,가슴,안을,정벌할 응〕
〔景 : 볕,태양,밝을,클,상서로울 경〕

※ 사방(四方) : ① 동서남북의 네 방향. ② 주위, 주변 일대, 여러 곳.
③ 주위에 있는 여러 나라. ④ 네모,사각형.

☞ (277)~(278)이 至十傳(지십전), 宣統遜(선통손)으로 된 판본도 있다.
〔宣 : 베풀,널리 펼, 임금의 말 선〕
〔遜 : 겸손할,사양할,피할,뒤떨어질 손〕
[풀이] 청나라는 12대에 이르러 선통제(마지막 황제 푸이 : 부의溥儀)는 퇴위(退位)되었다.
• 十傳(십전) : 삼자(三字)가 일구(一句)이므로 청조(淸朝) 12대 (代)를 10대 (代:10전傳)라고 하였음.

♣ 『삼자경(三字經)』의 "(253)十八傳 (254)南北混"에서부터 "(273)李闖出 (274) 神器焚"까지의 내용은 송대(宋代)의 왕응린(王應麟)이 쓴 것이 아니라 후대(後代)로 가면서 원(元)·명(明)·청대(淸代)의 후인(後人)에 의해 추가된 부분으로 여겨진다. 그리고 "(275)淸世祖 (276)據神京 (277)靖四方 (278)克大定"과 다음에 추가할 "由康雍~建民國"도 후대인(後代人)에 의하여 추가된 부분이다

❈ 由康雍(유강옹) 歷乾嘉(역건가)
제4대 강희제(康熙帝) 때부터 제5대 옹정제(雍正帝) 그리고 제6대 건륭제(乾隆帝)를 지나 제7대 가경제(嘉慶帝)에 이르기까지의 시기는,

由 말미암을,~에서부터,행할　유　　　歷 지낼,지내온 일, 만날　　　력
康 편안할,온화해질,즐거워할 강　　乾 하늘,군셀,임금,남자,괘이름 건
雍 누그러질,기뻐할,화목할　옹　　嘉 아름다울,훌륭할,기릴,기쁠　가

民富安(민부안)　治績誇(치적과)
백성들의 생활이 넉넉하고 안정을 이루었으며,
황제들의 나라 다스리는 업적도 칭찬을 받았다.

民 백성,사람,국민,서민　　민　　治 다스릴,병(病)고칠　　치
富 가멸할,넉넉할　　　　　부　　績 일,업(業),공적,쌓을　적
安 편안할,좋아할,즐거울　안　　誇 자랑할,친절한 모양　과

※ 강옹(康雍) : 청나라의 제4대 성조(聖祖·강희제康熙帝:재위在位 1661~
1722)와 제5대 세종(世宗·옹정제雍正帝:재위在位1722~1735)을 가리킴.
※ 건가(乾嘉) : 청나라의 제6대 고종(高宗·건륭제乾隆帝:재위在位1735~
1795)과 제7대 인종(仁宗·가경제嘉慶帝:재위在位1795~1820)을 가리킴.

❊ 道咸間(도함간)　變亂起(변란기)
제8대 도광제(道光帝)와 제9대 함풍제(咸豊帝)의 재위기간
동안에는 중국 대륙이 시국(時局)의 변화와 그에 따른 난리
(亂離) 등이 발생하니,

道 길,도리,다스릴　　　도　　變 변할,고칠,어지러워질,재앙 변
咸 다,모두,두루 미칠　함　　亂 어지러울,난리(亂離)　　　란
間 사이,틈,때,무렵　　간　　起 일어날,설,시작할,일으킬　기

始英法(시영법)　擾都鄙(요도비)
비로소 영국(英國)과 불란서(佛蘭西:법국法國:프랑스) 등
서구(西歐) 열강(列强)의 군대가 북경과 각 지역을 점령하여
중국 전역을 혼란의 소용돌이로 빠지게 하여 어지럽혔다.

始 비로소,비롯할,처음　　시　　擾 어지러울,흐려질,길들일,유순할 요
英 꽃부리,아름다울,나라이름 영　都 도읍,서울,도회지,모두　　　도
法 법,본받을,도리,나라이름 법　鄙 더러울,속될,나라,시골,교외,들 비

※ 도함(道咸) : 청나라의 제8대 선종(宣宗·도광제道光帝:재위在位1820~
1850)과 제9대 문종(文宗·함풍제咸豊帝:재위在位1850~1861)를 가리킴.

※ 변란(變亂) : 도광(道光)·함풍(咸豊) 연간(年間)에 일어난 시국(時局)의
변화와 그에 따른 난리(亂離)의 발생 등을 일컫는다. 예를 들면, 아편전쟁
(阿片戰爭:1840년)·난징조약(남경,南京條約:1842년)·태평천국(太平天國)
의 난(亂:1850년)·애로우호(號)사건(事件:1856년)·아이훈조약(애혼,愛琿
條約:1858년)·톈진조약(천진天津條約:1858년)·뻬이징조약(北京條約:1860
년) 등의 일련의 사건들이 계속해서 발생함.

※ 영법(英法) : 영국(英國)과 법국(法國:불란서佛蘭西·프랑스France)을 가리킴.

※ 도비(都鄙) : '서울[도시(都市)]'과 '시골[농촌(農村)]'로 청(淸)나라의 도
읍지(都邑地)인 '북경(北京)'과 '나라 전체'를 가리킴.

❀ 同光後(동광후)　宣統弱(선통약)
　제10대 동치제(同治帝)와 제11대 광서제(光緒帝)의 불안한
시기를 지난 이후에 선통제(宣統帝) 때에 이르러서는 국력이
더욱 약해지니,

同 한가지,함께,같을,화할　동	宣 베풀,펼,임금이 말할　선
光 빛,빛날,영화로울,경치　광	統 거느릴,계통,합칠　통
後 뒤,늦을,뒤로할,뒤로돌릴 후	弱 약할,약해질,패할　약

　傳九帝(전구제)　滿淸歿(만청몰)
　3대에서 11대까지 9대를 이어온 만주족의 청나라는 선통제
에 이르러서 멸망하기에 이른다.

傳 전할,펼,전기,경서의 주해　전	滿 찰,속일,만주의 약칭　만
九 아홉,아홉 번,많을　구	淸 나라이름,맑을,서늘할,분명할 청
帝 임금,천자(天子),황제,하늘 제	歿 죽을,끝날　몰

※ 동광(同光) : 청나라의 제10대 목종(穆宗·동치제同治帝:재위在位 1861~

1874)과 제11대 덕종(德宗·광서제光緖帝:재위在位 1874~1908)을 가리킴.

※ 선통(宣統) : 청나라의 제12대 선통제(宣統帝·부의溥儀:재위在位1908~
1912)로 청조(淸朝)의 마지막 황제이며, 우리에게는 영화(映畵) '마지막 황
제'로 잘 알려진 인물이다.

※ 구제(九帝) : 청 왕조는 12대 297년 동안 존속하였는데, 여기서 구제(九帝)
는 명(明)의 멸망인 제3대 순치제(順治帝·세조世祖) 때부터 제11대 광서제
(光緖帝·덕종德宗) 때까지를 일컬음. ☞ 제12대 선통제(宣統帝·부의溥
儀)를 포함하여 "십제(十帝)"로 된 판본(版本)도 있음.

※ 만청(滿淸) : 만주족(滿洲族)의 청(淸)나라로 만주(滿洲)는 지명(地名) 또
는 부족(部族)의 이름인데, 전국시대 이 땅이 한민족(漢民族)의 식민지(植
民地)가 시작되어 요동(遼東)·요서(遼西)의 두 군(郡)을 두게 된 후부터
요동(遼東)이라고 하였다. 만주의 이름은 문수보살(文殊菩薩)의 문수(文殊)
의 전음(轉音)으로 만주(滿住)·만주(滿珠)에 의거한 것이라고 함.

❀ 革命興(혁명흥) 廢帝制(폐제제)
신해혁명(辛亥革命)이 일어나 중국의 전통적인 황제중심의
전제군주(專制君主)에 의한 정치제도가 폐지되고,

革 가죽,북,고칠,경계할	혁	廢 폐할,버릴,그칠,부서질,고질	폐
命 목숨,운수,명령할,표적,천명	명	帝 임금,천자(天子),황제,하느님	제
興 일어날,흥할,시작할,흥겨울	흥	制 만들,법도,제도,정할,따를	제

立憲法(입헌법) 建民國(건민국)
헌법이 제정되어 중화민국(中華民國)이 건립되었다.

立 설,정해질,존재할,세울	립	建 세울,일으키,베풀	건
憲 법,규정,가르침,본받을	헌	民 백성,뭇사람,인류,평민	민
法 법,방법,본받을,진리	법	國 나라,국가,도읍,나라세울	국

※ 혁명(革命) : ① 천명(天命)이 바뀜을 일컬음. 한 왕통(王統)이 다른 왕통으

로 바뀌는 일. ② 헌법(憲法)의 범위를 벗어난 행위(行爲)에 의하여 국체 (國體) 또는 정체(政體)를 변혁하는 일. ③ 어떤 상태가 급격하게 변동 또 는 발전하는 하는 일. ④ 역법(曆法)에서는 신유년(辛酉年)을 일컬으며, 이 해에 변란(變亂)이 많이 일어난다고 함.

☞ 여기서는 쑨원(손문孫文)이 주도(主導)하는 중국혁명동맹회(中國革命同 盟會)가 1911년에 일으킨 "신해혁명"을 가리킴.

※ 헌법(憲法) : 나라를 다스리고 국사(國事)를 행하는 방법과 국민의 권리(權 利)와 의무(義務)를 규정하고 있는 최고의 기본적인 법률(法律)로 다른 어 느 법률이나 명령(命令)보다 우선한다.

※ 민국(民國) : '민주정치(民主政治)를 시행하는 나라' 라는 뜻으로, 1912년 쑨 원(손문孫文)이 청나라의 선통제(宣統帝)를 퇴위(退位)시키고 임시 대통령 (大統領)으로 취임하면서 중화민국(中華民國)이 성립되는데, 이로써 청조 (淸朝)는 멸망하고 1912년이 민국(民國) 원년(元年)이 된다.

♧ 다음의 "(279)廿二史(입이사) (280)全在玆(전재자)"와 "(281)載治亂 (재치란) (282) 知興衰(지흥쇠)"의 앞에 다음과 같은 내용이 첨가된 판본이 있다.

❀ 史雖繁(사수번) 讀有次(독유차)
역사책이 비록 종류가 많지만, 읽는 데에는 마땅히 먼저 읽 고 나중에 읽어야 할 순서가 있다.

史 역사,사기,사관,문인	사		讀 읽을		독
雖 비록	수		有 있을,가질		유
繁 번성할,많을,번거로울	번		次 버금,다음,차례	차

❀ 史記一(사기일) 漢書二(한서이)
제일 먼저 사마천(司馬遷)이 지은 『사기(史記)』를 읽고,

그 다음에 반고(班固)가 지은 『한서(漢書)』를 읽고,

史 역사,사기,사관,문인 사 　　　漢 왕조이름,물이름　한
記 기록할,적을,기억할 기 　　書 책,글,문서,쓸,편지 서
一 하나,한,처음,첫째　일　　　二 두,둘,둘째　　이

後漢三(후한삼) 國志四(국지사)
다시 범엽(范曄)이 지은 『후한서(後漢書)』를 읽고, 끝으로
진수(陳壽)가 지은 『삼국지(三國志)』를 읽어야 한다.

後 뒤,뒤질　　　　후　　　國 나라,국가,도읍,나라세울 국
漢 왕조이름,물이름 한　　　志 뜻,뜻할,적을,기록할　지
三 석,세,셋,세 번　삼　　　四 넉,네,넷,네 번,넷째　　사

※ 此四書(차사서) 兼證經(겸증경)
이렇게 네 가지 역사서(歷史書)를 읽고서 아울러 경서(經書)에서 실증(實證)을 구하고,

此 이,이에　　　　차　　　兼 겸할,아우를　　　겸
四 넉,네,넷,네 번,넷째 사　　證 증거,증험(證驗)할　증
書 책,글,문서,쓸,편지 서　　經 경서,경전,책,날실,겪을 경

參通鑑(참통감) 約而精(약이정)
사마광(司馬光)이 지은 『자치통감(資治通鑑)』을 살펴보면,
대략적이고 자세한 역사에 관한 내용을 알 수 있다.

參 참여할,뵐,살필　참　　　約 대략,대개,약속할,간추릴　약
通 통할,다닐,알릴　통　　　而 말이을(접속사),뿐(조사)　이
鑑 거울,모범,비춰볼 감　　　精 정성스러울,자세할,깨끗할,마음 정

☞ "此四書(차사서)"가 "此四史(차사사)"로 된 판본도 있다.

☞ 위의 "此四書(차사서) 兼證經(겸증경) 參通鑑(참통감) 約而精(약이정)"
이 "此四史(차사사) 最精致(최정치) 先四史(선사사) 兼證經(겸증경) 參
通鑑(참통감) 約而精(약이정)"으로 된 판본도 있다.

此四書(차사서) → 此四史(차사사)
　　　　　　 → 最精致(최정치)
　　　　　　 → 先四史(선사사)
兼證經(겸증경) → 兼證經(겸증경)
參通鑑(참통감) → 參通鑑(참통감)
約而精(약이정) → 約而精(약이정)

[풀이] 이 네 가지 역사서(歷史書)는

가장 자세하니,

먼저 이 네 가지 사서(史書)를 읽고

아울러 경서(經書)에서 실증(實證)을 구하고,

사마광(司馬光)이 지은 『자치통감(資治通鑑)』을 살펴보면

대략적이고 자세한 역사에 관한 내용을 알 수 있다.

(279) 廿 二 史 (280) 全 在 兹
입　이　사　　　전　재　자

먼 옛날의 삼황오제 때부터 명나라 때까지의 중국의 22
정사가 모두 여기 『삼자경』 속에 포괄적으로 기록되어
있으므로,

廿 스물(20)　　　　　　　입　　全 온전할,완전할,모두,다,흠없는 옥　전
二 두,두 번,둘로 나눌,버금　이　　在 있을,살을,볼,살필,제멋대로 할　　재
史 역사,사관(史官),문서,문인　사　　무성할,여기,이에,이것,지금,곧　　　자

(281) 載 治 亂 (282) 知 興 衰
재　치　란　　　지　흥　쇠

중국 역사의 정치적 안정과 혼란의 상황이 실려있어서
중국 역사에서 왕조의 흥망성쇠를 알 수 있다.

載 해,일년,실을,탈,짐,쌓을　　　　재　　知 알,앎,지식,슬기,분별할　　　　지
治 다스릴,정치,병(病)고칠　　　　치　　興 일어날,왕성할,좋아할,흥취　　흥
亂 어지러울,반역,함부로,난리,전쟁　란　　衰 쇠할,약해질,기울어질,없어질　쇠

※ 입이사(廿二史) : 청나라 건륭제(乾隆帝) 때에 정한 중국의 정사(正史)가
"이십사사(24史)"인데, 여기서 『구당서』와 『구오대사』를 뺀 것이 "22사"이
다. 그리고 24사에 『신원사』를 더하여 "25사"라고 한다.
◉ 다음에 열거한 것은 "이십오사(二十五史)"이다.
　1.『사기(史記)』　　　2.『한서(漢書)』　　　3.『후한서(後漢書)』
　4.『삼국지(三國志)』　5.『진서(晉書)』　　　6.『송서(宋書)』
　7.『남제서(南齊書)』　8.『양서(梁書)』　　　9.『진서(陳書)』
　10.『위서(魏書)』　　11.『북제서(北齊書)』　12.『주서(周書)』
　13.『수서(隋書)』　　14.『남사(南史)』　　　15.『북사(北史)』

16.『구당서(舊唐書)』   17.『신당서(新唐書)』 18.『구오대사(舊五代史)』
19.『신오대사(新五代史)』 20.『송사(宋史)』   21.『요사(遼史)』
22.『금사(金史)』   23.『원사(元史)』   24.『신원사(新元史)』
25.『명사(明史)』

☞ (279)가 十七史(십칠사), 古今史(고금사), 또는 歷代史(역대사)로 된 판
본도 있다.

(283) **讀 史 者** (284) **考 實 錄**
　　독　사　자　　　　고　실　록

역사책을 읽고 연구하는 사람은 사관(史官)이 쓴 정확
한 기록인 실록을 자세히 살펴보면,

讀 읽을,설명할　　　　　　독
史 역사,사관(史官),문서,문인 사
者 놈,사람,것,곳　　　　　　자

考 상고할,헤아릴,죽은 아버지,시험　고
實 열매,씨,내용,본질,책임을 다할　실
錄 기록할,베낄,기록문서,살필,차례　록

(285) **通 古 今** (286) **若 親 目**
　　통　고　금　　　　약　친　목

옛날 일에 해박하고 오늘날의 일에도 능통하여 이와 같
이 된다면 지나간 역사를 직접 눈으로 보는 것과 같다.

通 통할,다닐,알릴,깨달을　　통
古 옛,오랠,선인,선조,선왕　　고
今 이제,오늘,곧,바로,이에　　금

若 같을,너,만일,견줄만할,및,～와(과)　약
親 친할,가까울,화목할,친히,어버이　　친
目 눈,볼,마음으로 알,요점,조목,품평　　목

※ 실록(實錄) : 사실(事實)을 있는 그대로 적은 역사(歷史)로 왕실(王室)에
관한 것과 개인(個人)에 관한 것이 있다. 개인이 선조(先祖)의 사적(事跡)
을 기록한 것으로는 당(唐)나라 때 이습(李習)이 지은 『황조실록(皇祖實
錄)』이나 작자 미상의 『공씨실록(孔氏實錄)』 등이 있다. 그리고 한 임금의
재위(在位) 연간(年間)의 사적(事蹟)을 적은 기록이 있는데, 이는 그 임금
이 세상을 떠난 뒤에 실록청(實錄廳)을 두고 시정기(時政記)를 거두어 찬수
(撰修)하였는데, 『조선왕조실록(朝鮮王朝實錄)』 같은 경우는 5부를 작성하
여 원본(原本)은 한양(漢陽)에 두고 나머지는 오대산 등의 지방 사고(史庫)
에 보관하였다.

V. 각고의 노력으로 학문에 힘쓰다

(287) 口 而 誦　(288) 心 而 惟
구　　이　　송　　　심　　이　　유

독서라고 하는 것은 입으로 글귀를 소리내어 읽고
마음 속으로는 문장에 담긴 내용을 깊이 생각하면서,

口 입,입구,구멍,부리,말할　　　구　　心 마음,심장,가슴,도의 본원,진수 심
而 말이을[접속사:～와(과)],및 이　　而 말이을[접속사:～와(과)],및　이
誦 욀,말할,풍류에 맞춰 노래할 송　　惟 생각할,오직,예(≒유唯)　　　유

(289) 朝 於 斯　(290) 夕 於 斯
조　　어　　사　　　석　　어　　사

아침에도 책을 읽고, 저녁에도 책을 읽어서
사물의 이치를 깨닫기 위한 독서에 전념해야 한다.

朝 왕조,아침,뵐,모일,조정,정사　　조　　夕 저녁,밤,기울,끝,밤 일,옛　　석
於 어조사(≒우于),～에(서),～보다 어　　於 ～을(를),～에게,～까지　　어
斯 이,이것,이에,곧,모두,어조사　　사　　斯 이(대명사),이것,이에,모두 사

♧ 남송(南宋) 때 주자(朱子:주희朱熹)가 지은 어린 아이들을 위한 학습교재인 『동몽수지(童蒙須知)』에 다음과 같은 글이 있다.

독서(讀書)에는 세 가지의 한곳에 집중해야 하는 것[삼도(三到)]이 있다. 심도(心到), 안도(眼到), 구도(口到)가 바로 그것임을 말한다. 마음이 여기에 있지 않으면 곧 눈이 자세히 보지를 못하고, 마음과 눈이 한가지 일에 몰두하지[전일(專一)] 못하면 다만 건성으로 읽을 뿐이니, 결코 기억하지 못하고, 기억한다고 해도 오래가지 못한다. 삼도(三到) 가운데 심도(心到)가 가장 중요하다. 마음이 이미 이르렀다면 눈과 입이 어찌 이르지 않겠는가?

讀書有三到 謂心到・眼到・口到. 心不在此 則眼不看仔細 心眼旣不專一
却只 漫浪誦讀 決不能記 記亦不能久也. 三到之中 心到最急. 心旣到矣眼
口豈不到乎.『童蒙須知』

성현이 배움에 힘쓴다

(291) 昔 仲 尼
석　중　니

(292) 師 項 橐
사　항　탁

옛날에 공자께서는 항탁을 스승으로 삼았으니,

昔 옛,옛날,오래될,접때,어제,저녁 석
仲 버금,둘째,가운데,거간,중개　중
尼 중,여승,비구니,산이름,성(姓)　니

師 스승,군사,군대,많을,따를　사
項 목,목덜미,사항,조목　　항
橐 전대,풀무　　　　　탁

(293) 古 聖 賢
고　성　현

(294) 尚 勤 學
상　근　학

옛 성현을 흠모하여 부지런히 배우면서 학문에 힘쓰라.

古 옛,오랠,선인,선조,선왕　　고
聖 성인,성스러울,슬기로울　　성
賢 어질,착할,어진사람,존경할　현

尚 오히려,높일,숭상할,흠모할　상
勤 부지런할,일,조심할,위로할　근
學 배울,학문,학교,학자　　　학

※ 중니(仲尼) : 공자(孔子)의 자(字)이다.
　☞ (117)群弟子(군제자) (118)記善言(기선언)의 ♣공자(孔子) 참고

※ 항탁(項橐) : 항탁(項託)으로도 표기하는데, 춘추시대(春秋時代) 노(魯)나라 사람으로 '항탁'하면 일반적으로 신동(神童)을 일컫는 말로 쓰인다. 7세에 공자(孔子)를 곤란하게 한 일이 있었는데, 공자가 어린아이의 말에서도 배울 것이 있다고 항탁을 스승으로 삼았다고 한다. 그러나 항탁은 12세에 사망했다.

　☞ 공자(孔子)의 스승에 관한 일화(逸話)

　　어느날 공자가 연(燕)나라로 오는데 길가에서 한 소년이 그의 앞을 막

으면서 자기 소개를 하였다. "저는 항탁이라고 합니다. 듣는 바에 의하면 당신은 성인(聖人)이고, 학문(學問)이 아주 뛰어나다고 하는데, 특별히 당신의 가르침을 청할까 합니다." 공자는 당황해하면서 물었다. "너는 무슨 어려운 문제에 봉착(逢着)해 있느냐?" 소년은 차분히 말하였다. "묻겠습니다. 고기가 자라지 않는 물이 있나요? 연기가 없는 불이 있는가요? 잎사귀가 없는 나무는 있을까요? 가지가 없는 꽃은 있을까요?" 공자는 듣고서 크게 웃으며 말하였다. "요 장난꾸러기 녀석아! 네가 묻는 것이 정말 이상하구나? 늪이나 강이나 바다나 하천이나 그 어떤 물에도 모두 고기가 있고, 풀과 나무로 피우는 불에는 모두 연기가 있으며, 잎사귀가 없으면 나무라고 할 수가 없고, 가지가 없으면 꽃이 피지 못하느니라!" 소년은 공자의 말을 듣고 정색(正色)을 하며 말하였다. "틀렸어요, 우물에는 고기가 없고, 반딧불에는 연기가 없고, 마른 나무에는 잎이 없고, 눈꽃에는 가지가 없습니다." 공자는 이 말을 듣고나서 얼굴이 온통 귀밑까지 붉어지면서 계속하여 절을 하였다. 그 후부터 공자는 소년 항탁을 스승으로 모셨다고 한다.

이러한 항탁(項橐)에 관한 내용을 다음에서 찾아볼 수 있다.

• 甘羅曰："夫項橐生七歲 而爲孔子師."
> (『전국책(戰國策)』「진책(秦策)」문신후욕공조장文信侯欲攻趙章)

[풀이] 무릇 항탁은 태어나 7살이 되어 공자의 스승이 되었다.

• 夫項橐七歲爲孔子師 孔子有以聽其言也.
> (『회남자(淮南子)』「수무훈(修務訓)」)

[풀이] 무릇 항탁은 7세에 공자의 스승이 되었는데, 공자는 그의 말을 귀 기울여 들었다고 한다.

• 項橐七歲窮難孔子 而爲之師 小兒聞之咸自矜大 是其證也.
> (『회남자(淮南子)』고유주(高誘註))

[풀이] 항탁은 7세에 공자를 곤란하게 하여 공자의 스승이 되었다. 어린 아이의 말을 들으니 모두 자긍심(自矜心:스스로 긍지矜持를 가지는 마음)이 큼이 그것을 증명하는 것이다.

※ 성현(聖賢) : 성인(聖人)과 현인(賢人)을 가리킴. '성인(聖人)'은 사리(事理)에 통달하고 덕(德)과 지혜(智慧)가 뛰어나 길이길이 우러러받들고 만인(萬人)의 스승이 될만한 사람이며, '현인(賢人)'은 재주와 지혜 그리고 덕행(德行)을 겸비(兼備)한 성인의 다음가는 사람이다.

(295) 趙 中 令 (296) 讀 魯 論
조 중 령 독 노 론

송나라 때 중서령의 벼슬을 지낸 조보는
『논어』를 즐겨 읽어서,

趙 나라 이름,성(姓),뛰어넘을 　조　　　　讀 읽을,설명할 　　　　　　독
中 가운데,마음,찰,맞을,합격할 　중　　　　魯 노둔할,미련할,나라 이름 　로
令 명령,규칙,가르침,하여금,가령 령　　　　論 말할,논의할,평할,견해 　　론

(297) 彼 旣 仕 (298) 學 且 勤
피 기 사 학 차 근

그는 훗날 관직에 있으면서도
공부를 더욱더 열심히 하였다.

彼 저,저사람,저기,저것,그,그이 피　　　　學 배울,학문,학교,학자 　　　　학
旣 이미,벌써,이윽고,없어질,끝날 기　　　　且 또,또한,막상,가령,대저,잠깐 차
仕 벼슬할,벼슬길에 오를,섬길 　사　　　　勤 부지런할,일,조심할,위로할 　근

※ 조중령(趙中令) : 송(宋)나라 태종(太宗) 때에 중서성(中書省)의 중서령(中書令:종일품從一品 벼슬의 우두머리) 벼슬을 지낸 '조보(趙普)'를 가리킨다.

☞ 중서성(中書省) : 추밀원(樞密院)과 함께 정사(政事)를 맡아보던 중앙 관청으로 주로 궁중(宮中)의 문서(文書)나 조칙(詔勅)에 관한 일을 맡아 본다. 중서성(中書省)의 업무가 궁중의 문서와 조칙인 관계로 붓[필(筆)]을 "중서군(中書君)"이라고 의인화하여 부른다.

☞ 조칙(詔勅) : 임금이 선정(善政)을 베푸는 목적을 일반 백성에게 알리기 위해 적은 글이 실린 문서로 조서(詔書), 또는 조명(詔命), 조책(詔册)

등의 다른 이름으로도 부른다.

※ 노론(魯論) : 노(魯)는 원래 나라 이름으로 주(周)나라 무왕(武王)의 아우
인 주공(周公) 단(旦)이 봉(封)해졌던 나라로, 오늘날의 산동성(山東省)에
서 강소성(江蘇省)에 이르는 지역이 주나라에 해당한다. 한(漢)나라 때에
『제론(齊論)』·『노론(魯論)』·『고론(古論)』의 세종류의 『논어(論語)』가 있
었는데, 그 중에서 『노론』은 노나라 사람 복생(伏生)에 의해 전해진 것을
말한다. 따라서 일반적으로 『노론』이라고 하면, 이것은 『논어』의 다른 이름
으로 사용된 것으로 본다.

♣ 조보(趙普:A.D.922~992)는 북송(北宋) 때의 정치가(政治家)로 자
(字)는 칙평(則平)이며, 유주(幽州:오늘날의 천진天津) 사람이다. 성격
이 침착하고 온후(溫厚)하며 말이 적었고, 의지(意志)가 굳고 과단성
(果斷性)이 있는 성격의 소유자였다. 송(宋) 태조(太祖) 때 벼슬길에 나
아가 추밀사(樞密使)를 거쳐 건덕(乾德) 2년(964년)에는 문하시랑(門下
侍郎)과 절도사(節度使)를 역임했으나 벼슬에서 떠났다가 태종(太宗)
때에 다시 재상(宰相)에 임명되어 순화(淳化) 3년(992년)에 노병(老病)
으로 사직(辭職)하여 위국공(魏國公)에 봉(封)해졌다. 시호(諡號)는 문
헌(文獻)이며, 그는 일찍이 벼슬길에 나아가서 공부가 부족하였으므로
태조(太祖)가 독서(讀書)를 권하니 손에서 책을 놓지 않았는데 [수불석
권(手不釋卷)], 특히 『논어(論語)』를 애독(愛讀)하여서 그로 인하여 '반
부논어치천하(半部論語治天下)'라는 말이 전한다.

☞ 반부논어(半部論語) : 송(宋)의 조보(趙普)가 『논어(論語)』를 즐겨 읽어
그 반으로 태조(太祖)를 도와 나라를 세우고, 또다른 나머지 반으로 태
종(太宗)을 도와서 태평성세(太平盛世)를 이루었다는 고사(故事)에서 나
온 말이다.

(299) 披 蒲 編　(300) 削 竹 簡
피　포　편　　삭　죽　간

서한 때에 노온서는 포초를 펴서 책[『상서』]을 빌려다
가 포초에 베껴서 책을 만들어 글을 읽었으며,
공손홍은 대쪽을 깎아서 책[『춘추』]을 빌려다가 베껴서
책을 만들어 글을 읽었는데,

披 열,풀,나눌,입을,개척할,찢을　　　피　　　削 깎을,잘라낼,떼어낼,조각칼　삭
蒲 부들,창포,냇버들,자리,초가지붕　포　　　竹 대,대나무,피리,죽간　　　　죽
編 엮을,기록할,맺을,얽을,책,책 끈　편　　　簡 대쪽,책,글,편지,검소할　　　간

(301) 彼 無 書　(302) 且 知 勉
피　무　서　　차　지　면

저 두 분은 집이 가난하여 책을 구할 수도 없었을 뿐만
아니라, 종이·비단·가죽 등의 글을 적을 것을 구할
수 없었으므로,
[이처럼 어렵고 힘들었지만] 더욱더 부지런하게, 그리
고 열심히 공부하였음을 알 수 있다.

彼 저,저사람,저기,저것,그,그이　　　피　　　且 또,또한,막상,가령,대저,잠깐　차
無 없을,말,아닐,허무(虛無)의 도(道)　무　　　知 알,앎,지식,슬기,분별할　　　지
書 글,책,문서,기록할,편지　　　　　서　　　勉 힘쓸,부지런히일할,권할,격려할　면

※ 포(蒲) : 포초(蒲草)는 다년생(多年生) 풀로 길이는 1 m 이상이며, 꽃가루
　는 지혈제(止血劑)로 쓰고, 잎과 줄기로는 자리를 짠다.

☞ 노온서(路溫舒) : 서한(西漢) 때의 거록(巨鹿:오늘날의 하북河北) 사람
　으로 자(字)는 장군(長君)이며, 집이 가난하여 양치기를 하였으며 연못

가의 부초(浮草)잎에 책을 베껴서 읽었다고 한다. 일찍이 벼슬길에 나아가 현(縣)의 옥리(獄吏)나 태수(太守) 등의 벼슬을 지냈으며, 효도(孝道)와 청렴(淸廉)으로 유명하다. 『춘추(春秋)』의 경의(經義)에 능통하였으며, 선제(宣帝)에게 상소(上訴)를 올려 가혹한 형벌을 반대하였다. 덕(德)을 숭상하고 형벌을 완화해야 한다[상덕완형(尙德緩刑)]고 주장하여 엄격한 형벌과 준엄한 법에 대하여 반대의사를 제기하였다.

※ 죽간(竹簡) : 옛날에 종이가 없을 때 글을 쓰던 평평하게 깎은 대쪽으로, 이것을 여러개 끈으로 엮어서 묶으거나 꿰매면 오늘날의 책과 같은 기능을 하였다. 따라서 죽간을 "죽책(竹冊)", 또는 "죽서(竹書)"라고도 부른다. 고고학적인 측면에서 발굴된 현존하는 가장 오래된 죽간으로는 한(漢)나라 때의 것과 진(晉)나라 때의 것이 대부분이었다. 그런데 최근의 발굴 보고에 의하면, 전국시대(戰國時代) 전기(前期)와 진(秦)나라 때의 죽간이 호남성(湖南省)의 오리패(五里牌)와 호북성(湖北省) 수현(隨縣)의 뇌고돈(擂鼓墩) 1호묘(1號墓), 그리고 하남성(河南省) 신양(新陽)의 장대관(長台關) 등지에서 출토되고 있다.

☞ 공손홍(公孫弘:B.C.200∼121) : 서한(西漢) 치주설(菑州薛:오늘날의 산동山東 등현滕縣 남南) 사람으로 자(字)는 계(季)·차경(次卿)이며, 어려서는 죽림(竹林)에서 돼지 기르는 일을 하였는데, 책을 빌려다가 대쪽에 베껴서 읽었다고 한다. 뒤에 옥리(獄吏)가 되었으며, 나이 40여 세에 이르러서야 비로소 『춘추공양전(春秋公羊傳)』을 읽었으며, 오경박사 (五經博士)와 제자원(弟子員)을 두자고 건의하였으며, 관리(官吏) 다스리는 법을 익혔으며, 무제(武帝)에 의하여 승상(丞尙)이 되었고, 후에 평진후(平津侯)에 봉(封)해졌다.

(303) 頭 懸 梁
두 현 량

(304) 錐 刺 股
추 자 고

한나라의 손경은 글을 읽다가 잠이 오면 머리를 대들
보 위에 매달아 졸음을 쫓았고,
전국시대의 소진은 책을 보다가 잠이 오면 송곳으로
허벅지를 찔러서 졸음을 쫓았으니,

頭 머리,목,꼭대기,맨앞,시초,우두머리 　　두
懸 매달,매달릴,달아맬,걸 　　현
梁 들보(칸과 칸 사이의 두 기둥머리를 건너지른 나무) 량

錐 송곳,바늘,작은 화살,싹 　　추
刺 찌를,가시,침,나무랄,충고할 자
股 넓적다리,정강이,끝,가지,당 고

(305) 彼 不 敎
피 불 교

(306) 自 勤 苦
자 근 고

저 두분은 누가 가르치지도 아니하였지만,
자기 스스로 부지런히 애써서 열심히 공부하였다.

彼 저,저사람,저기,저것,그 　　피
不 아닐,없을 　　불
敎 가르칠,명령,학교,스승,~로 하여금 교

自 스스로,저절로,~로부터,~보다 자
勤 부지런할,일,조심할,위로할 　　근
苦 쓸,괴로울,거칠,매우 　　고

※ 추고(錐股) : 전국시대(戰國時代)의 소진(蘇秦)이 자기 다리를 송곳으로 찔
러 졸음을 쫓으며 공부(工夫)했다는 고사(故事)에서 온 말.

☞ 손경(孫敬) : 『태평어람(太平御覽)』에 의하면, "한(漢)나라 때의 손경(孫
敬)은 신도(信都 : 오늘날의 하북성河北省 기현冀縣)사람으로 자(字)가 문
보(文寶)이며, 공부를 좋아하여 밤낮으로 쉬지않고 글을 읽었는데, 졸음
이 오면 목에 줄을 묶어 들보 위에 매달아 잠을 쫓았으니, 나중에 당대
(當代)의 큰 선비[대유(大儒)]가 되었다."라고 한다.

그리고 당(唐)나라 때의 이한(李瀚)이 지은 『몽구(蒙求)』에 의하면, "항상 문을 닫고 글을 읽었는데, 졸음이 오면 목에 줄을 묶어서 들보 위에 매달았다. 한번은 손경이 저자[시장(市場)]에 가니 사람들이 '폐호 선생이 왔다'고 말했다.(常閉戶讀書 睡則以繩繫頸 懸之梁上 嘗入市 市人見之 皆曰 閉戶先生來也. 『蒙求』上 孫敬閉戶)"라고 한 것에서부터 손경을 문닫고 공부한다는 뜻의 '폐호선생'이라고 부르게 된 것인데, '손경폐호'라는 표제(標題)가 여기 『몽구』에서 나왔다.

☞ 몽구(蒙求) : 처음 공부하는 어린 아이들이 읽으면서 외우기에 편리하도록 꾸민 책으로 고대(古代)에서부터 남북조(南北朝)까지의 유명한 사람의 엇비슷한 언행(言行)을 둘씩 배열하여 사자(四字)를 하나의 구(句)로 한 운어(韻語)로 기록된 2권(卷) 1책(册)의 아동교육용 책[몽학교재(蒙學敎材)]으로 당(唐)나라 때 이한(李瀚)이 지었다.

☞ 소진(蘇秦) : 전국시대(戰國時代)의 책사(策士:책략가策略家)인 소진은 낙양(洛陽)사람으로 자(字)가 계자(季子)이다. 여러 나라를 돌아다니며 유세(遊說)하여 연(燕)·조(趙) 등 육국(六國)을 합종(合從)하여 진(秦)에 대항하고 6국의 재상이 되었는데, 진(秦)의 혜왕(惠王)에게 자기 생각을 여러 차례 건의하였으나 받아들여지지 아니하자 집으로 돌아오니 집안 식구들도 푸대접을 했다. 이에 밤을 지새며 독서(讀書)에 열중했다. 책을 읽다가 잠이 오면 송곳으로 허벅지를 찔러 피가 다리까지 흘러내리게 하면서 중얼거렸다. "어찌 이런 유세(遊說)로도 남의 임금의 금과옥조(金科玉條), 그리고 비단 등의 보배로운 물건을 얻어 재상(宰相)의 높은 자리를 취해 낼 수 있으랴?" 과연 1년 후에 유세술(遊說術)을 터득하여 "이제는 정말로 당세(當世)의 군왕(君王)을 설득(說得)시킬 만한 이론(理論)이로다"하고, 조왕(趙王) 숙후(肅侯)를 알현(謁見)하고서 드디어 조(趙)나라의 재상(宰相)이 되었다.

— 『전국책(戰國策)』「진책(秦策)」—

☞ (303) 頭懸梁(두현량)이 火淬掌(화쉬장)으로 된 판본도 있다.
　　　　　〔淬 : 담금질하다 쉬〕〔掌 : 손바닥　　장〕
[풀이] (한나라의 손경은 글을 읽다가 잠이 오면) 불로 손바닥을 지졌고,

(307) **如 囊 螢**
　　여　　낭　　형

(308) **如 映 雪**
　　여　　영　　설

진나라의 차윤은 비단 주머니에 반딧불을 잡아 넣어서
그 불빛에 책을 비춰서 공부를 했고,
손강은 흰 눈빛에 책을 비춰 읽으며 공부를 했는데,

如 같을,따를,갈,만약,쯤,정도　여
囊 주머니,자루　　　　　　　낭
螢 반디,개똥벌레　　　　　　형

如 같을,따를,갈,만약,쯤,정도　여
映 비칠,비출　　　　　　　　영
雪 눈,눈올,씻을,흴,깨끗할　　설

(309) **家 雖 貧**
　　가　　수　　빈

(310) **學 不 輟**
　　학　　불　　철

이들은 집이 비록 가난하였지만 배움을 멈추지는 않았다.

家 집,집안,가정,학문·기예의 전문가 가
雖 비록,~하더라도,오직,만일,같을,곧 수
貧 가난할,모자랄　　　　　　　　빈

學 배울,학문,학교,학자　학
不 아닐,없을　　　　　　불
輟 그칠,버릴　　　　　　철

※ 낭형(囊螢) : '주머니에 넣은 반딧불'이라는 뜻으로, 진(晉)나라의 차윤(車胤)은 넓게 배워 여러 부문에 걸쳐서 통달하였으나, 집이 가난하여 항상 등잔불을 밝힐 기름을 구할 수가 없어서 여름철에는 비단으로 만든 주머니에 수십 마리의 반딧불을 잡아 넣어서 그 반딧불의 불빛으로 책을 비춰 읽었다.
　　　　　　　　　　　　　　　　── 『진서(晉書)』「차윤전(車胤傳)」──

※ 영설(映雪) : '눈에 비추다'는 뜻으로, 진(晉)나라의 경조(京兆) 사람인 손강(孫康)은 성품이 민첩하고 공부를 좋아하였으나, 집이 가난하여 등잔불을 밝힐 기름이 없었다. 그래서 겨울에는 항상 그 흰 눈의 눈빛으로 책을 비춰 읽었다.
　　　　　　　　　　　　　　　　── 『상우록(尙友錄)』권4(卷四) ──

♣ 형설지공(螢雪之功) : 반딧불에 책을 비춰 공부한 방의 창과 눈에 책을 비춰 공부한 책상[형창설안(螢窓雪案)]이라고도 하며, 가난과 어려움을 딛고 부지런히 공부에 힘쓰는 것을 일컫는다. 진(晉)나라의 차윤(車胤)이 집이 몹시 가난하여 등잔기름조차 마련할 수 없어서 여름철이면 반딧불을 모아 그 빛으로 책을 읽음으로써 훗날 상서랑(尚書郎:황제의 옆에서 조서詔書를 다루는 중요한 일)이 되었고, 손강(孫康) 역시 가난하여 겨울철에 일찍이 흰눈의 눈빛으로 책을 비춰 읽음으로써 어사대부(御使大夫:오늘날의 검찰총장 또는 감사원장)가 되었다는 일화(逸話)이다. 이 이야기는 『진서(晉書)』「차윤전(車胤傳)」과 당(唐)나라 때 이한(李瀚)이 지은 『몽구(蒙求)』에 나온다.

(311) 如 負 薪
여 부 신

(312) 如 掛 角
여 괘 각

한나라의 주매신은 산에 가서 나무를 해다가 등에 지고
가서 팔아다가 생활을 하면서도 항상 나무 위에 책을
놓고 글을 읽으며 공부를 했고,
수나라의 이밀은 소몰이를 하면서 소의 뿔에다가 책을
걸어놓고 공부를 했는데,

如 같을,따를,갈,만약,쯤,정도 여
負 짐을질,빚질,어길,패할 부
薪 섶나무,땔나무 신

如 같을,따를,갈,만약,쯤,정도 여
掛 걸,걸어놓을,마음에 걸릴,달 괘
角 뿔,모서리,구석,잡을,겨룰 각

(313) 身 雖 勞
신 수 로

(314) 猶 苦 卓
유 고 탁

이들은 몸이 비록 수고롭고 피곤하여도
글을 읽기 위해 노력을 하면서 고되고 힘든 것을 극복하고
오히려 뛰어난 능력을 갖춘 사람이 되었다.

身 몸,신체,몸소,임신할,대(代),세 신
雖 비록,~하더라도,오직,만일,같을,곧 수
勞 수고로울,일할,지칠,위로할 로

猶 오히려,같을,머뭇거릴 유
苦 쓸,괴로울,거칠,매우 고
卓 높을,뛰어날,훌륭할,책상 탁

♣ 서한(西漢) 때의 주매신(朱買臣)은 집이 가난하여 산에서 나무를 해
다가 내다 팔아서 그날그날 생계(生計)를 유지해 나갔으므로 따로 공부
(工夫)할 시간이 없었다. 그래서 땔감을 해서 팔러 가는 도중에 책을
나무 위에 걸어놓고 한 눈으로는 앞을 보고 가고, 다른 한 눈으로는 책
을 읽었다. 이렇게 공(功)을 들여 글을 읽어서 훗날 큰 벼슬을 하였다.
그리고 서진(西晉) 때의 이밀(李密)도 어릴 때 집이 가난하여 남의 집

소몰이를 하였다. 비록 매우 힘든 생활이었으나 그는 책(冊 : 『한서(漢書)』)을 소뿔 위에 걸어놓고 수시로 책을 읽었다. 이 두 사람은 가난과 어려움 속에서도 글을 읽기 위하여 각고(刻苦)의 노력을 하였다.

☞ 주매신(朱買臣: ? ~115 B.C.) : 서한(西漢) 때의 문학가로 자(字)는 옹자(翁子)이며 오(吳:지금의 강소성江蘇省 소주蘇州)사람으로 집안이 가난하였으나 독서(讀書)를 좋아했기에 땔나무를 해다가 팔아서 학비(學費)를 마련하여 학생이 되었다. 그의 처(妻)는 가난을 참지 못하여 개가(改嫁)를 하였다. 수년 후에 재정관(財政官)의 부하가 되어 장안(長安)에 이르러 황제에게 글을 올렸는데 오래도록 회신을 받지 못하다가 엄조(嚴助)의 추천으로 무제(武帝)를 만나 『춘추(春秋)』·『초사(楚辭)』를 말하자, 한무제가 매우 기뻐하였다. 중대부(中大夫)를 제수(除授)받고 엄조와 함께 시중(侍中)이 되었다. 후에 회계태수(會稽太守)를 하여 오(吳)의 지역으로 들어가게 되었는데, 옛 부인과 그의 남편인 수로(修路)를 만났다. 주매신은 가마에 앉아 옛 부인과 그의 남편을 태우도록 하고 태수의 거처로 돌아와 뒤뜰에 앉혔다. 한달간 대접했으나 부인은 스스로 목을 매어 죽었다. 얼마후에 주매신은 조서(詔書)를 받들어 장병(將兵)을 이끌고 동월(東越)을 무찔렀으며, 드디어 주작도위(主爵都尉)가 되었고, 구경(九卿)의 반열에 올랐다. 수년간, 법을 어긴 것으로 인해서 해직되었으나, 다시 승상장사(丞相長史)가 되었다. 그 때에 장탕(張湯)이 어사대부(御使大夫)로 있었는데, 주매신을 모함했기에 매신을 그를 매우 미워하였다. 후에 탕(湯)의 모사(謀事)를 고발하여 탕은 자살하고 매신도 주살(誅殺)되었다. 『한서(漢書)』「예문지(藝文志)」에 부(賦) 3편이 실려있는데, 이미 산실(散失)되었다. 그는 사부(辭賦)를 좋아하였고 산문(散文)에도 능하여 무제(武帝) 주위에서 문학(文學)분야의 시종(侍從)이었다.

☞ 이밀(李密:?224~287) : 서진(西晉)의 문학가로 자(字)는 영백(令伯)인데 일명 건(虔)이라고도 함. 건위(犍爲) 무양(武陽:오늘날의 사천四川 팽 산현彭山縣 동쪽)사람으로 아버지를 일찍 여의고 어머니 하씨(何氏)마저 개가(改嫁)하여 할머니 유씨(劉氏)의 손에서 자랐다. 어릴 때에 초주 (譙周)를 사사(師事)하여 『춘추좌씨전(春秋左氏傳)』에 정통했으며 문

학(文學)으로 이름이 났다. 촉한(蜀漢) 때 상서랑(尙書郎)·대장군주부(大將軍主簿) 등을 역임했으며, 수차례 오(吳)나라에 사신으로 갔었는데 재변(才辯)이 뛰어나 손권(孫權)의 칭찬을 받은 바 있다. 촉(蜀)이 망하자 진(晉)나라의 무제(武帝)가 여러 차례 불렀으나 조모(祖母)가 늙고 병이 많아 봉양할 사람이 없었으므로 진정서(陳情書)를 올려 관직을 사양했으니, 이것이 바로 유명한 「진정표(陳情表)」이다. 그후 할머니가 사망하자 비로소 진(晉)에 출사(出仕)하여 태자세마(太子洗馬)·상서랑(尙書郎)·하내온현령(河內溫縣領)·익주대중정(益州大中正)·한중태수(漢中太守) 등을 역임하였다. 그러나 후에 원망하는 시(詩)를 지었다가 권세가(權勢家)의 미움을 사게 되어 파직(罷職)당하고 얼마 후 죽었다. 그의 문장은 유일하게 「진정표(陳情表)」 한 편이 전해져 오는데 간절하고 완곡한 표현으로 진정(眞情)을 토로(吐露)하고 기교(技巧)를 부림이 없어 읽는 자로 하여금 감동을 자아낸다. 이 작품은 서진(西晉) 시대의 산문(散文) 중에서 뛰어난 작품으로 인정받고 있다.

(315) **蘇 老 泉** (316) **二 十 七**
　　소　로　천　　　　　이　십　칠

송나라 때 소로천[소순]은 어릴 때는
책 읽을 생각을 하지 않다가 27세가 되어서야

蘇 풀,깨어날,쉴,잡을,찾을,성(姓)　소　　二 두,두번,둘로 나눌,버금　이
老 늙을,익숙할,선인,노자(老子)　로　　十 열,열 배,전부,일체,완전　십
泉 샘,땅 속에서 솟는 물,돈　　　천　　七 일곱,일곱 번　　　　　　　칠

(317) **始 發 憤** (318) **讀 書 籍**
　　시　발　분　　　　　독　서　적

비로소 마음과 힘을 쏟아 책을 읽으니,
훗날 송나라의 훌륭한 문인이 되었다.

始 처음,비로소,시작할,근본　　　　시　　讀 읽을,설명할,잇을[구두,이두 두]　독
發 쏠,보낼,이삭팰,펼,비롯할,열,꽃필　발　　書 쓸,글자,글씨,책,장부,서경(書經)　서
憤 성낼,괴로와할,힘쓸,분발할　　　　분　　籍 책,서적,문서,장부,기록할,호적　　적

※ 소로천(蘇老泉) : 노천(老泉)은 소순(蘇洵:A.D.1009~1066)의 호(號)이다.

☞ 소순(蘇洵) : 송대(宋代)의 문인(文人)으로 당송팔대가(唐宋八大家)의
　한 사람으로 미주(眉州) 미산(眉山:오늘날의 사천四川) 사람이다. 자
　(字)는 명윤(明允)이고 호(號)는 노천(老泉)이다. 27세가 되어서야 독서
　에 힘을 기울여 일년 남짓 후 진사(進士) 무재이(茂才異) 등의 시험에
　응시했으나 모두 불합격하였다. 이후 각고의 노력으로 육경(六經)과 제
　자백가(諸子百家)에 정통하였으며, 붓을 들기만 하면 눈 깜짝할 사이에
　많은 문장을 지어냈다. 인종(仁宗) 가우(嘉祐) 연간(年間)에 아들인 소
　식(蘇軾)·소철(蘇轍)과 함께 서울인 개봉(開封)으로 가서 과거(科擧)

에 응시하였다. 당시 한림학사(翰林學士)이던 구양수(歐陽修)가 그의 문장 22편을 조정(朝廷)에 상주(上奏)하자 사대부(士大夫)들은 일시에 그의 문장을 다투어 모방하였다.

　재상(宰相) 한기(韓琦)의 추천으로 비서성 교서랑(秘書省校書郎)을 제수(除授)받았다. 그의 두 아들과 함께 삼소(三蘇)라고 일컬어졌으며, 삼부자(三父子)가 모두 당송팔대가(唐宋八大家)에 속한다. 소순은 특히 책론(策論)에 뛰어났으며, 그의 문장은 언어가 질박하고 힘이 있었으며 의론(議論)을 종횡(縱橫)으로 내달리고 임기응변(臨機應變)이 능(能)했으며, 기세(氣勢)는 웅장(雄壯)하고 강건(剛健)하며 자유분방(自由奔放)하여 전국시대(戰國時代) 종횡가(縱橫家)의 문풍(文風)을 간직하고 있다. 「육국론(六國論)」은 그의 명저(名著)이며, 그는 시(詩)보다도 문장(文章)에 더 능(能)하였다. 소순(蘇洵)의 저서로는 『소노천문집(蘇老泉文集)』 20권(卷)이 있다.

- 당송팔대가(唐宋八大家) : 중국 당대(唐代)와 송대(宋代)의 유명한 고문(古文)의 대가(大家) 여덟 명을 일컬음. 곧 당대(唐代)의 한유(韓愈)와 유종원(柳宗元), 그리고 송대(宋代)의 구양수(歐陽修)·왕안석(王安石)·증공(曾鞏)·소순(蘇洵)·소식(蘇軾)·소철(蘇轍)이 바로 그들이다.

※ 발분(發憤) : 마음과 힘을 돋우어 일으키는 것으로, '분발(奮發)하다'는 뜻임.

(319) **彼 旣 老**
피　기　로
(320) **猶 悔 遲**
유　회　지

저 소순은 늦게서야 발분하여 일찍부터 글을 읽지 못한 것을 후회하며 많은 귀중한 시간을 헛되이 보냈으니,

彼 저,저사람,저기,저것,그　　　피
旣 이미,벌써,이윽고,없어질,끝날　기
老 늙을,익숙할,선인,노자(老子)　로

猶 오히려,같을,머뭇거릴,또한　유
悔 뉘우칠,한맺힐,후회,잘못　회
遲 더딜,늦을,기다릴　　　　　지

(321) 爾 小 生　(322) 宜 早 思
이　소　생　　의　조　사

어린 너희들은 마땅히 어릴 때부터
일찍이 글 공부에 전념할 것을 명심하고,
늙어서 후회하는 일이 없도록 하여라.

爾 너,그,너희들　　　　　　　　　　이　　宜 마땅할,옳을　　　　　　　의
小 작을,적을,어릴,좁을,조금,소인　　소　　早 새벽,일찍,미리,서두를,젊을　조
生 날,낳을,살,삶,새것,자랄,백성,일,사람 생　　思 생각할,바랄,따를,슬퍼할　사

※ 기로(旣老) : '이미 나이가 들어 늙었다'는 뜻으로 여기서는 "시간이 이미 많이 지났다"는 의미로 쓰였다.

※ 유회지(猶悔遲) : '오히려 늦은 것을 후회하였다'는 뜻이다.

※ 소생(小生) : 선진(先進:선배先輩)에 대(對)하여 후진(後進:후배後輩)을 가리키는 말로 쓰이는데, 여기서는 "어리석은[무지몽매(無知蒙昧)] 어린 아이"란 뜻의 '동몽(童蒙)'을 지칭한 것이다. 이 '동몽'이란 말은 중국 송(宋)나라 때 주자(朱子)가 지은 어린이를 위한 기본 예절을 기록한『동몽수지(童蒙須知)』나 조선시대(朝鮮時代) 박세무(朴世茂)가 지은『동몽선습(童蒙先習)』과 같은 옛날의 아동용 학습교재[몽학교재(蒙學敎材)]에서 책의 이름[서명(書名)]에 사용되었다.

(323) 若 梁 灝 (324) 八 十 二
약 양 호 / 팔 십 이

양호와 같은 사람은 나이 82세에

若 같을,너,만일,견줄만할,및,~와(과) 약
梁 성(姓),나라 이름,들보 량
灝 넓을,클,광대(廣大)할 호

八 여덟,여덟 번 팔
十 열,열배,전부,일체,완전 십
二 두,두 번,둘로 나눌,버금 이

(325) 對 大 廷 (326) 魁 多 士
대 대 정 / 괴 다 사

비로소 과거에 응시 장원급제하여 조정에 나아가 많은 선비들의 우두머리가 되었으니,

對 대할,대답할,상대,짝,만날 대
大 큰,클,크게,대강,중요시할 대
廷 조정(朝廷),관청,공정할 정

魁 으뜸,우두머리,클,빼어날,뿌리 괴
多 많을,늘어날,뛰어날,후할,때마침 다
士 선비,벼슬아치,사람,군인,일 사

※ 양호(梁灝) : 송대(宋代)의 사람으로 자(字)는 태소(太素)이며 북송(北宋) 운주(鄆州) 수성(須城:오늘날의 산동山東 동평東平) 사람이다. 오대(五代) 시대 후진(後晉)에서 태어났으며, 일찍부터 글읽는 것을 좋아하였다. 북송 태종(太宗) 옹희 연간(雍熙 年間:984~987)에 진사(進士)가 되었으며, 진종(眞宗) 초(初)에 우사간(右司諫)이 되었다. 23세에 과거(科擧)에 합격하였으나 『둔재한람(遁齋閑覽)』에 잘못 기재되어 양호(梁灝)가 82세에 급제하였다고 실려 있어서, 이로 인하여 세상에 전하기를 양호가 나이 80에 과거에 장원(壯元)했다고 전하게 된 것이다.

※ 대정(大廷) : 조정(朝廷)을 가리킨다.

☞ (325)가 游稷下(유직하:사직社稷 [조정]에서 지내면서)로,

〔稷: 기장,오곡의 신(神),농사 담당 관리 직〕

☞ (326)이 習儒業(습유업:선비의 본분本分〔직분(職分)〕을 익혔으니)으로 된 판본도 있다.

☞ 사직(社稷) : 원래는 토지신(土地神)과 곡신(穀神)을 가리키는 말이었으나, 오늘날에는 '조정(朝廷)'이나 '국가(國家)'의 의미로 사용된다.

☞ 직하(稷下) : 지명으로 산동성(山東省) 임치현(臨淄縣:오늘날의 치박시淄博市 동북의 임치성臨淄城)의 북쪽으로 옛날 제나라 성(齊城)의 서쪽 땅이다.

  '직(稷)'은 산이름, 또는 성문(城門)의 이름이라고도 한다. 제(齊)나라의 선왕(宣王)이 학자를 우대하였으므로 한때 세상의 학자들이 모두 이곳 직하학궁(稷下學宮)에 모였다고 한다. 그리하여 맹자(孟子)·추연(鄒衍)·굴원(屈原)·순자(荀子:순황荀況) 등과 같은 "직하학파"의 학자들을 배출하였다.

(327) 彼 旣 成
피 기 성

(328) 衆 稱 異
중 칭 이

저 양호같은 사람은 이미 나이가 많으나
학문이 높은 경지에 이르니,
사람들이 이는 매우 경이롭다고 한다.

彼 저,저사람,저기,저것,그   피
旣 이미,벌써,이윽고,없어질,끝날   기
成 이룰,끝날,갖출,일어날,나아갈   성

衆 무리,많을,땅,백성,신하,장마   중
稱 일컬을,기릴,들어올릴,저울   칭
異 다를,특별할,의심할,재앙   이

(329) 爾 小 生
이 소 생

(330) 宜 立 志
의 입 지

그러니 처음 공부에 임하는 너희 어린아이들은

마땅히 그의 늦은 나이에도 열심히 공부한 정신을
본받아서 뜻을 세우고 학문에 전념하여라.

爾 너,그,너희들   이   宜 마땅할,옳을   의

小 작을,적을,어릴,좁을,조금,소인   소   효 설,세울,정할,이룰,임할,곧   립

生 날,낳을,살,삶,새것,자랄,백성,일,사람   생   志 뜻,마음,알,의로울,기록,표지   지

(331) 瑩 八 歲　(332) 能 詠 詩
영　팔　세　　능　영　시

북제의 조영이라는 사람은 여덟 살 때
벌써 『시경』을 줄줄 외며 시를 읊조릴 줄 알았고,

瑩 맑을,밝을,갈,옥빛　　영　能 능할,잘할,능히,능력　　　　능
八 여덟,여덟 번　　　　　팔　詠 읊을,노래할,시가(詩歌)를 지을,시가　영
歲 해,일년,새해,시일,나이,일생　세　詩 시,운문,시경,읊을,생각,말　　시

(333) 泌 七 歲　(334) 能 賦 碁
필　칠　세　　능　부　기

당나라의 이필은 일곱 살 때
능히 바둑에 관한 시를 지었으니,

泌 물결 부딪칠〔샘물 흐르는 모양 비〕　필　能 능할,잘할,능히,능력　　　능
七 일곱,일곱 번　　　　　　　　　　칠　賦 읊을,시가를 지을,조세,부과할　부
歲 해,일년,새해,시일,나이,일생　　　세　碁 (늑棋) 바둑,장기,바둑을 둘　기

※ 영(瑩) : 북제(北齊)의 '조영(祖瑩)'을 가리킨다.
　☞ 조영(祖瑩) : 북제(北齊) 때의 사람으로 자(字)는 원진(元珍)이며, 여덟
　　살 때 『시경(詩經)』을 외워서 읊조리니 사람들이 그를 '소성동(小聖
　　童)'이라 불렀다. 그는 독서(讀書)에 빠지면 밤에도 잠을 자지 않았다.
　　그의 부모(父母)는 이를 염려(念慮)하여 등잔(燈盞)불을 숨겨, 밤에 조
　　영이 책을 읽지 못하게 하였다고 한다.

※ 필(泌) : 당(唐)나라 때의 '이필(李泌)'을 가리킨다.
　☞ 이필(李泌:722～789) : 자(字)가 장원(長源)이며 경조(京兆) 사람이다.
　　당(唐) 현종(玄宗) 개원(開元) 10년에 태어나 덕종(德宗) 정원(貞元) 5

년에 68세로 세상을 떠났다. 7세 때에 글을 지었다고 하며, 이 말을 듣고 현종(玄宗)이 불러 입궐(入闕)하였는데, 장열(張說)은 그를 '기동(奇童)'이라 하였고, 장구령(張九齡)도 매우 예뻐하였다고 한다.

※ 부기(賦碁) : 바둑을 제재(題材:제목題目)로 한 시(詩)를 짓다.

(335) **彼 穎 悟** (336) **人 稱 奇**
　　　피　영　오　　　　　　인　칭　기

저 두 사람의 총명함을 사람들은 신기하다고 하니,

彼 저,저사람,저기,저것,그　　　피　　人 사람,인간,백성,남,인품,훌륭한 사람　인
穎 빼어날,벼이삭,송곳 끝　　　　영　　稱 일컬을,기릴,들어올릴,저울　　　　　칭
悟 깨달을,깨우칠,도리를 알　　　오　　奇 기이할,괴이할,진귀할,새로울,뛰어날　기

(337) **爾 幼 學** (338) **當 效 之**
　　　이　유　학　　　　　　당　효　지

너희 어린 학동들은 마땅히 이를 본받아야 한다.

爾 너,그,너희들　　　　　　　　이　　當 당할,마땅히,맡을,이,그　　　　　　당
幼 어릴,어린아이,사랑할,작을　유　　效 본받을,줄,힘쓸,밝힐,보람,공(功)　효
學 배울,학문,학교,학자　　　　학　　之 갈,이,이것(늑시是),~의,~에서　지

※ 영오(穎悟) : 총명(聰明)하고 영특(英特)하다. 남보다 뛰어나게 총명하다.

♧ 당(唐)나라 때 현종(玄宗)이 장열(張說)과 바둑을 두고 있다가 이필(李泌)의 총명(聰明)함을 듣고 불러서 장열(張說)로 하여금 대시(對詩)케 하였다. 현종(玄宗)이 '방원동정(方圓動靜)'이란 글귀를 내놓고 이에 맞추어 장열(張說)이 먼저 시(詩)를 짓게 하고, 이어서 이필(李泌)도 시(詩)를 지었다. 다음의 시(詩)가 장열과 이필이 지은 바둑에 관한 시(詩)이다.

어린 나이에도 배움에 힘쓴다　279

方若棋局　　네모진 것은 마치 바둑판 같고
圓若棋子　　둥근것은 마치 바둑알 같네,
動若棋生　　움직이는 것은 마치 바둑이 살아 있는 것 같고
靜若棋死　　가만히 있는 것은 마치 바둑이 죽어 있는 것 같네.

方若行義　　네모진 것은 마치 의리(義理)를 행하는 것 같고
圓若運知　　둥근 것은 마치 지혜(智慧)를 부려 쓰는 것 같네,
動若逞材　　움직이는 것은 마치 재능(才能)을 펴는 것 같고
靜若得意　　가만히 있는 것은 마치 의미(意味)를 터득한 것 같네.

♣ 위의 시(詩)를 보면, 장열(張說)은 바둑이라는 사물에 대한 관찰력을 시로 묘사한 듯하고, 이필(李泌)은 바둑이 지니고 있는 내면의 세계를 시로 묘사한 듯하니, 이필의 작품이 한 수 위라고 평하고 싶다.

☞ 이필(李泌)의 시(詩)에서 '운지(運知)'가 '용지(用智)'로 '령재(逞材)'
　 가 '빙재(聘才)'로 된 판본(版本)도 있다.
　 〔령(逞)：마음대로 하다〕

(339) 蔡 文 姬   (340) 能 辨 琴
채 문 희   능 변 금

후한 때의 유명한 학자 채옹의 딸인 채문희는 어려서부터 독서를 즐겨하고, 아버지의 거문고 타는 소리가 들리면 어떤 감정 상태에서 연주하시는지를 잘 알아차렸다.

蔡 풀,띠끌,거북,법,나라이름,성(姓) 채
文 글자,글,책,학문,무늬,아름다울 문
姬 아가씨,여자,측실(側室),첩(妾) 희

能 능할,능히,능력,재주 있는 사람 능
辨 분별(分別)할,가릴 변
琴 거문고 금

(341) 謝 道 韞   (342) 能 詠 吟
사 도 온   능 영 음

그리고 동진 때의 유명한 재상이었던 사안의 조카딸 사도온은 시를 잘 지어 읊조리니 사안이 칭찬을 하였다.

謝 감사할,사죄할,물러날,거절할,시들 사
道 길,갈,행할,도교(道敎),말할,다스릴 도
韞 넣을,감출,둘러쌀,활집,상자,주황색 온

能 능할,능히,능력,재주있는사람 능
詠 읊을,노래할,시가를지을 영
吟 읊을,끙끙앓을,말더듬을 음

※ 채문희(蔡文姬) : 후한(後漢) 때의 채옹(蔡邕)의 딸로 이름은 염(琰), 자(字)는 문희(文姬)이며 음악(音樂)에 정통하였다. 한말(漢末) 큰 난리를 만났을 때는 흉노(匈奴)에게 잡혀갔었는데, 아버지 채옹과 절친한 조조(曹操)가 많은 돈을 치르고 다시 돌아왔다. 자신의 비참한 처지를 읊은 「비분가(悲憤歌)」가 있으며, 악부체(樂府體)의 거문고 가사(歌辭)인 『호가십팔박(胡笳十八拍』을 지었다.

☞ 채옹(蔡邕) : 동한(東漢:후한後漢)의 문학가(文學家)이며 서예가(書藝

家)로 자(字)는 백개(伯喈)이며 진류어(陳留圉:오늘날의 하남河南 기현杞縣 남쪽)사람이다. 어려서부터 박학(博學)하였으며 문장(文章)을 좋아하고 음률(音律)에 정통하였다. 환제(桓帝) 연희(延熹)2년(159년)에 중상시(中常侍) 서황(徐璜)등 5명의 고관(高官)들이 권력을 장악하고 있을 때, 채옹이 음악을 잘 한다는 소리를 듣고 진류(陳留) 태수(太守)에게 빨리 서울로 올려 보낼 것을 독촉하였다. 채옹은 부득이하게 떠나게 되었으나 언사(偃師)에 이르러서 병을 핑계로 되돌아와「술행부(述行賦)」를 지었다. 저작(著作)으로는 시(詩)·부(賦)·비(碑)·뢰(誄)·명(銘)·찬(贊) 등 모두 104편이 있다. 서예(書藝)로는 전서(篆書)와 예서(隸書)에 뛰어났는데, 글씨의 구조가 엄정(嚴正)하고 순식간에 써 내려가며 체법(體法)의 변화가 많고 기상(氣象)이 통달(通達)되어 시원스럽다. 희평(熹平) 4년(175년)에 당계전(堂谿典) 등과『육경(六經)』의 문자(文字)를 정정할 것을 상주(上奏)하여 영제(靈帝)의 허락을 얻었다. 채옹은 비석에 붉은 글씨를 써서 태학(太學)의 문 밖에 세웠는데, 세칭(世稱) '희평석경(熹平石經)'이라 하며 구경하거나 모사(模寫)하는 사람들이 끊이지 않았다. 또한 '비백(飛白)'이란 서체를 창조하여 후세에 적지 않은 영향을 미쳤다.

※ 사도온(謝道韞) : 동진(東晉)의 정치가인 사안(謝安)의 조카딸로 지혜롭고 독서(讀書)를 좋아하였으며, 어릴 때부터 시(詩)를 즐겨 지으며 읊었다.

☞ 사안(謝安:320∼385) : 중국 동진(東晉) 때의 재상(宰相)으로 자(字)는 안석(安石)이며, 동진 최대 명문의 하나인 진군 양하(陳郡陽夏:하남성 河南省)의 사씨(謝氏)출신이다. 오랫동안 회계(會稽)에서 은둔생활을 하면서 왕희지(王羲之)·지둔(支遁) 등과 교유(交遊)하며 풍류(風流)를 즐기다가 40세가 넘은 중년에 비로소 중앙정계에 투신하였다. 처음 정서대장군(征西大將軍) 환온(桓溫)의 휘하에서 활약하다가 이어서 이부상서(吏部尚書)의 요직으로 진급하였고, 제위(帝位)를 빼앗으려는 환온의 야망을 저지시켰다. 환온이 죽은 후 재상이 되어, 때마침 전진(前秦)의 왕(王) 부견(符堅)이 100만 대군을 이끌고 남하하는 것을 막았고, 383년 형의 아들 사현(謝玄)과 더불어 부견의 군대를 비수(淝水)에서 격파하여 그의 뜻을 좌절시킴으로써 국난(國難)을 면하게 하였다. 국초(國初)

의 왕도(王導)와 함께 명재상이라고 칭송이 높았으며, 비수에서의 승리를 거둔 뒤 2년 만에 병사(病死)하였다.

(343) **彼 女 子**
　　피　여　자

(344) **且 聰 敏**
　　차　총　민

이 두 여자를 보면 타고난 자질이 또한 총명하고 민첩하니,

彼 저,저사람,저기,저것,그　　　　　피
女 여자,계집　　　　　　　　　　　너
子 남자,아들,자식,남자에 대한 통칭　자

且 또,또한,막상,가령,대저,잠간　차
聰 귀밝을,총명(聰明)할,들을　총
敏 재빠를,총명할,영리할,힘쓸　민

(345) **爾 男 子**
　　이　남　자

(346) **當 自 警**
　　당　자　경

사내아이 너희들은 이를 본받아
마땅히 자기 자신을 경계해야 하느니라.

爾 너,그,너희들　　　　　　　　　이
男 사내,장부,아들,젊은이,남작(男爵)　남
子 남자,아들,자식,남자에 대한 미칭　자

當 당할,마땅히,맡을,이,그　　당
自 스스로,저절로,~로부터,~보다　자
警 경계(警戒)할,놀랄,영리할　　경

배움에 힘쓰면 성취함이 있다

(347) 唐 劉 晏   (348) 方 七 歲
    당   유   안   방   칠   세

당나라 현종 때의 유안이라고 하는 사람은
겨우 일곱 살 때에,

唐 당나라 당	方 네모,방향,곳,방법,견줄 방
劉 죽일,이길,칼,성(姓),묘금도(卯+金+刂) 류	七 일곱,일곱 번 칠
晏 늦을,편안할(늦安),맑을 안	歲 해,일년,새해,시일,나이,일생 세

(349) 擧 神 童   (350) 作 正 字
    거   신   동   작   정   자

신동이라고 불리웠으며, 그래서 한림원에서
조서를 작성하는 정자라는 벼슬아치가 되었다.

擧 들,등용할,추대될,오를,뽑을,시험 거	作 지을,만들,글을 쓸,행할 작
神 귀신,불가사의할,정신,마음 신	正 바를,정당할,네모,정할,다스릴 정
童 (15~6세 이하의)아이,어리석을,종 동	字 글자,기를,사랑할,자(字) 자

※ 유안(劉晏:?~780) : 당(唐)나라 중기의 관료(官僚)로 자(字)는 사안(士安)
이며, 조주(曹州) 남화(南華:오늘날의 산동山東)사람이다. 어릴 때부터 학식
(學識)이 깊고 넓어서 7세 때에는 현종(玄宗)이 그를 '신동(神童)'이라 불
렀으며, 한림원(翰林院)의 '정자(正字)'라는 벼슬을 제수하였다. 어느날 현
종이 그를 보려고 부르니 황비(皇妃)인 양귀비(楊貴妃)는 그를 예뻐하며 무
릎에 앉히고 직접 머리를 따주었고, 현종은 유안에게 묻기를,"경(卿)이 정자
(正字)가 되었는데, 바른 것을 몇 자(字)나 얻을까?"하니, 유안이 대답하기
를, "신(臣)이 폐하에게 아뢰옵건데, 사서(四書)와 오경(五經) 속에 있는 모
든 글자가 바른데, 오직 붕(朋)이란 글자가 바르지 못합니다."라고 하였다.
이것은 붕(朋)이라는 글자가 두 개의 달 월(月)자 모양으로 그 글씨체가 바

르지 않음을 설명한 것으로, 그 당시에 황제의 총애를 받던 신하들의 헐뜯는 행위를 풍자(諷刺)한 것이니, 붕(朋)은 간사(奸邪)함을 비유한 것이다. 이에 황제는 깜짝 놀랐으며, 훗날 유안(劉晏)은 자라서 당나라 제6대 현종(玄宗)·제7대 숙종(肅宗)·제8대 대종(代宗)·제9대 덕종(德宗)의 4대에 걸쳐서 호랑상서(戶郎尙書)·평장사(平章事) 등의 여러 고관(高官)을 역임하였으며, 특히 안사(安史)의 난(亂)으로 궁핍해진 재정의 회복에 힘썼다. 그는 당대(唐代) 제일의 재정가(財政家)로 평가되며, 그의 부하들 중에서 많은 재정담당 관리가 배출되었다.

※ 신동(神童) : 재주와 지혜(智慧)가 남달리 뛰어난 아이.

※ 정자(正字) : 올바른 문서(文書), 곧 조서(詔書)를 만들기 위해 서적(書籍)의 편집(編輯)과 오·탈자(誤脫字) 등의 교정(校正)을 담당하는 관직으로 문(文)에 능(能)한 선비를 모아 업무에 종사하게 하였으며, '정자관(正字官)'이라고도 부른다. 처음 북제(北齊)에서 둔 관직으로 비서성(秘書省)에 소속되었으며, 종구품(從九品) 이상의 벼슬로 4명을 두었다. 그들은 전적(典籍)의 교정(校定)을 담당하면서 바른 문자[정문자(正文字)]를 간행하였다. 이후 수(隋)나라에서는 비서성(秘書省)에 4명을 두었는데, 그들은 모두 종9품 이상의 벼슬이었다. 당대(唐代)에도 비서성(秘書省)에 두었는데, 정구품(正九品)으로 바꿨으며, 제9대 덕종(德宗) 정원(貞元) 8년(792년)에는 집현전(集賢殿) 서원(書院)에 종구품(從九品) 이상의 벼슬로 2명을 두었다. 원대(元代)에는 두지 않았으며, 명대(明代)에는 한림원(翰林院)에도 두었다.

(351) **彼 雖 幼** (352) **身 已 仕**
  피 수 유   신 이 사

그는 비록 나이는 어렸지만, 그 자신 이미 벼슬길에 나아가 국가의 중요한 업무를 맡아보았다.

彼 저,저사람,저기,저것,그	피	身 몸,몸소,아이밸,대(代),세(世)	신
雖 비록,~할지라도,만일,하물며	수	己 이미,벌써,그칠,뿐,매우,써,이	이
幼 어릴,어린아이,사랑할,작을	유	仕 벼슬할,일할,섬길,배울	사

(353) 爾 幼 學　(354) 勉 而 致
이　유　학　　　면　이　치

너희 어린 학동들도, 힘써 이를 행하면
너희들도 이를 이룩할 수 있을 것이다. 〔너희들도 이렇
게 될 수 있을 것이다.〕

爾 너,그,너희들　　　　　　　　이　　勉 힘쓸,부지런히 일할,권할,격려할 면
幼 어릴,어린아이,사랑할,작을　유　　而 말이을〔접속사:~와(과)〕,및　이
學 배울,학문,학교,학자　　　　학　　致 이룰,이를,맡길,힘쓸,극치,나아갈 치

(355) 有 爲 者　(356) 亦 若 是
유　위　자　　　역　약　시

그와 같은 사람이 되려는 자가 있다면,
그 또한 열심히 유안처럼 노력하면
후세에 이름을 떨치는 사람이 되기에 충분하다.

有 있을,많을,소유물,알,또　　　유　　亦 또,또한,모두,다,크게,대단히　　역
爲 할,될,다스릴,속할,체할,짓　위　　若 같을,만일,너,~믳,곧,그,이　　　약
者 놈,사람,~라고 하는 것,곳　자　　是 이,옳을,바로잡을,다스릴,대저　시

(357) **犬 守 夜**
견 수 야

(358) **鷄 司 晨**
계 사 신

개는 밤에 사람 대신 도적의 침입을 막기 위해 집을 지
켜 주고, 닭은 날이 밝아 새벽이 오는 것을 알려주어,
우리로 하여금 잠자리에서 일어나게 하는 등 가축들은
그 맡은 바 역할에 충실하다.

犬 개,하찮은 것의 비유　　　　　견
守 지킬,막을,임무,지조,구할　　수
夜 밤,깊은밤,저녁~새벽　　　　야

鷄 (≒雞) 닭,가금(家禽)　　　　계
司 맡을,벼슬,관청,엿볼,지킬　　사
晨 새벽,아침,닭이 울,아침을 알릴 신

(359) **苟 不 學**
구 불 학

(360) **曷 爲 人**
갈 위 인

만일에 사람이 정성들여 배우지 아니한다면, 날이 갈수
록 아는 것이 없어서 어찌 사람의 자격이 있다고 하리오.

苟 진실로,적어도,구차히,원컨대 구
不 아닐,아니할,없을　　　　　　불
學 배울,학문,학교,학자　　　　학

曷 어찌,어찌~하지 아니할,언제,누가 갈
爲 할,될,다스릴,속할,체할,짓　　　위
人 사람,인간,백성,남,인품,훌륭한 사람 인

(361) **蠶 吐 絲**
잠 토 사

(362) **蜂 釀 蜜**
봉 양 밀

(그보다도 더 작은 동물의 예를 들면,)
누에는 실을 토해내어 우리 인간에게 비단 옷을 만들어
입을 수 있는 재료를 제공해 주고, 벌은 꿀을 만들어
우리 인간에게 높은 영양가의 먹을 것을 제공하니,

蠶 누에,누에칠,양잠(養蠶)할   잠 　　蜂 벌,붐빌   봉
吐 토할,뱉을,털어놓을,드러낼,버릴 토 　　釀 술빚을,뒤섞을 양
絲 실,명주,실을짤,현(絃)악기,가늘 사 　　蜜 꿀   밀

(363) 人 不 學 　(364) 不 如 物
　　인 불 학 　　　불 여 물

(그들은 비록 작은 동물이지만 자기 능력을 다해 인간에게 이로움을 주는데,) 사람이 만약에 보다 나은 발전을 위하여 배우고 노력하지 아니 한다면, 이는 곧 앞에서 언급한 인간에게 이로움을 주는 작은 동물만도 못하다.

人 사람,인간,백성,남,인품 인 　　不 아닐,아니할,없을 　　　　불
不 아닐,아니할,없을 　　불 　　如 같을,이를,만일,곧,~해야할,~와(과) 여
學 배울,학문,학교,학자 　학 　　物 만물,일,무리,재물,볼,기(旗) 　　물

※ 잠(蠶) : 뽕나무잎[상엽(桑葉)]을 먹고 사는 누에로, 고치에서 실을 뽑기 위해 치는[기르는] 벌레를 가리킨다. 누에치기는 조선시대(朝鮮時代) 여인네들의 생활에서 중요한 부분을 차지하고 있었으며, 특히 베틀에 앉아서 베짜는 여인의 모습은 당시(當時)의 풍속화(風俗畵)나 구한말(舊韓末)의 사진(寫眞), 또는 1970년대 초(初)까지만 해도 시골에서는 쉽게 누에치고 베짜는 모습을 볼 수가 있었다.

※ 사(絲) : 누에가 토해내는 실로 비단(금錦능綿)을 만드는 재료가 된다. 참고로 살펴보면, 중국은 실크로드(Silk Road:비단길)를 "사주지로(絲綢之路)"라고 표기한다.

※ 봉(蜂) : 꿀을 만드는 곤충인 '벌'을 가리키며, 몸의 끝인 꼬리에 독(毒)을 가진 침(針)이 있다.

※ 밀(蜜) : 벌이 만드는 '꿀'을 가리키며, 꿀벌을 "밀봉(蜜蜂)"이라고 한다. 꿀과 관련된 속담(俗談)으로는 다음과 같은 것이 있다.
① 꿀도 약이라면 쓰다. ⇨ 도움이 되는 이로운 말도 듣기 싫다.

② 꿀먹은 벙어리. ⇨ 마음 속에 있는 생각을 나타내지 못하는 사람.
③ 꿀은 달아도 벌은 쏜다. ⇨ 좋기는 하지만 그것을 얻는데는 그만한 어려움이 따른다.

그리고 신혼여행(新婚旅行)을 밀월(蜜月)여행이라고 하는데, 여기서 '밀월(蜜月)'이란 말의 유래(由來)를 알아보자.

☞ 밀월(蜜月) : 서양 풍속으로 결혼 초기의 즐겁고 달콤한 한 달(1개월) 동안을 가리키는 말로, 그 동안에는 밀당수(蜜糖水)나 봉밀주(蜂蜜酒)를 마시는 풍습이 있다. 여기에서 Honey Moon의 역어(譯語) '밀월(蜜月)'이라는 말이 나온 것이다.

♣ 여기서 누에 발생에 관한 설화(說話)를 소개하면 다음과 같다.

『수신기(搜神記)』 권14 "마피잠녀(馬皮蠶女:말가죽과 누에처녀)"에는 다음과 같은 이야기가 전한다.

멀리 집 떠난 아버지가 보고 싶어 집에서 기르던 말에게 "아버지를 찾아서 모시고 오면 내가 너와 결혼하겠다"고 한 처녀의 말[언(言)]을 믿은 말[마(馬)]이 그 처녀의 아버지를 찾아서 모시고 왔으나, 아무리 기다려도 처녀는 아버지의 반대로 약속을 지키지 못했다. 나중에 말[馬]과의 약속 사실을 안 아버지는 오히려 그 말[馬]을 활로 쏘아 죽여 마당에 말가죽을 펴서 널었다. 그리고 아버지는 외출하고, 딸은 마당에서 놀면서 말가죽에게 말하기를, "네가 비록 기르는 가축이지만 사람과 결혼하려고 했는데, 이렇게 죽어서 가죽만 남았으니 이 고통을 어떻게 한다는 말이냐?"라고 말을 하고 있는데, 그 말이 미처 끝나기도 전에 말가죽이 갑자기 허공으로 떠오르더니 처녀의 몸을 감싸 어디론가 날아가 버렸다. 아버지가 돌아와 보니, 딸이 보이지 않으니 이리저리 찾아 다녔다. 며칠이 지나서야 커다란 나무가지에 말가죽에 싸여 죽어있는 딸을 발견하였다. 그런데 딸과 말가죽은 누에[잠(蠶)]로 변하여 나무 위에서 실[사(絲)]을 토하고 있었다. 그래서 이 나무는 나중에 '뽕나무[상수(桑樹)]'라고 부르게 되었다.

♣ 누에에 관련된 한시(漢詩) 한 수(1首)를 다음에 소개한다.

蠶婦 잠 부		누에치는 아낙네
	張兪	장유
昨日入城市	작일입성시	어제 성안 저자에 들어갔다가
歸來淚滿巾	귀래루만건	돌아와선 눈물로 수건 적셨네.
遍身羅綺者	편신라기자	온 몸에 비단 옷 걸친 사람들
不是養蠶人	불시양잠인	누에치는 사람이 아니었다네.

☞ **장유(張兪)** : 송(宋)나라 때 사람으로 자(字)는 소우(少愚), 호(號)는 백운선생(白雲先生), 저서(著書)에 『백운집(白雲集)』이 있다.

〔해설〕 어제 성(城)안의 저자[시장]에 가서 많은 사람을 만났는데, 돌아와서는 슬픈 생각이 나서 눈물이 흘러 손수건을 적셨다. 온몸에 찬란한 비단옷을 입고 자랑스럽게 거리를 걷는 사람들이 누에를 쳐서 비단을 짠 농부[아낙네]들이 아니고, 돈있고 권력있는 사람들이니, 이것은 한심한 일이다. 농부들은 힘들여 비단을 짜지만 그들은 한 사람도 이것을 입는 사람이 없고, 도리어 다른 사람들이 호사스러운 생활을 하고 있는 것이다. 이는 소박한 농민들에게는 슬픈 일이 아닐 수 없으며, 단지 비단 옷을 짜는 일에 관한 것만은 아닐 것이다. 사회 현실의 한 단면을 '누에치는 아낙네'를 통해 잘 그려낸 작품이다.

(365) 幼 而 學 (366) 壯 而 行
유　　　이　　　학　　　　　장　　　이　　　행

　우리는 마땅히 유년시절에 자기의 실력 배양을 위해 열심
히 공부하여, 성장해서는 이제까지 배운 것을 실천해서,

幼 어릴,어린아이,사랑할,작을　　유　　　壯 씩씩할,장할,젊을,굳셀,성할　　장
而 말이을〔접속사:~와(과)〕,및　이　　　而 말이을〔접속사:~와(과)〕,및　이
學 배울,학문,학교,학자　　　　　학　　　行 갈,행할,행실,행위 〔줄 항〕　　행

(367) 上 致 君 (368) 下 澤 民
상　　　치　　　군　　　　　하　　　택　　　민

　위로는 국가와 군왕을 위해 충성을 다해야 하고,
아래로는 백성을 위해 은덕을 베풀어야 한다.

上 위,하늘,임금,옛날,높을,오를　상　　　下 아래,아랫사람,내릴,손댈　　하
致 바칠,맡길,힘쓸,이를,나아갈　치　　　澤 못,적실,은혜,덕(德),녹(祿)　택
君 임금,그대,어진이,봉작(封爵)　군　　　民 백성,사람,국민,서민(庶民)　민

※ 장(壯) : 한창 원기(元氣)가 왕성(旺盛)한 나이로 보통 서른 살[30세]에서
　마흔 살[40세] 안팎의 장년기(壯年期) 시기(時期)를 가리킨다.

※ 치군(致君) : ① 군왕(君王)을 보필(輔弼)하다.
　　　　　　　　② 나라를 위해 내 능력(能力)을 다하다.

☞ 군(君) : 고대 각급 통치자의 통칭으로 『의례(儀禮)』「상복(喪服)」편의
　　"군은 신분이 매우 높다(君,至尊也.)"에 대한 정현(鄭玄)의 주(注)를 보
　　면, '천자(天子)・제후(諸侯)・경(卿)・대부(大夫)가 땅[토지]이 있으면
　　모두 군(君)이라고 한다'고 하였다. 훗날에는 단지 군주제 국가의 원수
　　(元首)나 제왕(帝王)에 대한 호칭으로 사용하였다.

☞ 왕(王) : 군주(君主)에 대한 호칭이다. 춘추시대(春秋時代) 주(周)나라

의 천자(天子)를 왕이라고 하였다. 제후가 본국(本國) 안에 있을 때에도 왕이라고 불렀고, 전국시대(戰國時代) 여러나라[열국(列國)]의 국군(國君)을 왕이라고도 하였다. 한(漢)나라 이후에는 황족(皇族)과 공신(功臣) 중에서 최고 높은 자에게 왕이라는 호칭을 봉(封)하였다.

『삼국지(三國志)』「위서(魏書)」삼소제기(三少帝紀)편을 보면, 왕(王)이라는 명칭이 있다.

"함희(咸熙) 원년(元年) 봄 정월 초하루……19(기묘己卯)일, 황제는 추가로 대장군(大將軍)을 봉하고, 진공(晉公) 사마소(司馬昭)를 진왕(晉王)으로 삼았다. 그리고 식읍(食邑)으로 땅 10군(郡)을 더 주었으니, 이전 것과 합치면 모두 20군이다."

그리고 이 밖에도 왕이 존칭(尊稱)으로 제일(第一)이라는 의미로 사용된 경우가 「위서(魏書)」후비전(后妃傳)편에서 보인다.

"문덕곽황후(文德郭皇后)는, …… 곽후가 나이 어릴 때
그 아버지 곽영취(郭永就)는 기이(奇異)한 말을 하였다.
'이 아이는 우리집 딸 가운데 최고[여중왕(女中王)]다 !
그래서 여왕(女王)이란 글자로 자(字)를 삼았다.'라고"

☞ 군왕(君王) : 제왕(帝王)에 대한 호칭으로 사용하였다.
『국어(國語)』「월어상(越語上)」편을 보면, 군왕이란 말이 있다.

"지금 군왕(君王)이 회계산(會稽山) 위로 물러나 지키면서, 나중에 비로소 모신(謀臣:계략[책략]에 능한 신하)을 찾으려고 한다면 너무 늦지 않을 까요 ?"

그리고 당나라 때 백거이(白居易)의 『장한가(長恨歌)』에도 군왕이란 표현이 있다.
" … 하늘이 준 아름다움과 그 향기는 못버려,
하루아침에 군왕에게 그 향기 날아갔네.
눈웃음 스치면 온갖 애교 피어나고,

뭇계집들 치장해도 이 꽃앞엔 소용없어.… "

※ 택민(澤民) : ① 백성의 복지(福祉)와 이익(利益)을 위해 복무(服務)하다.
　　　　　　② 백성에게 은덕(恩德)을 베풀다.

(369) 揚 名 聲　(370) 顯 父 母
　　　양　명　성　　　　　현　부　모

(이렇게 하면) 자기의 명성을 떨칠 뿐만 아니라
길러주신 부모님의 이름도 드높이게 되고,

揚 오를,날릴,쳐들,알려질,나타날　양　　顯 나타날,밝을,높을,돌아가신 부모　현
名 이름,사람,소문,외형,이름날　　　명　　父 아버지,수컷,하늘,처음,양(陽)　　부
聲 소리,음악,노래,말,명예,소식　　성　　母 어머니,암컷,땅,근원,음(陰)　　　모

(371) 光 於 前　(372) 裕 於 後
　　　광　어　전　　　　　유　어　후

나아가 가문의 조상 이름까지도 빛내게 되며, 후세의
자손에게는 영광과 풍요로움을 가져다 주는 일이다.

光 빛,빛날,경치,명예,기세,윤기　　광　　裕 넉넉할,풍부할,너그러울　　　　유
於 어조사[～에서,～로부터,～보다]　어　　於 어조사[～에서,～로부터,]　　　어
前 앞,앞설,나아갈,～에게　　　　　전　　後 뒤,늦을,뒤떨어질,하인,뒤로할　후

♣ 효(孝)는 덕(德)의 근본(根本)이다. 공자(孔子)가 말씀하시기를,
"대체로 효도(孝道)라는 것은 덕(德)의 근본(根本)이다. 가르침은 여기[효
도]에서 생겨나는 것이다. 신체와 머리털과 살은 이것이 모두 부모로부터
받은 소중한 것이므로 감히 헐거나 상하게 하지 않는 것이 효도의 시작이
요, 입신출세(立身出世)하여 선현(先賢)의 도를 행하고, 이름을 후세에 드날
려서 부모를 드러나게 하는 것이 효도의 마지막 길이니, 이렇게 볼 때, 무릇
효도라는 것은 부모를 섬기는 것에서 시작하며, 임금을 섬기는 것은 그 다
음 단계요, 입신출세하는 것은 효도의 마지막 단계가 되는 것이다."

— 『효경(孝經)』에서 —

(373) **人 遺 子** (374) **金 滿 籯**
　인　유　자　　　　금　만　영

사람이 금은 보화를 한 바구니 가득히
자식에게 남겨 준다고 하는데,

人 사람,인간,백성,남,인품,훌륭한 사람 인　　金 쇠,금,돈(늑전錢),귀(貴)할　금
遺 남길,남겨놓을,둘,끼칠,잃을　　　유　　滿 찰,가득할,넉넉할,뿜낼,속일　만
子 남자,아들,자식,남자에 대한 통칭　자　　광주리,대바구니,저통(箸筒)　영

(375) **我 教 子** (376) **惟 一 經**
　아　교　자　　　　유　일　경

나는 오직 경서 한권을 가지고 자식을 가르쳐서
사리에 밝은 사람이 되게 하리라.

我 나,자신,나의,외고집,굶주릴　　　아　　惟 오직,오로지,생각할,마땅할,예　유
教 가르칠,명령,〜로 하여금 〜하게 할 교　　一 하나,한번,처음,오로지,모두　일
子 남자,아들,자식,남자에 대한 통칭　자　　經 책,세로,길,지닐,법,떳떳할　　경

♣ 위의 말은 한(漢)나라 때의 위현(韋賢)이 아들 위원(韋元)을 위한
자녀교육(子女教育)의 방법에 대하여 한 말이다. 자손(子孫)에게 금은
보화(金銀寶貨)를 한 바구니 가득히 남겨주는 것은 경서(經書)를 가르
쳐 그들을 지도(指導)하는 것만 못하다. 자식이 만약에 향상이 없으면
금은보화가 아무리 많아도 하루 이침에 탕진(蕩盡)할 수가 있기 때문
이다.

☞ 위현(韋賢) : 한(漢)나라 선제(宣帝) 때의 승상(丞相)으로 노국(魯國)
추(鄒:오늘날의 산동성山東省 추현鄒縣)사람이다. 그는 사람됨이 소박하
고 욕심이 적으며 뜻이 돈독(敦篤)하며 공부를 좋아하였으며, 『예기(禮
記)』・『상서(尙書)』등에 통달하였다. 그래서 그 당시에 '추노대유(鄒魯
大儒)'라고 불렸으며, "유자황금만영(遺子黃金滿籯) 불여교자일경(不如
教子一經):자식에게 황금을 한바구니 가득히 남겨 주는 것은 자식에게

경서 한 권을 가르치는 것만 못하다(『한서(漢書)』)"라는 명언(名言)이
세상에 널리 퍼져 오늘날까지 전하고 있다.

(377) 勤 有 功　(378) 戲 無 益
근　유　공　　　희　무　익

부지런히 노력해서 공부하면 좋은 성과를 가져온다.
즐기고 노는 것은 아무런 이익이 없다.

勤 부지런할,일,조심할,위로할 근　　戲 (≒戯) 놀,놀이,연기,희롱할 희
有 있을,많을,소유물,알,또 유　　無 없을,아닐,허무의 도,~말라 무
功 공,공로,공치사할,일,명예 공　　益 더할,증가,이득,넉넉할,넓을 익

(379) 戒 之 哉　(380) 宜 勉 力
계　지　재　　　의　면　력

그러니 이를 경계할지어다 !
마땅히 힘써 노력하여라.

戒 경계할,삼갈,타이를,재계할 계　　宜 마땅할,마땅히 ~해야 할 　의
之 갈,이것,~의,~에서 지　　勉 힘쓸,부지런히 일할,권할,격려할 면
哉 어조사,처음,재앙 재　　力 힘,힘쓸,애써,어려울,일꾼 력

♣ 만약에 자식들이 열심히 공부(工夫)를 하지 않고, 단지 즐거움에만 빠진다면 많은 금은보화도 쓸모가 없다. 그러므로 열심히 공부하여라. 그러면 좋은 결과가 있을 것이다. 순간의 즐거움이란 아무런 이익이 없는 해(害)로운 것이다. 아이들이여 ! 자기 자신을 경계(警戒)하여라. 단지 노는 것에 빠져 귀중한 시간을 낭비해서는 안된다. 마땅히 수시(隨時)로 자기 자신을 경계하고 공부에 힘써서 장래(將來)에 사회(社會)가 필요로 하는 쓸모있는 훌륭한 사람이 되도록 노력(努力)하여라.

王應麟의 『三字經』		章炳麟의 『重訂三字經』	
(1) 人 之 初		(1) 人 之 初	
(2) 性 本 善		(2) 性 本 善	
(3) 性 相 近		(3) 性 相 近	
(4) 習 相 遠		(4) 習 相 遠	
(5) 苟 不 教		(5) 苟 不 教	
(6) 性 乃 遷		(6) 性 乃 遷	
(7) 教 之 道		(7) 教 之 道	
(8) 貴 以 專		(8) 貴 以 專	
(9) 昔 孟 母		(9) 昔 孟 母	
(10) 擇 鄰 處		(10) 擇 鄰 處	
(11) 子 不 學		(11) 子 不 學	
(12) 斷 機 杼		(12) 斷 機 杼	
(13) 竇 燕 山	⟶	(13) 苟 季 和	
(14) 有 義 方		(14) 有 義 方	
(15) 教 五 子	⟶	(15) 教 八 子	
(16) 名 俱 揚		(16) 名 俱 揚	
(17) 養 不 教		(17) 養 不 教	
(18) 父 之 過		(18) 父 之 過	
(19) 教 不 嚴		(19) 教 不 嚴	
(20) 師 之 惰		(20) 師 之 惰	
(21) 子 不 學		(21) 子 不 學	
(22) 非 所 宜		(22) 非 所 宜	
(23) 幼 不 學		(23) 幼 不 學	
(24) 老 何 爲		(24) 老 何 爲	
(25) 玉 不 琢		(25) 玉 不 琢	
(26) 不 成 器		(26) 不 成 器	
(27) 人 不 學		(27) 人 不 學	

(28) 不知義
(29) 爲人子
(30) 方少時
(31) 親師友
(32) 習禮儀
(33) 香九齡
(34) 能溫席
(35) 孝於親
(36) 所當執
(37) 融四歲
(38) 能讓梨
(39) 弟於長
(40) 宜先知
(41) 首孝弟
(42) 次見聞
(43) 知某數
(44) 識某文
(45) 一而十
(46) 十而百
(47) 百而千
(48) 千而萬
(49) 三才者
(50) 天地人
(51) 三光者
(52) 日月星
(53) 三綱者
(54) 君臣義
(55) 父子親
(56) 夫婦順
(57) 曰春夏
(58) 曰秋冬
(59) 此四時
(60) 運不窮

(28) 不知義
(29) 爲人子
(30) 方少時
(31) 親師友
(32) 習禮儀
(33) 香九齡
(34) 能溫席
(35) 孝於親
(36) 所當執
(37) 融四歲
(38) 能讓梨
(39) 弟於長
(40) 宜先知
(41) 首孝弟
(42) 次見聞
(43) 知某數
(44) 識某文
(45) 一而十
(46) 十而百
(47) 百而千
(48) 千而萬
(49) 三才者
(50) 天地人
(51) 三光者
(52) 日月星
(53) 三綱者
(54) 君臣義
(55) 父子親
(56) 夫婦順
(57) 曰春夏
(58) 曰秋冬
(59) 此四時
(60) 運不窮

(61) 北南日
(62) 東西日
(63) 方四此
(64) 中乎應
(65) 火水日
(66) 土金木
(67) 行五此
(68) 數乎本

北東方中火土行數
南西四乎水金五乎
日日此應日木此本

（右欄）

(61) 北南日
(62) 東西日
(63) 方四此
(64) 中乎應
(65) 火水日
(66) 土金木
(67) 行五此
(68) 數乎本

北東方中火土行數者癸支道躔道權下極華北均改原河濟瀆紀華衡岳名州
南西四乎水金五乎干至二至黃所赤中道暖中東燠露高大江淮四之岱恒五之九
日日此應日木此本十甲十子日日當赤溫我在寒霜右左日日此水日嵩此山古

制省二農商民良相技興泥生木物陸魚獸物走　(73)

改行十士四之卜方堪道所植水蟲鳥動飛梁黍六所牛犬六所喜哀惡情仁智

令稱二曰此國醫皆星小地有遍有此能稻麥此人馬鷄此人曰愛七曰禮

稻粱菽 (73)
麥黍稷 (74)
此六穀 (75)
人所食 (76)
馬牛羊 (77)
雞犬豕 (78)
此六畜 (79)
人所飼 (80)
曰喜怒 (81)
曰哀懼 (82)
愛惡欲 (83)
七情具 (84)
曰仁義 (69)
禮智信 (70)

省農民相興生物魚物菽穀羊畜怒欲義

【右上段】

(71) 此　常
(72) 不　五　羹
　　　　容

↓

黃黑色識　甘鹹味含　香朽臭嗅　角羽音
赤白五所　苦辛五所　焦腥五所　商徵五
青及此目　酸及此口　羶及此鼻　宮及此

※羶≒膻

【左段】

　　義
　　信　常　羹　菽
　　仁　智　五　容　梁　黍　食　羊　豕　畜　飼　怒　欲　具
(69) 曰　禮　此　不　稻　麥　穀　所　牛　犬　六　所　喜　哀　惡　情
(70) 禮
(71) 此
(72) 不
(73) 稻
(74) 麥
(75) 此
(76) 人
(77) 馬
(78) 鷄
(79) 此
(80) 人
(81) 曰
(82) 曰
(83) 愛
(84) 七

右 (原文 · 注解):

取革金竹音上入聲協者親祖身而而子孫曾者婦先後弟友序負叔甥翁名衰功麻終

所土石與八平去四調族宗曾而而子孫曾者夫子臣兄朋順達伯舅婦黨齊小緦服

耳匏木絲乃曰曰此宜九序高父身子至五倫夫子父君次及當勿有有婿三斬大至五

左 (항목):

(85) 匏 土 革
(86) 木 石 金
(87) 絲 與 竹
(88) 乃 八 音

(89) 高 曾 祖
(90) 父 而 身
(91) 身 而 子
(92) 子 而 孫
(93) 自 子 孫
(94) 至 玄 曾

(95) 乃九族 ——→ (95) 九序

(96) 人之倫 ——→ (96) 五倫
(98) 夫婦從 ——→ (98) 始
(97) 父子恩 ——→ (97) 父

(103) 君則敬　(104) 臣則忠 ——→ 君臣
(99) 兄則友　(100) 弟則恭 ——→ 次兄
(102) 友與朋 ——→ 及朋
(101) 長幼序 ——→ 當順

(105) 此十義　(106) 人所同 ——→ 勿

左:

(95) 乃九族
(96) 人之倫
(97) 父子恩
(98) 夫婦從
(99) 兄則友
(100) 弟則恭
(101) 長幼序
(102) 友與朋
(103) 君則敬
(104) 臣則忠
(105) 此十義
(106) 人所同
(107) 凡訓蒙
(108) 須講究
(109) 詳訓詁
(110) 明句讀
(111) 為學者

右:

蒙究詁讀　射數藝具　學遵字文　篆繼亂學　繁說原者
訓講訓句　樂書六不　書共識說　古小草可　廣其略知學
凡須詳明　禮御古今　惟人旣講　有大隸不　若懼但能為

(107) 凡訓蒙
(108) 須講究
(109) 詳訓詁
(110) 明句讀
禮樂射　御書數　古六藝　今不具　惟書學　人共遵　既識字　講說文　有古文　大小篆　隸草繼　不可亂　若廣學　懼其繁　但略說　能知原
(111) 為學者

구분	좌(左)		중앙	우(右)	
(112)	必	有 初		(112) 必	有 初
(113)	小	學 終		(113) 小	學 終
(114)	至	四 書		(114) 至	四 書
(115)	論	語 者		(115) 論	語 者
(116)	二	十 篇		(116) 二	十 篇
(117)	群	弟 子		(117) 群	弟 子
(118)	記	善 言		(118) 記	善 子 言
(119)	孟	子 者		(119) 孟	子 者
(120)	七	篇 止	⟶	(120) 七	篇 是
(121)	講	道 德	(121) 講道德 ⟶ 辨	辨	王 霸 義 者 程
(122)	說	仁 義 庸	⟶	(122) 談	仁 庸 筆 齊
(123)	作	中 庸 筆	⟶	(123) 中	庸 思 偏 平 篇
(124)	子	思 偏		(124) 子	思 不 記
(125)	中	不 易		(125) 中	不 不 行
(126)	庸	不 學		(126) 庸	不 學 晦
(127)	作	大 學	⟶	(127) 大	之 通
(128)	乃	曾 子	(128) 乃曾子 ⟶	(128) 乃	學 修 熟
(129)	自	修 齊		(129) 自	治 經
(130)	至	平 治	⟶	(130) 至	此 二 讀
					在 禮 者
					今 單 術
					本 元 作
					書 述
(131)	孝	經 通	(132) 四書熟 ⟶ 四	(132) 四	經 書
(132)	四	書 熟	(131) 孝經通 ⟶ 孝	(131) 孝	六 經
(133)	如	六 經		(133) 如	可 儒
(134)	始	可 讀		(134) 始	經 周
			(137) 號六經 ⟶ 六	(137) 六	統 子
					文
					孔
(135)	詩	書 易	⟶	(135) 易	書 春 秋
(136)	禮	春 秋		(136) 禮	詩 易 禮

(137) 號六經
(138) 當講求
(139) 有連山
(140) 有歸藏
(141) 有周易
(142) 三易詳
(143) 有典謨
(144) 有訓誥
(145) 有誓命
(146) 書之奧

(147) 我周公
(148) 作周禮
(149) 著六官
(150) 存治體
(151) 大小戴
(152) 注禮記
(153) 述聖言
(154) 禮樂備
(155) 曰國風
(156) 曰雅頌
(157) 號四詩
(158) 當諷詠
(159) 詩既亡
(160) 春秋作
(161) 寓褒貶

（改訂）

亡
經可　求山藏
餘　　有連
樂　　有歸
　　　有周易
　　　三易詳
　　　有典謨
　　　有訓誥
　　　有誓命
　　　書之奧

(138) 當講求 ——→ 求山藏
(139) 有連山
(140) 有歸藏
(141) 有周易
(142) 三易詳
(143) 有典謨
(144) 有訓誥
(145) 有誓命
(146) 書之奧

(155) 曰國風 ——→ 有國風
(156) 曰雅頌 ——→ 有雅頌
(157) 號四詩　　　詩誦者
(158) 當諷詠 ——→ 當諷詠

(147) 我周公　(148) 作周禮 ——→ 周禮者官
(150) 存治體 ——→ (149) 著六禮七
　　　　　　　　　　　　儀十　者篇

(151) 大小戴 ——→ (151) 大小戴
(152) 注禮記　　　 (152) 集禮記
(153) 述聖言　　　 (153) 述聖言
(154) 禮樂備 ——→ (154) 禮法備

(159) 詩既亡 ——→ 王迹息
　　　　　　　　　 詩既亡
(160) 春秋作　　　 (160) 春秋作
(161) 寓褒貶　　　 (161) 寓褒貶

三字經(三字經) — 162~182

[왼쪽 판본]

(162) 別　善　惡
(163) 三　傳　者
(164) 有　公　羊
(165) 有　左　氏
(166) 有　穀　梁

(167) 經　旣　明
(168) 方　讀　子
(169) 撮　其　要
(170) 記　其　事
(171) 五　子　者
(172) 有　荀　楊
(173) 文　中　子
(174) 及　老　莊
(175) 經　子　通
(176) 讀　諸　史
(177) 考　世　系
(178) 知　終　始
(179) 自　義　農
(180) 至　黃　帝
(181) 號　三　皇
(182) 居　上　世

[오른쪽 판본]

(162) 別　善　惡
(163) 三　傳　者
(164) 有　公　羊
(165) 有　左　氏
(166) 有　穀　梁
爾　雅　者
善　辨　言
求　經　訓
此　莫　先
注　疏　備
十　三　經
惟　大　戴
疏　未　成
左　傳　外
有　國　語
合　群　經
數　十　五

(167) 經　旣　明
(168) 方　讀　子
(169) 撮　其　要
(170) 記　其　事
(171) 五　子　者
(172) 有　荀　揚
(173) 文　中　子
(174) 及　老　莊
(175) 經　子　通
(176) 讀　諸　史
(177) 考　世　系
(178) 知　終　始
(179) 自　羲　農
(180) 於　黃　帝
(181) 顓　頊　嚳
(182) 在　上　世

(181) 號三皇 ⟶ 并

興位
舜尊
堯禪

→ (183) 號

右側標示：

(185) 相揖遜
(186) 稱盛世

左欄（분절 / 三字經 本文）:

(183) 唐 有 虞
(184) 號 二 帝
(185) 相 揖 遜
(186) 稱 盛 世
(187) 夏 有 禹
(188) 商 有 湯
(189) 周 文 武
(190) 稱 三 王
(191) 夏 傳 子
(192) 家 天 下
(193) 四 百 載
(194) 遷 夏 社
(195) 湯 伐 夏
(196) 國 號 商
(197) 六 百 載
(198) 至 紂 亡
(199) 周 武 王
(200) 始 誅 紂
(201) 八 百 載
(202) 最 長 久

(203) 周 轍 東
(204) 王 綱 墜
(205) 逞 干 戈
(206) 尚 游 說
(207) 始 春 秋
(208) 終 戰 國

右欄（연결）:

(183) 號 唐 虞 帝
(184) 為 二

(187) 夏 有 禹 湯 武 子 下 載 社 夏 商 載 亡 久 和 幽 遷 衰
(188) 商 有
(189) 周 文
(190) 稱 三 王
(191) 夏 傳
(192) 家 天
(193) 四 百
(194) 遷 夏
(195) 湯 伐
(196) 國 號
(197) 六 百
(198) 至 紂
(199) 周 武
(200) 始 誅
(201) 八 百 長 共 紀 宣 東 道
(202) 最 周 始 歷

(203) 周 轍 東 → 周
(204) 王 綱 墜 戈 說
(205) 逞 干 游 春 戰
(206) 尚 游 說 秋 國
(207) 始 春 戰
(208) 終 戰 國

(209) 強 霸 五
(210) 出 雄 七
(211) 氏 秦 籯
(212) 并 兼 始
(213) 世 二 傳
(214) 爭 漢 楚
(215) 興 祖 高
(216) 建 業 漢
(217) 平 孝 至
(218) 篡 莽 王
(219) 興 武 光
(220) 漢 東 爲
(221) 年 百 四
(222) 獻 於 終
(223) 吳 蜀 魏
(224) 鼎 漢 爭
(225) 國 三 號
(226) 晉 兩 迄
(227) 繼 齊 宋
(228) 承 陳 梁
(229) 朝 南 爲
(230) 陵 金 都
(231) 魏 元 北
(232) 西 東 分
(233) 周 文 宇
(234) 齊 高 與
(235) 隋 至 迨
(236) 宇 土 一
(237) 傳 再 不
(238) 緒 統 失
(239) 祖 高 唐
(240) 師 義 起
(241) 亂 隋 除

(209) 強 霸 五
(210) 出 雄 七
(211) 氏 秦 籯
(212) 幷 兼 始
(213) 世 二 傳
(214) 爭 漢 楚
(215) 興 祖 高
(216) 建 業 漢
(217) 平 孝 至
(218) 篡 莽 王
(219) 興 武 光
(220) 漢 東 爲
(221) 年 百 四
(222) 獻 於 終
(223) 吳 蜀 魏
(224) 鼎 漢 爭
(225) 國 三 號
(226) 晉 兩 迄
(227) 繼 齊 宋
(228) 承 陳 梁
(229) 朝 南 爲
(230) 陵 金 都
(231) 魏 元 北
(232) 西 東 分
(233) 周 文 宇
(234) 齊 高 與
(235) 隋 至 迨
(236) 宇 土 一
(237) 傳 再 不
(238) 緒 統 失
(239) 祖 高 唐
(240) 師 義 起
(241) 亂 隋 除

左（원문）

(242)	創國基
(243)	二十傳
(244)	三百載
(245)	梁滅之
(246)	國乃改
(247)	梁唐晉
(248)	及漢周
(249)	稱五代
(250)	皆有由
(251)	炎宋興
(252)	受周禪
(253)	十八傳
(254)	南北混
(255)	遼與金
(256)	皆稱帝
(257)	元滅金
(258)	絕宋世
(259)	興圖廣
(260)	超前代
(261)	九十年
(262)	國祚廢
(263)	太祖興
(264)	國大明
(265)	號洪武
(266)	都金陵
(267)	迫成祖
(268)	遷燕京
(269)	十六世
(270)	至崇禎
(271)	權閣肆
(272)	寇如林
(273)	李闖出
(274)	神器焚

（교정 표시）

- (251) ⟶
- (256) 皆稱帝 ⟶ 皆夷裔
- (259) 興圖廣 ⟶ 苴中國
- (260) 超前代 ⟶ 兼戎狄
- (264) ⟶
- (265) ⟶
- (268) 遷燕京 ⟶ 遷宛平
- (272) 寇如林 ⟶ 流寇起
- (273) 李闖出 ⟶ 自成入
- (274) ⟶

右（교정본）

(242)	創國基
(243)	二十傳
(244)	三百載
(245)	梁滅之
(246)	國乃改
(247)	梁唐晉
(248)	及漢周
(249)	稱五代
(250)	皆有由
(251)	趙宋興
(252)	受周禪
(253)	十八傳
(254)	南北混
(255)	遼與金
(256)	皆夷裔
(257)	元滅金
(258)	絕宋世
(259)	苴中國
(260)	兼戎狄
(261)	九十年
(262)	返沙磧
(263)	太祖興
(264)	稱大明
(265)	紀洪武
(266)	都金陵
(267)	迨成祖
(268)	遷宛平
(269)	十六世
(270)	至崇禎
(271)	權閣肆
(272)	流寇起
(273)	自成入
(274)	神器毀

(275) 清世祖
(276) 據神京
(277) 靖四方
(278) 克大定

→

(275)
(276) 據神京 →
(277) 靖四方 →
(278) 克大定 →

祖東後封朝同世終史部清五繁次一二三四史致史經鑑精事茲亂衰者錄今目董

太遼之明世大二祚正四以廿雖有記書漢志四精四證通而代在治興史實古親賈

興金受至乃十清凡廿益成史讀史漢後國此最先兼參約歷全載知讀考通若漢

(279) 廿二史
(280) 全在茲
(281) 載治亂
(282) 知興衰
(283) 讀史者
(284) 考實錄
(285) 通古今
(286) 若親目

(279) 廿二史 →
(280)
(281)
(282)
(283)
(284)
(285)
(286)

鄭師聖程陸氏學賦人枚云柳雄杜宗者通敎風
許經述周朱王道原風鄒卿與文若詩學兼聖民而
及皆能宋張明皆屈本逮壁韓幷李爲凡宜翼振

(287) 口而誦
(288) 心而惟
(289) 朝於斯
(290) 夕於斯
(291) 昔仲尼
(292) 師項橐
(293) 古聖賢
(294) 尚勤學
(295) 趙中令
(296) 讀魯論
(297) 彼旣仕
(298) 學且勤
(299) 披蒲編
(300) 削竹簡

(287) 口而誦
(288) 心而惟
(289) 朝於斯
(290) 夕於斯
(291) 昔仲尼
(292) 師項橐
(293) 古聖賢
(294) 尚勤學
(295) 趙中令
(296) 讀魯論
(297) 彼旣仕
(298) 學且勤
(299) 披蒲編
(300) 削竹簡

아래는 좌·우 두 판본(교정 전후)을 나란히 보인 대조표이다.

번호	교정 전	번호	교정 후
(301)	彼 無 書	(301)	彼 無 書
(302)	且 知 勉	(302)	且 知 勉
(303)	頭 懸 梁	(303)	頭懸梁 ——→ 火 淬 掌
(304)	錐 刺 股	(304)	錐 刺 股
(305)	彼 不 敎	(305)	彼 不 敎
(306)	自 勤 苦	(306)	自 勤 苦
(307)	如 囊 螢	(307)	如 囊 螢
(308)	如 映 雪	(308)	如 映 雪
(309)	家 雖 貧	(309)	家 雖 貧
(310)	學 不 輟	(310)	學 不 輟
(311)	如 負 薪	(311)	如 負 薪
(312)	如 掛 角	(312)	如 掛 角
(313)	身 雖 勞	(313)	身 雖 勞
(314)	猶 苦 卓	(314)	猶 苦 卓
(315)	蘇 老 泉	(315)	蘇老泉 ——→ 蘇 明 允
(316)	二 十 七	(316)	二 十 七
(317)	始 發 憤	(317)	始 發 憤
(318)	讀 書 籍	(318)	讀 書 籍
(319)	彼 旣 老	(319)	彼 旣 老
(320)	猶 悔 遲	(320)	猶 悔 遲
(321)	爾 小 生	(321)	爾 小 生
(322)	宜 早 思	(322)	宜 早 思
(323)	若 梁 灝	(323)	若梁灝 ——→ 若 荀 卿
(324)	八 十 二	(324)	八十二 ——→ 年 五 十
(325)	對 大 廷	(325)	對大廷 ——→ 游 稷 下
(326)	魁 多 士	(326)	魁多士 ——→ 習 儒 業
(327)	彼 旣 成	(327)	彼 旣 成
(328)	衆 稱 異	(328)	衆 稱 異
(329)	爾 小 生	(329)	爾 小 生
(330)	宜 立 志	(330)	宜 立 志
(331)	瑩 八 歲	(331)	瑩 八 歲
(332)	能 詠 詩	(332)	能 咏 詩
(333)	泌 七 歲	(333)	泌 七 歲

번호	좌(원문)	수정 표시	우(수정)
(334)	能 賦 碁	——→	能 賦 棋
(335)	彼 穎 悟		彼 穎 悟
(336)	人 稱 奇		人 稱 奇
(337)	爾 幼 學		爾 幼 學
(338)	當 效 之		當 效 之
(339)	蔡 文 姬		蔡 文 姬
(340)	能 辨 琴		能 辨 琴
(341)	謝 道 韞		謝 道 韞
(342)	能 詠 吟	——→	能 詠 吟
(343)	彼 女 子		彼 女 子
(344)	且 聰 敏	——→	且 聰 明
(345)	爾 男 子		爾 男 子
(346)	當 自 警		當 自 警
(347)	唐 劉 晏		唐 劉 晏
(348)	方 七 歲		方 七 歲
(349)	擧 神 童		擧 神 童
(350)	作 正 字		作 正 字
(351)	彼 雖 幼		彼 雖 幼
(352)	身 已 仕		身 已 仕
(353)	爾 幼 學		爾 幼 學
(354)	勉 而 致		勉 而 致
(355)	有 爲 者	(355) 有爲者 → ← (356) 亦若是	
(356)	亦 若 是		
(357)	犬 守 夜		犬 守 夜
(358)	鷄 司 晨		鷄 司 晨
(359)	苟 不 學		苟 不 學
(360)	曷 爲 人		曷 爲 人
(361)	蠶 吐 絲		蠶 吐 絲
(362)	蜂 釀 蜜		蜂 釀 蜜
(363)	人 不 學		人 不 習
(364)	不 如 物		不 如 業
(365)	幼 而 學	(365) 幼而學 ——→	幼 習 身
(366)	壯 而 行	(366) 壯而行 ——→	壯 致

(367) 上致君
(368) 下澤民
(369) 揚名聲
(370) 顯父母
(371) 光於前
(372) 裕於後
(373) 人遺子
(374) 金滿籯
(375) 我教子
(376) 惟一經
(377) 勤有功
(378) 戲無益
(379) 戒之哉
(380) 宜勉力

(367) 上致君 ⟶ 上匡國
(368) 下利民
(369) 揚名聲
(370) 顯父母
(371) 光於前
(372) 裕於後
(373) 人遺子
(374) 金滿籯
(375) 我教子
(376) 惟一經
(377) 勤有功
(378) 戲無益
(379) 戒之哉
(380) 宜勉力

⟶

찾 아 보 기

가

나

다

마

자